通用公关文案写作精编

阎　杰　高鸿雁　编著

气象出版社
China Meteorological Press

内容提要

公关文案是处理公关工作的重要工具。本书概述通用公关文案的基本框架，具体讲解调研、策划、咨询、协商、介绍、广告、新闻、礼仪、评估等公关文案的写作规范，并提供大量范文，对公关文案写作有很强的指导性。本书适用于机关、团体、企事业单位的管理人员以及其他需要掌握公关文案写作知识与方法的人士，也可作为各类普通高校有关专业的教材和学习参考书。

图书在版编目(CIP)数据

通用公关文案写作精编 / 阎杰，高鸿雁编著. — 北京 ：气象出版社，2017.12

ISBN 978-7-5029-6718-5

Ⅰ. ①通… Ⅱ. ①阎… ②高… Ⅲ. ①公共关系学-文书-写作-高等学校-教材 Ⅳ. ①C912.31

中国版本图书馆 CIP 数据核字(2018)第 001200 号

Tongyong Gongguan Wenan Xiezuo Jingbian

通用公关文案写作精编

出版发行：气象出版社

地　　址：北京市海淀区中关村南大街 46 号　　**邮政编码**：100081

电　　话：010-68407112(总编室)　010-68408042(发行部)

网　　址：http://www.qxcbs.com　　**E-mail**：qxcbs@cma.gov.cn

责任编辑：蔺学东　　**终　　审**：张　斌

责任校对：王丽梅　　**责任技编**：赵相宁

封面设计：博雅思企划

印　　刷：三河市百盛印装有限公司

开　　本：720 mm×960 mm　1/16　　**印　　张**：17.25

字　　数：335 千字

版　　次：2017 年 12 月第 1 版　　**印　　次**：2017 年 12 月第 1 次印刷

定　　价：38.00 元

前　　言

公关文案是处理公关工作的重要工具。在大战略引领为公关发展创造新契机的当今，公关文案愈显重要，发挥着沟通信息、决策咨询、宣传推广、协调关系的作用。

为了满足有关人员提高公关文案写作能力、适应处理公关工作的需要，本书概述通用公关文案的基本框架，具体讲解调研、策划、咨询、协商、介绍、广告、新闻、礼仪、评估等公关文案的写作规范，并提供大量范文。

概括起来，本书的特点是“通用”和“精编”。

“通用”，即适用于各方面的公关工作。在现代社会，公关工作遍及各个领域，大量使用文案。从横向看，公关文案不仅通用于机关、团体、企事业单位，而且每个行业都有一些专用文种；从纵向看，公关工作的调研、策划、实施、评估各环节也有独具特点的文案。本书综观公关工作，介绍通用公关文案的写作知识，以扩大适用面。

“精编”，即着力提高编写质量，力求少而精。具体说来有三点：一是精简。按功能分，公关文案有准则、安排、沟通、议定、记录、说明、报道、宣传、研究、考评等多类，本书仅选 9 个适用范围广、使用频率高的公关文案集中介绍，避免多而杂的“大全式”情形。二是精要。有关写作知识涉及诸方面，不能泛泛而述。在编写中以国家的最新法律、法规、规章为依据，借鉴最近研究成果，用精练的语言对名称解释、主要特征、种类划分、基本格式、注意事项加以说明，以求精当切要。三是精选。公关文案浩如烟海，本书从不同的侧面精心挑选时文、短文、佳文，其中多是国家级媒体发表以及最佳公关案例大赛、中国新闻奖等获奖的文章，为读者提供范例。

本书在编写过程中参考公共关系学、写作学的著作、教材以及公关文案例文，未便一一注明，在此向有关作者致以衷心的感谢。

由于水平和时间有限，难免有疏漏之处，恭请专家和读者不吝赐教。

编著者

2017 年 9 月 20 日

目　录

第一章　公关文案概说

第一节　公关文案的含义与特征

一、公关文案的含义

公关，是公共关系（public relations，缩写 PR）的简称。长期以来，国内外有关机构及学者对公关下的定义近千条，有职能说、沟通说、行动说、科学说、艺术说等多种情况。这里从管理职能的角度，把组织、公众、传播三要素联结，试作如下表述：所谓公关，就是一个组织运用有效的传播手段，使自己与公众之间形成双向交流，达到彼此了解和相互适应的管理活动。文案，旧时多指公文案卷，也指草拟文牍、掌管档案的幕僚；现多指事务性文字，比如某种方案或者创意的文体，也指从事这种工作的人员。从写作的角度看，文案与文书都指文章，不过文案带有很浓的宣传色彩，因此近年来公关文案的说法比较流行。

公关文案，是组织在处理公关事务时使用的具有惯用格式和实用价值的文章。可见，公关文案的主体是各类组织，范围较广；内容是处理公关事务，显出特定性；格式大多法定使成或者约定俗成，比较固定；价值在于解决实际问题，有现实及长远效用。

公关文案写作是一种研究公关文案写作特点、规律、过程和技法的理论。主要包括：公关文案写作基础知识，如主题、材料、结构、表达方式、表现技法、语言；公关文案过程论，如准备、撰写、修改以及发文办理、收文办理；公关文案文体写作论，如调研报告、建议书、解说词、广告、演讲词等写作；公关文案写作发展史，如我国公关文案的起源与沿革、当代公关文案的繁荣与前景。作为一种理论，公关文案写作直接、具体、有效地体现着借助语言等手段进行思维并描述思维成果，传递各种公关信息，处理公关事务的功能，因而广泛运用。

二、公关文案的特征

(一)目的性

作为处理公关事务的重要工具,公关文案的目的在于树立组织的良好形象,也就是提高组织的知名度和美誉度。首先,从内容上看,公关文案有很强的针对性。不仅制定战略型和战术型公关模式,还举办庆典、新闻发布会、开放日、展览、赞助等专题活动,进行调研、策划、实施、评估,根据各种需要而编写,真正用得上。其次,从传播上看,公关文案是组织与员工、股东、政府、消费者、同业、中间商、媒介、社区、名流、国际等目标公众进行双向沟通,以求用得活。它不是单向信息传递,而是在把组织信息输出的同时又搜集公众的信息反馈。其中,有的直接往来,如致函与复函、要约与承诺、捐赠与受赠、祝贺与答谢;有的间接反馈,如消息、广告、启事、简介。这样,组织既可以通过传播让公众认识和了解,又能顺应民意来调整决策、改善自身。最后,从功效上看,公关文案具有实效性,做到用得好。其中,有的发挥近期的现实作用,如会议报告提请审议通过、请柬应邀而访、调研计划付诸实施;有的产生长远的积极影响,企业识别系统(CIS)策划文案、宣言、宣传片脚本即是。

(二)广泛性

与其他文体相比,公关文案具有相当的广泛性。第一,有众多作者。上至国家下至工厂、商店,从城市到农村,各级各类组织都通过公关文案来处理有关事务。第二,有广大读者。公关文案的读者对象是公众,既可以是已经与组织有联系的任何公众,也可以是将要或者有可能产生联系的暂时无关的公众。第三,有广阔地域。总的看来,公关文案不囿于某一地域,从国内到国外,许多相关信息实现共享。第四,有丰富内容。公关无时不有、无处不在,因而公关文案涉及社会的各个领域,容纳了工交、农林、财税、文教、科技、涉外等各方面信息。第五,有较多文种。公关文案不仅有突发公共事件应急预案、危机公关策划文案、慰问电、联合声明、公益广告等多个专用文种,而且也用到公告、通知、总结、调研报告、新闻、说明书等大量通用文种。第六,有多种媒介。在当代社会,公关文案可以利用印刷品、广播、电影、电视、电报、网络、手机、招贴等许多媒介传递信息,让公众知晓。

(三)情感性

大体说来,应用文由于实用的基本属性不要求以情感人,但公关文案适用于公关事务,具有强烈的情感性。公关本身具有浓郁的情感色彩,公关文案就是表达情感的特殊方式,成为组织与公众情感交流的重要工具。无论是 CIS 策划文案还是公众满意度调查问卷、无论是贺电还是感谢信、无论是欢迎词还是欢送词、无论是喜联还是功德碑文,无一不渗透着情感。这里强调三点。其一,情感性是社会和谐主题和以人为本理念在公关文案中的体现。社会和谐是中国特色社会主义的本质属性，以人为本是科学发展观的核心，公关文案写作坚持公众至上的原则、营造“人和”的境界，从而为组织的生存与发展、公众利益的实现与维护创造最佳的软环境。其二，贵在真诚。真诚是公关文案的生命。要发自肺腑、以诚相待，切忌虚情假意、胡编乱吹，只有这样才能取信于公众并赢得公众的支持与合作。其三，妥善处理。要根据特定的语境确定直抒胸臆还是将情感融入人、事、物、理，把握情感的基调和浓淡，选择适当的语句，做到恰如其分。

（四）程式性

总的看来，公关文案在文种、用纸、格式、语言、办理程序等方面有比较固定的模式，便于写作、阅读和处理。其中，有些来自于法律法规以及国家、行业标准的相关规定，有些是约定俗成的。这些程式是促进公关文案规范化、科学化的一个重要措施。其一，公关文案的许多文种名称是特定的。如公告、报告、函出自国家的有关规定，不得随意更换。其二，许多文种的用纸带有专用性。如公文使用 A4 型纸，必须符合要求。其三，有固定的格式。比如，协议书、合同示范文本的格式属于法定，消息、启事沿用习惯布局。其四，语言有公关文案的专用词语，如“呈报”“届时”“特请”“敬贺”“承蒙”“此复”；各专业的术语，如财政词汇“预算”“决算”“收入”“支出”“平衡”“赤字”，应该妥当地使用。其五，许多文体及文种在办理程序上有一定的要求。例如，介绍信包括用信申请、领导审批、登记、填写、核对、用印等环节，要按照规定程序办理。此外，还要指出两点：一是随着科学进步和社会发展，公关文案的程式性也在逐渐发生变化，而且呈现出多样化、标准化的趋势；二是强调程式性不排除有些文体及文种在参照程式的前提下允许创新，比如新闻借鉴散文笔法、广告追求艺术化。

（五）时效性

树立组织形象这一总目标并非一朝一夕就能实现的，应该立足长远。然而，面对瞬息万变的信息，作为传播的工具——公关文案必须迅速处理，否则因坐失良机而招致损失。公关文案的撰写时间有定期和非定期两种。前者带有日、周、旬、月份、季度、半年、年度、多年的周期性，如年度计划、代表大会报告；后者根据某种需要临时撰写，如说明书、楹联。它们都有时间要求和实际效果。一方面，及时写作，不要“批阅十载”；快速发送，不得延误；限时办理，不可拖而不办；立即见效或者预期显效，不能办而无果。另一方面，大多公关文案在一定时间内有效，时过境迁也就失去其效用，其中重要的公关文案转化为档案资料，以供查阅。

第二节　公关文案的分类与作用

一、公关文案的分类

公关文案是一个既相互联系又相对独立的有机整体，建立完整的分类体系是必要的。但是，由于公关文案有明显的综合性，种类繁多，覆盖面广，要准确明晰地勾勒轮廓有一定难度。这里试作如下分类。

（一）按主体分类

1. 营利性组织公关文案

即工商企业、金融机构、旅游等营利性组织通过公关以增进经济效益而编写的文案。如开业启事、信贷政策简介、游客满意度调研问卷。

2. 服务性组织公关文案

即学校、医院、社会公共事业机构等服务性组织通过公关为服务对象谋求利益而编写的文案。如校训、医疗合作协议、服务手册。

3. 互利性组织公关文案

即政党、团体、宗教等互利性组织通过公关以实现内部成员之间互获利益而编写的文案。如《中国共产党章程》《全国妇联简报》《宗教事务条例》。

4. 公益性组织公关文案

即政府、军队、司法等公益性组织通过公关以保障国家和社会性利益而编写的文案。如《国家突发公共事件总体应急预案》《军人誓词》《中华人民共和国最高人民法院公报》。

（二）按客体分类

1. 员工公众文案

又称雇员公众文案、职工公众文案，即本组织内部人员使用的文案。如简报、职工手册。

2. 股东公众文案

又称金融公众文案、财务公众文案，即股份有限公司和有限责任公司投资者使用的文案。如股东大会决议、股东函件。

3. 政府公众文案

即与本组织相关的行政管理机构以及工作人员使用的文案。如通知、函。

4. 消费者公众文案

又称顾客公众文案，即购买本组织产品或者接受本组织服务的其他组织以及人员使用的文案。如产品说明书、保修手册。

5. 同业公众文案

即具有同样业务职能的其他组织使用的文案。如协议书、合同。

6. 中间商公众文案

即在制造商与消费者之间“专门媒介商品交换”的经济组织或者个人使用的文案。如特许经营协议、展览须知。

7. 媒介公众文案

又称新闻界公众文案，即新闻传播机构和新闻界人员使用的文案。如创刊启事、通稿。

8. 社区公众文案

又称区域公众文案、地方公众文案、睦邻公众文案，即本组织所在地的管理部门、团体等组织以及居民使用的文案。如公约、调查问卷。

9. 名流公众文案

即对公众舆论和社会生活具有较大影响力和号召力的有名望人士使用的文案。如题词、楹联。

10. 国际公众文案

即国际组织、国外其他组织或者个人使用的文案。如会谈纪要、备忘录。

(三)按功能分类

1. 准则类文案

即适用于规定组织及其成员遵守事项的文案。如规定、办法、守则。

2. 安排类文案

即适用于布置公关工作的文案。如通知、意见、方案。

3. 沟通类文案

即适用于内外联系与协调的文案。如宣言、征集启事、咨询报告。

4. 议定类文案

即适用于通过商议决定公关事项的文案。如决议、纪要、协议书。

5. 记录类文案

即适用于记载和传达公关信息的文案，如工作日志、会议记录、大事记。

6. 说明类文案

即适用于介绍公关事项的文案。如组织沿革、专题概要、用户手册。

7. 报道类文案

即适用于传递最新公关信息的文案。如消息、通讯、专访。

8. 宣传类文案

即适用于展示组织良好形象的文案。如形象广告、宣传单(册)、宣传片。

9. 研究类文案

即适用于探讨公关理论、分析公关情况的文案。如分析报告、可行性研究报告、学术论文。

10. 考评类文案

即适用于总结评估公关工作的文案。如总结、工作报告、评估报告。

此外，还有预测类、检查类、凭据类等多种公关文案，这里不逐一说明。

（四）按范围分类

1. 国际公关文案

即适用于国际组织或者国际性公关工作的文案。如《国际公共关系道德准则》。

2. 国家公关文案

即适用于我国公关工作的文案。如《中国公共关系协会章程》。

3. 地方公关文案

即适用于省、市、县、乡、村公关工作的文案。如《河南省人民政府办公厅关于2016年推进简政放权放管结合优化服务改革重点工作职责分工的通知》。

4. 行业公关文案

即适用于某一行业公关工作的文案。如《全国县级税务机关纳税服务规范》。

5. 组织公关文案

即适用于某一组织公关工作的文案。如长白山管委会旅游局《长白山旅游诚信宣言》。

（五）按性质分类

1. 总体公关文案

又称综合公关文案，即适用于公关全面情况的文案。如《中国公共关系发展报告(2017)》。

2. 专题公关文案

又称专项公关文案，即适用于某一方面公关工作或者某项公关活动的文案。如《中国公共关系职业道德准则》。

（六）按文体分类

1. 实用体公关文案

即通过实述的方式以达到实用目的的公关文案。包括记叙体，如新闻；议论体，如短论；说明体，如指南；应用体，如报告。

2. 文艺体公关文案

即通过创作的方式以达到宣传目的的公关文案。包括：文学类，如诗歌、散文、楹联；艺术类，如音乐、美术、曲艺。

(七)按写法分类

1. 概述式公关文案

即运用概括述说方式的公关文案。有单段概述式、多段概述式。

2. 分述式公关文案

即分别叙写的公关文案。有条陈式、分项式、分部式。

3. 表格式公关文案

即以表格形式发布的公关文案。有单式表格、复式表格。

4. 图示式公关文案

即以图形样式发布的公关文案。有示意图、统计图等。

5. 综合式公关文案

即使用两种或者两种以上写法的公关文案。

(八)按篇幅分类

1. 长篇公关文案

即篇幅较长的公关文案。

2. 中篇公关文案

即篇幅适中的公关文案。

3. 短篇公关文案

即篇幅较短的公关文案。

4. 微公关文案

即篇幅微小的公关文案。如简讯、微调研报告、短信。

(九)按构成分类

1. 单篇公关文案

即独立成篇的公关文案。

2. 集锦公关文案

即围绕一个主题或者事项,由若干篇幅较短文案构成的一组公关文案。

(十)按时间分类

1. 定期公关文案

即按一定周期发布的公关文案。如公关协会工作报告。

2. 非定期公关文案

即不按一定周期发布的公关文案。如请柬。

(十一)按发布者数量分类

1. 单一组织公关文案

即只有一个组织发布的公关文案。

2. 联合公关文案

即两个或者两个以上组织发布的公关文案。

（十二）按发布次数分类

1. 单次公关文案

即只发布一次的公关文案。

2. 系列公关文案

即围绕一个主题或者事项连续发布的公关文案。

（十三）按语种分类

1. 中文公关文案

即用汉字写的公关文案。

2. 少数民族文字公关文案

即用我国少数民族文字写的公关文案。

3. 外文公关文案

即用英、日、德、法、俄等外文写的公关文案。

4. 多种文字对照公关文案

即两种或者两种以上文字对照的公关文案。

（十四）按传播渠道与信息载体分类

1. 文字公关文案

即以文字为方式的公关文案。如报纸公关文案、杂志公关文案。

2. 图表公关文案

即以图片和表格为方式的公关文案。如照片、美术作品、统计图、统计表。

3. 电声公关文案

即以声音和电波为介质的公关文案。如广播公关文案。

4. 音像公关文案

即以声音和画面为主要传播符号的公关文案。如电视公关文案、电影公关文案。

5. 网络公关文案

即综合运用文字、图片、图像、音响、动画等手段借助网络平台和网络技术发布的公关文案。

6. 手机公关文案

即通过手机短信、微信等发布的公关文案。

7. 户外文公关文案

即在户外悬挂、放映、招贴的公关文案。如车身公关文案、LED 广告牌公关文案、招贴公关文案。

二、公关文案的作用

作为以书面语言为主的公关文案，在处理公关事务中发挥着促进和保障作用。尤其是在大战略引领为公关发展创造新契机的当今，公关文案愈显重要。概括起来，公关文案的作用有如下几点。

（一）沟通信息

信息是公关的基础，信息沟通是公关的本质。现代社会是一个高度信息化的社会，涉及公关的信息有组织形象信息、公众信息、社会环境发展变化信息等多种，应该通过双向沟通实现组织与公众之间的信息交流。沟通信息的方式很多，公关文案是最重要的工具。一方面，公关文案以书面语言为主要载体，适用范围广，使用频率高，既以通知、报告等方法内部沟通，又以新闻、广告等形式外部沟通。另一方面，公关文案为其他沟通方式提供依据，如新闻发布会策划文案、电视宣传片脚本、庆典活动演讲词、纪念碑碑文。可见，公关文案是实现信息有效沟通的重要保证。

（二）决策咨询

从管理层面看，公关是一种咨询性的社会活动，提供辅助决策的服务。组织内的公关部和组织外的公关公司其实也是咨询机构，公关人员扮演参谋、智囊的角色；组织内的领导层和委托单位是决策者，接受咨询服务。咨询是一种对相关信息资料进行综合性研究开发的活动，提供可靠情况和合理建议。咨询活动是离不开公关文案的。通过公关文案，向决策者提供组织形象建设、社会环境变化预测、公众基本情况和意向的信息，帮助决策者确定决策目标以及拟定、实施、评估决策文案。比如，调研报告、简报等基础性资料，咨询报告、可行性研究报告等备选方案，决议、决定、纪要等决策性文案，实施办法、检查报告、评估报告等实施与评估文案都在决策咨询中发挥着重要作用。

（三）宣传推广

作为公关的中介，传播是联结组织与公众的“纽带”，公关文案就成为最基本的传播方式。新闻、函件、电报、意向书、说明书等文体及文种各显其长，广告、演讲词、宣传片脚本等与广播、电视、电影、网络组合效果更佳。一方面，公关文案有很强的宣传功能。通过传播，及时、准确、有效地向公众传递组织信息，产生积极的宣传效应，有利于树立组织的良好形象、为组织创造和谐的社会环境。例如，我国国家形象宣传片就是诠释中国形象、展示中国“软实力”的典型例证，在国际上引起强烈反响。另一方面，公关文案也有一定的推广作用。宣言、简介、CIS 策划文案直接阐释理念，获得公众的理解和赞同；公益广告、展览会策划文案、赞助协议书是无形推销术的巧妙运用，赢得公众的好感。

（四）协调关系

所谓协调，就是通过协商、调解，使组织内外活动和谐统一，达到组织与环境相适应，从而促进组织目标的实现。协调是最重要的公关手段，贯穿于公关工作的整个过程，其中公关文案发挥着促进作用。在组织内部，利用通知、报告、请示、函、简报等沟通上级领导与下级部门、联系同级部门；在组织外部，通过备忘录、协议书、电报、启事等与其他组织开展合作，用声明、公开信、消息、广告、宣传单等向广大公众加以解说。在一般情况下，公关文案具有传达、汇报、议定、说明等功能，使有关工作得以正常运转。在特殊情况下，如果产生误会或者分歧，通过声明、记录、纪要等消除疑义、化解矛盾；如果给对方造成伤害或者损失，用致歉函、致歉启事等公开道歉，以挽回影响；如果组织与公众及社会环境严重失调，用咨询报告、策划文案等进行危机公关，以实现新的平衡。

第二章　公关调研文案

第一节　公关调研文案概述

一、写作要点

（一）名称解释

调研，过去多称为调查，是调查研究的简称。调研是公关工作的起点。

公关调研文案，惯称公关调查文案，是通过调查研究，反映公关情况，探究公关工作规律的文案总称。

（二）主要特征

1. 调查性

这是公关调研文案的基础。通过调查掌握大量的公关事实，使用这些具体的事例和数据，以反映情况、总结经验、揭露问题。

2. 研究性

这是公关调研文案的升华。运用科学的方法，对调查所得的材料进行分析，从中找出规律性的东西，增加说服力。

（三）种类划分

1. 按范围分，有国际公关调研文案、国家公关调研文案、地方公关调研文案、行业文案、组织公关调研文案。

2. 按性质分，有总体公关调研文案、专题公关调研文案。

3. 按内容分，有基本情况调研文案、员工关系状况调研文案、公共舆论调研文案、社会环境调研文案等。

4. 按文种分，有公关调研计划、公关调查问卷、公关调查记录、公关调查日记、公关调研报告、公关分析报告、公关预测报告等。

5. 按写法分，有概述式公关调研文案、分述式公关调研文案、表格式公关调研文案、图示式公关调研文案、综合式公关调研文案。

6. 按篇幅分，有长篇公关调研文案、中篇公关调研文案、短篇公关调研文案、微公关调研文案。

7. 按构成分，有单篇公关调研文案、集锦公关调研文案。

8. 按发布者数量分，有单一组织公关调研文案、联合公关调研文案。

9. 按发布次数分，有单次公关调研文案、系列公关调研文案。

10. 按传播渠道与信息载体分，有文字公关调研文案、图表公关调研文案、电声公关调研文案、音像公关调研文案、网络公关调研文案、手机公关调研文案等。

（四）基本结构

1. 必备项目

(1)标题

单标题。主要有四种写法：一是公文式，如《突发公共卫生事件应急处理记录表》；二是主题式，如《建美丽乡村，要把准群众的脉》；三是事由式，如《县域科学发展的嘉善样本》；四是提问式，如《维修猫腻知多少》。

双标题。有两种：一是引题和正题，如《“六一”特别寻访 留守儿童调查》；二是正题和副题，如《打造中国“文化航母”——从“文化企业 30 强”看骨干文化企业的培育》。

如有必要，可以拟由引题、正题、副题组成的多行标题。

系列公关调研文案有总题和分题或者事由和分题。如总题《京津冀协同发展调研行》，分题《三地公共服务落差过大问题正在缓解 京津冀 协同中成长》《城八区常住人口由增到减 地下水位由降到升 空气质量由恶化到改善 首都治理城市病迎来三大拐点》《配合北京做好减法 服务河北做优加法 天津 协同发展新算法》《承接产业转移 加速经济发展 缩小区域差距 河北 结伴京津一起走》等。

(2)正文

在内容上，根据调研的选题、对象、期限、文种等确定项目和重点。例如，公关行业年度调研报告包括年度排行榜、行业调查分析、TOP 公司研究、最具成长性公司研究、行业发展分析等；公关预测报告包括现状分析、发展态势、采取对策等。

在结构上，概述式、分述式公关调研文案一般分为前言、主体、结尾，有时不加结尾或者省略前言和结尾；表格式公关调研文案有单式表与复式表、分表与汇总表等情况，每种表格项目及要求各异；图示式公关调研文案多用于几何图、形象图、地图等进行公关的统计分析。以上几种方法经常综合运用。

2. 选择项目

(1)封面

用于篇幅较长的公关调研文案，由标题、作者、日期，或者标题、作者、出版社等项目组成。

(2)编写说明

有的称为前言。如有必要,单列几段文字总括调研的编写背景、目的、过程、结论等。

(3)目录

篇幅较长的公关调研文案,列出有关章节的序号和名称。

(4)署名

包括组织、部门、调研组名称以及执笔人姓名,如以个人名义呈送或者发表署个人姓名。

(5)印章

呈报或者下达的公关调研文案经常加盖组织或者部门印章。

(6)成文日期

标出具体的年月日。

(7)附录

有时把相关辅助性资料附在公关调研文案后。

(五)注意事项

1. 内容适合。要重视调研,沉得下,钻得深,体察实情,获得真知,力求主题深刻鲜明、材料确凿典型。

2. 形式恰当。要根据不同文种的特点精心布局、灵活择技、巧妙遣词,既显出特定的语体感,又有很强的可读性。

二、范文阅读

▲总体公关调研文案

中国公共关系业 2016 年度调查报告(节选)

为反映 2016 年度公共关系服务市场的运行态势,正确评价中国公共关系业的发展状况,为专业机构提供积极的行业指引,2017 年 2 月 20 日—3 月 20 日,中国国际公共关系协会(CIPRA)对中国大陆境内主要公共关系公司进行调查活动。该项活动由协会研究发展部具体实施……

报告说明(略)

年度排行榜

2016 年度公司排行榜包括 TOP 公司和最具成长性公司两个榜单,其中 TOP 公司 30 家,最具成长性公司 10 家。该榜单以自愿参与调查活动、提交完整数据、能够接受考察核实的公关公司为评选对象,以"TOP 公司评选标准"为评选依据,通过加权指数计算产生最终结果。

榜单统计分析由 CIPRA 研究发展部执行,CIPRA 公关公司工作委员会常委会审议……

表 1:2016 年度 TOP30 公司榜单(略)

表 2：2016 年度最具成长性公司榜单(略)

行业调查分析

2016 年，随着中国经济继续保持稳定快速发展，中国公共关系新生力量不断涌现，中国公关市场依然保持了较快的增长速度。据调查估算，整个市场的年营业规模达到 500 亿元人民币，年增长率约为 16.3%。相比 2015 年 13.2%的增长率，增幅有所上升。

2016 年中国公共关系行业呈现以下特点和趋势。一是大战略引领公关，为公共关系行业创造新的发展契机。随着中国实施“一带一路”战略、中国企业开始进行国际化的布局，市场对公关公司的专业化、规范化和国际化提出了更高要求。二是公共关系行业的兼并、重组已成为常态。据统计，参与调查的公关公司中有 20 多家通过主板、新三板以及兼并收购等多种形式打通与资本市场的通道。资本加速进入公关行业，而公关行业也正在借助资本的力量做大做强，这一趋势受到行业内外的高度关注，这是 2016 年的一个突出特点。三是内容营销已经成为行业发展的新动力。随着以新媒体为代表的传播格局的改变，传统渠道的作用在不断下沉，内容营销成为企业品牌传播的核心要素之一。四是娱乐营销、体育营销成为服务领域新的业务增长点，这得益于中国经济从传统制造业向服务业转型的结构调整。

图 1：年度营业额变化(亿元)(略)

图 2：年增长率变化(%)(略)

调查显示，2016 年度中国公共关系服务领域的前 5 位分别是汽车、IT(通信)、快速消费品、互联网、娱乐/文化。汽车领域依然是行业内主要服务客户，市场份额稍有回落，但依然保持了 30%以上的占有率。其余 4 个领域与 2015 年相比排名略有变动，IT(通信)由去年的第四、五位跃升到第二位，这得益于智能移动终端的快速普及和应用。快速消费品、互联网市场份额稍有回落，分别从去年的第二、三位下降到第三、四位。娱乐/文化为 2016 年新增调查领域，发展势头迅猛，高居第五位。奢侈品首次跻身前十名，位居第六位。此外，制造业、医疗保健、金融、房地产等份额出现明显回落，分别位居第七、八、九、十位。从公关服务领域市场份额的变化，可以明显地看出中国经济结构的调整和转型趋势。

表 3：2016 年和 2015 年行业市场份额对比(略)

鉴于 TOP30 和 10 家最具成长性公司数据的相对准确性，我们依据这 40 家公司数据从业务领域、业务类型、业务潜力和新媒体服务内容等方面加以统计分析。

40 家公司中，29 家开展汽车业务，24 家开展 IT(通信)业务，23 家开展快速消费品业务，22 家开展互联网业务，8 家开展娱乐/文化业务，8 家开展奢侈品业务，13 家开展制造业业务，10 家开展医疗保健业务，11 家开展金融业务，4 家开展房地产业务。

40 家公司中,16 家以新媒体业务为主,10 家以传播代理为主,6 家以媒体执行为主,6 家以活动代理及执行为主,4 家以顾问咨询为主。新媒体业务、传播代理、活动代理及执行,成为公关市场的主要三大业务类型。

图 3:业务类型市场构成(公司数)(略)

40 家公司在新的服务手段应用进展方面,37 家开展新媒体营销,31 家开展事件营销,23 家开展娱乐营销,15 家开展危机管理,13 家开展意见领袖(KOL)管理,10 家开展体育营销,7 家开展客户关系管理,5 家开展议题管理,5 家开展政府关系,4 家开展舆情监测,4 家开展海外品牌传播管理,3 家开展 CSR 项目,3 家开展城市营销,2 家开展投资者关系管理,1 家开展员工关系(意见领袖管理、员工关系、投资者关系管理、客户关系管理、舆情监测、海外品牌管理为 2016 年度调查新增项目)。调查显示,2016 年 40 家公司在新媒体营销、事件营销、危机管理应用更加广泛。娱乐营销、体育营销、意见领袖(KOL)管理取得进一步发展。

图 4:业务潜力市场构成(公司数)(略)

据统计,40 家公司中,新媒体业务营收在 3000 万元以上的公司为 20 家,占比 50%,比去年增加 16 个百分点。

40 家公司开展新媒体业务的公司中,36 家开展整合传播服务,36 家开展产品推广服务,31 家开展口碑营销服务,29 家开展事件营销服务,26 家开展企业传播服务,11 家开展舆情监测服务,8 家开展危机管理服务,5 家开展社区运营服务。调查显示,新媒体传播的客户主要需求集中在整合传播、产品推广、口碑营销、事件营销、企业传播这五个领域。

图 5:新媒体业务服务内容构成(公司数)(略)

调查显示,40 家公司中有 38 家在 2 个或 2 个以上城市设立分公司或办事处,北京、上海、广州、深圳为公关公司的主要集中地,并逐渐向其他城市(香港、杭州、青岛、重庆、长春、福州等地)延伸。

TOP30 公司研究

营业情况:

▶TOP 公司平均年营业额 4.91 亿元,比上年增长约 19.2%;平均年营业利润 1.74 亿元,比上年增长约 19.5%;年营业额增长率 27.4%,比上年下降 2.2%。

▶TOP 公司人均年营业利润 37 万元/年,比上年同期基本持平,减少了 0.5 万/年。

▶独立上市的公司——蓝色光标、宣亚国际,其公关传播年营业额分别为 38 亿元、4.67 亿元。

▶随着 TOP 公司业务规模扩大,单位人工成本上升较快,加上管理费用加大,以及兼并收购出现的商誉和无形资产减值等因素,运营压力依然存在。

▶年平均签约客户72个，日常代理客户比重64%，外资客户48%，连续签约客户31个。

▶新服务手段方面，TOP公司均在新媒体营销、事件营销、娱乐营销、体育营销方面实现较快发展。

▶随着新媒体业务需求的增加，多数TOP公司新媒体业务营业利润多于3000万元，平均占总体营业利润的33.7%，主要提供产品推广、企业传播、事件营销、口碑营销、整合传播的业务。

运营管理：

▶TOP公司平均员工人数438人，比上年同期增加72人；管理团队平均人数42人，比上年同期增加2人；专业人员平均人数245人。

▶女性雇员占比62%，比上年同期减少0.8%；员工平均年龄29岁左右；平均留任时间为3年；人员流动率29%，比上年同期减少1%，周平均工作45小时，比上年同期减少3小时。

▶年人均培训时数59小时，主要培训集中于专业技能、业务认知、岗位技能等方面，一般通过内部业务交流、部门岗位培训、行业培训来解决。

▶年平均工资水平为12352元/月，比上年同期增长16.7%；客户经理平均月薪13307元，比上年同期增长8.2%；大学生转正平均月薪4820元，比上年同期增长11%，人员成本逐年增加，这是公关行业的一个明显趋势。

最具成长性公司研究

营业情况：

▶最具成长性公司平均年营业额1.14亿元，比上年0.85亿增长34.1%；平均年营业利润3419.5万元，比上年2076.46万元增长64.7%；年增长率47%；人均年营业利润26.6万元，比上年23.1万元增长15.1%。

▶平均签约客户数41个，日常代理客户比重占69%，外资客户占47%，连续签约客户21个。

▶新服务手段方面，绝大多数公司在新媒体营销、事件营销、娱乐营销方面实现较快发展。

▶新媒体业务年平均营业利润在1501万～2000万元，占总体营业利润的57%，主要提供产品推广、事件营销、口碑营销、企业传播、整合传播的业务。

运营管理：

▶年平均员工数136人，比上年增加24人；专业人员平均人数119人，比上年增加23人，管理团队平均人数18人，比上年增加2人。

▶女性雇员64%，职业平均年龄维持在29岁左右；平均留任时间为2.3年，人员流动率34%，周平均工作时数44小时。

▶年人均培训时数92小时，主要培训集中于专业技能、业务认知、岗位技能和业务管理等四个方面，一般通过内部业务交流、部门岗位培训和行业培训来解决。

▶年平均工资水平为10350元/月，比上年8993元/月增长15.1%；客户经理平均月薪12000元，比上年10230元增长17.3%；大学生转正平均月薪4778元，比上年4120元增长16%。

表4：TOP公司对照统计表(略)

2016年中国公共关系行业发展分析

2016年，伴随“一带一路”国家战略的持续推进和具体实施，中国公共关系市场机遇增大。同时，在“大众创业、万众创新”的背景下，中国公共关系行业新生力量不断涌现，市场保持稳定而快速增长。据调查估算，2016年整个市场的年营业规模达到500亿元人民币，年增长率约为16.3%。相比2015年13.2%的增长率，增幅有所上升。

一、汽车依然稳居行业之首，IT(通信)跃升至第二位……

二、娱乐/文化发展势头迅猛，显示中国经济转型趋势……

三、人力成本增加导致运营压力加大……

四、国际公司在中国的业务保持稳定增长的同时，本土公司已经占据主导地位……

五、中国公共关系行业发展趋势……

第一，大战略引领公关，为公共关系行业创造新的发展契机……

第二，资本加速进入公共关系行业，行业上市、兼并重组成为常态……

第三，数字营销正成为行业发展的明显趋势……

第四，人才流动和培养依然是影响行业发展的重要因素……

（本文引自中国公关网，2017年5月17日，略有改动）

第二节　公关调研计划

一、写作要点

(一)名称解释

计划是一个统称，有规划、纲要、预案等具体名称。

公关调研计划，是为做好一定时期内的公关工作或者开展某项公关活动，根据党和国家的有关方针政策以及上级指示，结合实际情况，确定任务和指标，提出相应措施和步骤的一种文案。

（二）主要特征

1. 预见性。科学预见是公关调研计划的必要前提。凭借超前思维对公关工作进行分析和预测，既立足现实，又富有远见，力求恰当而严谨，以达到预期目的。

2. 可行性。公关调研计划一经制定就要付诸实施，因此任务及指标要与实际能力相适应，措施得力，步骤明确，能够按时、保质、高效地完成。

（三）种类划分

1. 按性质分，有总体公关调研计划、专题公关调研计划。

2. 按文种名称分，有公关调研方案、公关调研安排、公关调研要点等。

3. 按写法分，有分述式公关调研计划、表格式公关调研计划、综合式公关调研计划。

4. 按时间分，有定期公关调研计划、非定期公关调研计划。

（四）基本结构

1. 标题

使用公文式单标题。主要写法有以下几种：国家、地方、行业、组织名称或者适用范围加期限、事由、文种，如《乐清市发展和改革局2016年度课题调研计划》；国家、地方、行业、组织名称或者适用范围加事由、文种，如《中国大学生经济调研计划》；期限、事由、文种，如《2017年公关调研计划》；事由、文种，如《开展群众路线教育实践活动专题调研方案》。此外，期限也可以写在标题后并加圆括号；有时在标题后或者标题正下方加圆括号注明“草案”“初稿”“讨论稿”“征求意见稿”“修改稿”“送审稿”等版记。

2. 正文

在内容上，包括七个部分：一是目的，回答为什么做的问题，往往在第一段用“为”“为了”领起；二是依据，回答根据什么做的问题，如重要意义、指导思想、上级指示、时代背景、现状；三是任务，回答做什么的问题，有总任务和具体任务，逐项说明；四是指标，又称目标，回答做到什么程度的问题，有总指标和分指标，从母项到子项逐一分解；五是措施，回答怎么做的问题，规定将要采取的具体方法，如思想工作、人员调配、工作机构、方式手段、人力物力财力的安排以及政策保障；六是步骤，回答分几个阶段做以及先后顺序的问题；七是其他事项，如补充事项、要求、检查及修订。以上内容根据需要取舍。

在结构上，分述式公关调研计划，前言交代目的、依据，有时还概括总任务或者总目标，过渡语是“制定本××”“为此，现将××××××安排如下”“为此，要抓好以下几项工作”等；主体或者把任务、目标、措施、步骤等模块组合，或者按几项工作、几个措施等项目叙写；结尾说明补充事项、要求、检查及修订，有时不设结尾。表格式公关调研计划，在表格中把内容划分若干项目逐一填写，一般只有表格，有时附加简短的文字说明。综合式公关调研计划把上述两种写法交叉运用。

3. 署名

大多写在正文右下方，有时写在标题正下方。随公文批转、转发、发布、印发的公关调研计划，制定者已写在公文，可以不再单独署名。

4. 成文日期

写在署名下方。随公文批转、转发、发布、印发的公关调研计划，成文日期已写在公文，可以省略此项。

（五）注意事项

1. 围绕课题。以课题为对象，确定调研的指导思想、基本任务、主要过程、相关举措，为促进公关工作打下良好基础。

2. 力求严密。要围绕“做”说明为什么、根据什么、是什么、怎么办、效果如何等问题，务求项目齐全、布局合理、重点突出、表达明确。

二、范文阅读

▲分述式公关调研计划

哈尔滨市2011年安全生产政策研究工作调研方案

根据国家、省关于开展安全生产政策研究重点工作安排的要求，结合我市《关于进一步加强和改进调研综合工作的指导意见》，决定在全市安监系统开展安全生产政策研究工作调研活动。为搞好这次调研活动，制定本方案。

一、指导思想

以科学发展观为指导，深入贯彻落实市委十二届九次、十次全会精神，将服务决策作为一切调研综合工作的中心，坚持围绕大局出思路、围绕难点求突破，切实解决我市安全生产工作中遇到的新困难和新问题，提出有效的对策措施，为我市实施新战略，推进新跨越，实现全市安全生产形势持续稳定好转提供政策保障。

二、基本原则

（一）坚持实事求是、务求实效的原则。既要总结已经取得的成熟经验和做法，又要注重我市当前安全生产工作面临的新形势、新问题，重点在解决问题、研究招法上下功夫，提出措施要有可行性、操作性，做到成绩总结到位、问题挖掘到位、政策研究到位、措施制定到位。

（二）坚持深入基层、深入群众的原则。要主动深入基层、深入企业、走进群众，认真听取基层的建议和百姓的呼声，及时了解在上面难以听到、不易看到和意想不到的新情况、新问题，向群众问计问策，查找并提出解决问题的办法和措施。

三、时间安排

从2011年5月10日开始，至2011年7月10日结束，分三个阶段。

（一）准备阶段（5 月 10 日—5 月 20 日）。要结合各自实际抓紧制定调研方案，拟定调研提纲，确定调研内容，要与基层单位和相关部门做好沟通协调工作，告知调研事项，提早做好调研准备工作。

（二）调研阶段（5 月 21 日—6 月 20 日）。采取举办座谈会议、走访部分企业、听取群众意见等方式开展调研工作，召开不同层面的座谈会，走访相关企业，征求群众意见，发现典型，听取工作建议，了解掌握安全监管工作中的新情况、新矛盾、新问题。

（三）总结阶段（6 月 21 日—7 月 10 日）。对调研中掌握的各种材料、案例、数据和征求到的意见进行梳理，深入分析各种矛盾和问题，研究提出相应的改进意见和解决措施，于 7 月 10 日前形成研究论文（或调查报告、专题研究等）。

四、参加调研单位

各区、县（市）安监局，局机关各处（室）及所属单位。

五、调研课题

（一）研究加强和创新安全监管工作的思路和措施，建立安全监管工作持续加强和不断改进的长效机制。在构建监管格局、建立监管机制、完善监管服务体系、对企业科学分级监管、加强企业安全文化建设、深入隐患排查治理和专项整治等方面研究提出有效对策。

（二）研究安全生产工作如何为加快转变经济发展方式、实现经济平稳较快发展和社会和谐稳定服务。2011 年是我市实施新战略、推动新跨越的提速期和关键期，对安全生产工作既是机遇，也是挑战。安全生产工作必须适应新形势和新要求，因此要立足于安全发展这一指导原则，强化对安全生产工作与加强社会建设和管理之间内在联系的研究，对进一步落实企业主体责任、部门监管责任、属地管理责任，有效防范重特大生产安全事故，提出有效的对策和建议。

（三）加强安全生产制度建设的研究，逐步建立科学、严密、完备、有效的安全生产制度体系。以持续加强安全生产法制体制机制建设为抓手，进一步加强研究，健全制度措施，逐步形成科学、严密、完备、有效的安全生产制度体系，推动安全生产工作法制化、规范化和科学化，促进安全生产形势进一步稳定好转。

（四）继续积极推进高危行业安全生产责任保险和安全生产风险抵押金转换工作。通过调研的方式，研究解决我市危险化学品、非煤矿山等高危行业领域安全生产责任保险推动过程中遇到的问题，督促有关单位加大工作力度，尽快推动相关工作。同时积极推进安全生产风险抵押金向安全生产责任保险的转换。

（五）继续加强企业安全生产诚信建设方面的研究，推动安全生产诚信体系的不断丰富和完善。研究探索企业安全生产诚信制度建设的思路和对策，总结推广各地在企业安全生产诚信建设方面的好经验和好做法，更好地促进安全生产工作的深入有效开展。

（六）加强职业安全健康监管工作的研究，进一步推动安全监管工作再上新水平。今年是职业卫生监管职能调整后的第一年，尤其需要加强职业安全健康监管工作的理论和政策研究，摸清情况，理清思路，提出对策措施。要通过加强职业安全健康监管工作的理论和政策研究，提出对策措施，推进企业采用先进的安全管理模式和方法，逐步提升安全管理工作的科学性和规范性。

（七）研究把安全生产纳入社会主义精神文明和党风廉政建设、社会治安综合治理体系之中的相关政策措施。要研究提出落实这一要求的有关安全生产工作内容、方式、方法，提出有效的对策和建议，制定完善的安全生产奖惩制度，加大各级领导干部政绩业绩考核中安全生产的权重和考核力度，把党政领导干部安全生产问责制落到实处。

（八）继续加强安全生产理论研究，不断丰富和完善安全生产理论体系。要进一步加强调查研究，总结各地安全生产工作的实践经验，丰富和完善安全生产理论体系，以更好地发挥理论对实践的指导作用。

六、工作要求

（一）要高度重视安全生产政策研究工作，以认真负责的态度积极开展工作，做到有计划、有组织，保证活动的顺利开展并取得实效。

（二）要结合本地、本部门工作实际，确定调研内容，并至少报送1篇研究论文，市局、市安全生产管理协会将组织对论文进行评审，选择15～20篇论文纳入《哈尔滨市安全生产管理协会学术交流论文集》，择优选送3～5篇优秀论文向省安监局推荐，并给予奖励。

（三）论文要理论联系实际，具有针对性和建设性，文字精练，控制在5000字以内。

（四）报送的论文要注明作者单位、姓名、职务、联系电话（手机）。调研论文报送时间为7月10日前，纸质文稿1份，同时发送电子文档至：（略），联系人：（略），电话：（略）（带传真）。

（本文引自哈尔滨市政务公开网，2011年5月5日，略有改动）

第三节　公关调查问卷

一、写作要点

（一）名称解释

问卷，是列有若干问题让人回答的书面调查材料，目的在于了解人们对这些问题的看法。

公关调查问卷，又称公关调查表、公关询问表、公关调查问卷表，是以问题的形式系统地记载公关调查内容的一种文案。

（二）主要特征

1. 聚集性。这种文案是搜集公关资料的有效方式。它速度快、成本低、信息量大、覆盖面广，因此使用频率很高。

2. 依据性。这种文案是研究公关工作的重要基础。把它加以整理，定量分析与定性分析相结合，进而得出科学结论。

（三）种类划分

1. 按性质分，有总体公关调查问卷、专题公关调查问卷。

2. 按内容分，有概况调查问卷、形象调查问卷、效果调查问卷等。

3. 按形式分，有表格式公关调查问卷、卡片式公关调查问卷、簿记式公关调查问卷等。

4. 按填写方法分，有自填式公关调查问卷、代填式公关调查问卷。

5. 按发布次数分，有单次公关调查问卷、系列公关调查问卷。

（四）基本结构

1. 标题

大多是公文式单标题，从范围、对象、事由、期限、文种等选择有关要素，其中文种用"调查""调查问卷""调查问卷表"等词语，如《中国公众气象服务效益调查问卷表》《2017 年全国职工队伍状况调查问卷》。

2. 卷首语

有四项：一是标题。写"卷首语""说明""填表说明""致×××××"。二是正文。包括调查的目的、意义、主要内容、起止时间、组织机构；被调查者的选取方式；调查结果的使用者；保密措施；填答方法、回收方式；敦促语。有时还写致谢语。正文有概说式、书信式两种写法。三是署名。写调查者的组织或者部门名称。四是成文日期。有时省略署名和成文日期。此外，书信式调查问卷在正文前还有称谓和问候语。自填式公关调查问卷的卷首语多在两三百字，代填式公关调查问卷的卷首语简短。卷首语一般放在公关调查问卷第一页上方，也可以在公关调查问卷前面单列。有时省略此项。

3. 主体

这是公关调查问卷的核心部分，由问题和答案组成。

在内容上，主要有五种：一是事实性问题，即要求被调查者回答有关真实情况的问题，包括被调查者资料，目的在于取得事实资料；二是意见性问题，即询问被调查者有关态度的问题；三是断定性问题，即推断被调查者已有该种态度或者行为的问题；

四是假设性问题，即先假定一种情况，然后询问被调查者在该种情况下会采取什么行动；五是敏感性问题，即由被调查者就某些易于引起反应的问题表态。

在形式上，有三种：一是开放式，又称开口式、无结构式，即不提供答案，被调查者自由发表意见，这种形式易于发挥、比较深入但因信息较多难以统计分析；二是封闭式，又称闭口式、结构式，即提供答案以备被调查者选取，这种形式标准、简便也可能出现位置或者顺序的偏差；三是半封闭式，又称半结构式，即介于开放式和封闭式之间，既可以发挥，又有固定答案，兼收两者之长。

在题型上，有两类：一是基本题型，二是其他题型。基本题型包括：问答题，即直接提出问题，不含任何暗示的答案，让被调查者自由发表自己的看法；单项选择题，即一般设置相互对立的两个答案，让被调查者选一项；多项选择题，即设置三个或者三个以上的答案（答案多少视情况而定），让被调查者选出其中的一项或者多项。其他题型包括：回想题，即明确提示回想的范围，让被调查者根据记忆回答；再确认题，即事先提示某个线索，如图画、照片、文字、名称等，让被调查者确认；比较题，即指出被调查者对几种情况的认识，请根据喜好程度等进行比较选择；倾向程度题，对某一问题连续提问，以了解被调查者从甲转变到乙的态度差别；数值尺度题，即对调查对象的某种属性举行顺序分类，被调查者可以在量度之间举行选择；对应评分题，即请被调查者依据事先规定的特征，在评分表上表明自己的看法。

4. 编号码

用于规模较大、进行计算机统计分析的公关调查，要求所有资料数量化，与此相适应的问卷就要增加一项编码号。也就是在每个问题的右边留统一的空白顺序编“1、2、3……”的号码（中间用一条竖线分开），用来填写答案的代码。整个问卷有多少种答案，就有多少个编码号。答案的代码确认后填写在编码号右边的横线上。

5. 致谢语

为了表达对被调查者合作的谢意，经常在公关调查问卷末端写感谢性语句。如在卷首语已致谢，不单设此项。

6. 调查记录

为了记录调查完成的情况和需要复查、校订的问题，有时需要调查的访问员和校查员分别署名并标注日期。

（五）注意事项

1. 设计合理。充分考虑主题、事项、被调查者等要素，注重问题的客观性、必要性、可能性并且按照先易后难、先简后繁、先具体后抽象的顺序排列，问及敏感性的问题时尤应讲究技巧，保证答案具有穷尽性和互斥性而且善于使用“其他”。

2. 语言准确。要言简意赅，避免一句话中使用两个以上的同类概念或者双重否定语；不能使用诱导性、暗示性的词句；通俗易懂，对专门术语加以解释；语气恳切，让被调查者乐于配合。

二、范文阅读

▲表格式公关调查问卷

中国公共关系行业 2015 年度调查问卷

基本信息

公司名称:________________ 品牌英文名:________________

地　　址:________________ 邮政编码:________________

电　　话:________________ 传　　真:________________

网　　址:________________ 开业时间:________________

中国总部所在地:________;分公司:________;办事处:________。

A 北京;B 上海;C 广州;D 成都;E 深圳;F 重庆;G 大连;H 青岛;I 昆明;J 西安;K 其他________

(选择并提交联系方式,请单独附表)。

企业性质:(在所选项用"蓝色"予以标明)

□外商独资 □外商代表处 □合资企业 □国有独资 □有限责任 □股份企业 □上市企业 □其他________(请注明)

填表人:________ 职　　务:________ Email:____________

联系电话:____________ 手　　机:____________

填表人声明:问卷回执代表本公司的意志,所提供的信息真实、准确、有效!请保密处理。____________

填表说明:(略)

请回复:中国国际公共关系秘书处

电话:(略) Email:(略)

特别声明:(略)

一、公司运营管理

1. 本年度公司营业额:RMB ______万元(以开票为准),营业利润:RMB ______万元,年营业收入增长率:______%,人均年营业收入(公司年营业利润/年平均员工人数):RMB ______万元。注:(略)

2. 本年度公司年平均员工(签订正式劳动合同,纳入社保管理的人员)人数______,专业人员(非行政人员)人数______,管理团队(部门及以上管理人员)人数______。注:(略)

3. 本年度新增员工人数______,员工年流动率(离职人数/本年度现有正式员工数)______%,员工平均留任时间______(年),女性所占比例______%,平均年龄

______岁；人均周工作时数______小时。

4. 本年度员工月平均工资：RMB ______元，应届大学生转正工资：RMB ______元，客户经理月平均工资：RMB ______元。（只需提供大致数据）。

5. 公司运营管理信息化建设程度：______（已建立、优化或升级）

A. OA 办公系统；B. 业务流程管理；C. 供应商管理；D. 财务管理；E. 企业宣传网页；F. 其他______（请注明）。

6. 本年度最能体现公司遵循行业服务标准的重大事项（产品、服务、薪酬、采购、运营等），（可选填）：

____________________；____________________；____________________。

7. 本年度最能体现公司专业价值的重要成果（出版物、研究报告、专业文章、专业演讲等）（可选填）：

____________________；____________________；____________________。

二、公司业务发展

1. 公司主营业务：______（业务比重最大的业务类型）

A. 顾问咨询；B. 传播代理；C. 活动代理；D. 媒体执行；E. 活动执行；F. 新媒体业务；G. 设计制作；H. 培训及其他______（请注明）。

2. 本年度公司主要业务比重：顾问咨询（______%）、传播代理（______%）、活动代理（______%）、媒体执行（______%）、新媒体业务（______%）、设计制作（______%）、培训及其他（______%）。

3. 本年度公司主要服务领域及所占业务比重（请注明前五项，并按业务量大小排序）：

______，______%；______，______%；______，______%；______，______%；______，______%。

A. 快消品；B. 金融；C. IT；D. 通讯；E. 汽车；F. 制造业；G. 医疗保健；H. 互联网；I. 能源；J. 房地产；K. 公用事业；L. 旅游；M. 文化；N. 体育；O. 政府/非营利机构；P. 城市品牌推广；Q. 奢侈品；R. 其他______。

4. 本年度公司主要年度签约客户（包括日常代理和项目代理，列举 10 个以内主要客户）：

______________________________；______________________________；

日常代理客户数______，所占业务比重______%，外资客户所占业务比重______%。连续签约客户数：______；战略客户数量：______。

5. 本年度公司主要业务增长领域（业务类型和服务领域，顺序标明前三项并加以说明）：

____________________；____________________；____________________。

6. 本年度公司在下列新的服务手段上取得重要进展(顺序标明前三项):______

A. 事件营销;B. 娱乐营销;C. 体育营销;D. 新媒体营销(网络公关、社交媒体等);E. 危机管理;F. 议题管理;G. 政府关系;H. CSR 项目;I. 城市营销;J. 其他______(请注明)。

7. 本年度公司新媒体业务(网络公关、社交媒体等)的营业利润为:______(选择区间),占总体营业利润的百分比为:______

A. RMB 500 万元以下;B. RMB 500 万～1000 万元;C. RMB 1000 万～1500 万元;D. RMB 1500 万～2000 万元;E. RMB 2000 万～2500 万元;F. RMB 2500 万～3000 万元;J. RMB 3000 万元以上。

8. 本年度公司应用新媒体传播的客户主要需求为(顺序标明前五位):______

A. 舆情监测;B. 危机处理;C. 产品推广;D. 企业传播;E. 事件营销;F. 口碑营销;G. 整合传播;H. 其他______(请注明)。

9. 您对社会化媒体对公共关系业务影响的看法?(可选填)__________。

三、可持续发展建议

1. 本年度公司员工人均培训时数______小时。其中,业务认知培训______小时,岗位技能培训______小时,专业技能培训______小时,业务管理培训______小时,其他培训______小时(请注明培训内容________________)。

2. 我公司员工培训的解决方案(顺序标明三位):______;每年预算费用:RMB______元。

A. 公司课程训练;B. 部门岗位训练;C. 内部业务交流;D. 行业培训;E. 外部公开培训;F. 学历课程培训;G. 资料学习培训;H. 其他______(请注明)。

3. 我公司的入职培训人均时数______小时,主要培训内容(顺序标明前五位):________________。

A. 公司概要;B. 行业概览;C. 员工手册;D. 业务与流程;E. 新闻撰稿;F. 公关文案写作;G. 公关传播基础;H. 媒体研究;I. OA 办公系统;J. 办公软件操作;K. 职场沟通技巧;L. 职业道德规范;M. 其他______(请注明)。

4. 我公司晋级 AM 培训人均时数______小时,主要培训内容(顺序标明前五位):________________。

A. 公司政策;B. 行业标准;C. 公关策划;D. 客户关系技巧;E. 项目提案;F. 项目管理;G. 市场营销原理;H. 新媒体技术应用;I. 活动策划管理;J. 案例写作;K. 商务沟通礼仪;L. 行业自律公约;M. 其他______(请注明)。

5. 我公司晋级 AD 培训人均时数______小时,主要培训内容(顺序标明前五位):________________。

A. 公司战略;B. 业务管理;C. 部门管理;D. 客户关系管理;E. 年度提案;

F. 领导力训练；G. 品牌战略管理；H. 新媒体研究；I. 战略咨询方法；J. 案例研究；K. 专业形象塑造；L. 行业发展战略；M. 其他______（请注明）。

6. 本年度公司购买培训培训时数______小时，主要培训内容（顺序标明前五位）：________________。

A. 媒体研究；B. 项目管理；C. 危机管理；D. 新媒体传播；E. 战略咨询；F. 案例研究；G. 公司战略；H. 客户关系管理；I. 领导力训练；J. 商务沟通礼仪；K. 行业概要与标准；L. 创新思维与战略思维；M. 其他______（请注明）。

7. 本年度公司 CSR 建设及参与行业或社会公益情况（企业理念、重要活动或项目）：

______________；______________；______________；______________。

8. 我公司对 2015 年市场总体评价：______（请标明），对 2016 年总体预测：______（请标明）。

A. 很好；B. 较好；C. 一般；D. 不太好；E. 很不好；F. 其他______（请注明）。

附件：（略）

=== 感谢贵机构参与本次调查 ===

（本文引自中国公关网，2016 年 2 月 24 日，略有改动）

▲卡片式公关调查问卷

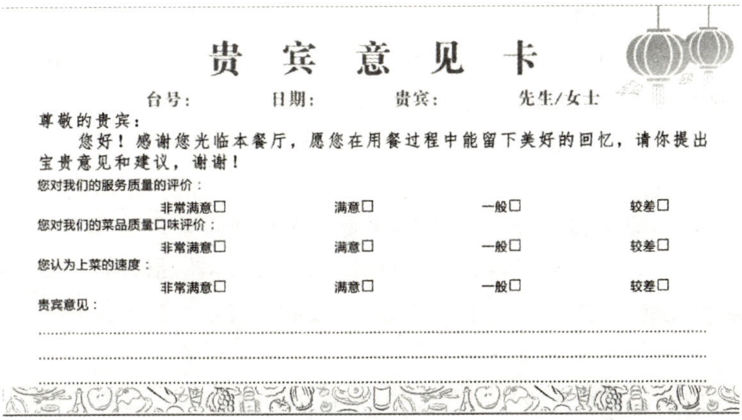

贵 宾 意 见 卡

台号：　　日期：　　贵宾：　　先生/女士

尊敬的贵宾：

您好！感谢您光临本餐厅，愿您在用餐过程中能留下美好的回忆，请你提出宝贵意见和建议，谢谢！

您对我们的服务质量的评价：

非常满意□　满意□　一般□　较差□

您对我们的菜品质量口味评价：

非常满意□　满意□　一般□　较差□

您认为上菜的速度：

非常满意□　满意□　一般□　较差□

贵宾意见：

图 2-1　餐饮调查问卷卡片

（本文引自百度图片）

第四节　公关调研报告

一、写作要点

（一）名称解释

公关调研报告，是针对公关工作中某一情况、事件、经验或者问题，经过深入细致的调查，把搜集到的材料加以整理和分析，得出正确的结论，最终以书面形式向有关机构汇报或者在媒体上发表的一种文案。

（二）主要特征

1. 规律性。这种文案属于“重武器”，目的在于以点带面，指导公关工作。它对大量公关事实进行分析综合，揭示客观规律，有很强的指示和引导作用。

2. 新闻性。这种文案带有鲜明的新闻特点，及时反映公关工作中的新情况、新动向、新经验、新问题，并提出相应对策。

（三）种类划分

1. 按性质分，有总体公关调研报告、专题公关调研报告。

2. 按内容分，有组织概况调研报告、公众调研报告、社会环境调研报告、公关活动效果调研报告；基本情况调研报告、总结经验调研报告、新生事物调研报告、揭露问题调研报告、历史事实调研报告等。

3. 按写法分，有概述式公关调研报告、分述式公关调研报告、表格式公关调研报告、图示式公关调研报告、综合式公关调研报告。

4. 按篇幅分，有长篇公关调研报告、中篇公关调研报告、短篇公关调研报告、微公关调研报告。

5. 按构成分，有单篇公关调研报告、集锦公关调研报告。

6. 按发布次数分，有单次公关调研报告、系列公关调研报告。

（四）基本结构

1. 标题

（1）单标题。主要写法：公文式，从作者、调查对象、主题、事由、期限、文种中选取若干要素，其中文种用“调研报告”“调研”“调查报告”“调查”“调查记”“调查汇报”“调查综述”“调查与分析”“调查与预测”“调查与思考”“考察报告”“考察”“报告”等词语，如《关于国家级新区发展情况的调研报告》《2016年人民日报·政务指数微博影响力报告》；主题式，如《以治水为突破口推进转型升级》；事由式，如《塞罕坝 生态文明建设的范例》；提问式，如《北京通州：行政副中心如何“治病救城”?》。

(2)双标题。如引题和正题《精准化 常态化 长效化 温暖送到群众心窝》、正题和副题《让农民从土地中找到财富和尊严——广西阳朔“三农”问题调查》。

如有必要,可以拟由引题、正题、副题组成的多行标题。

系列公关调研报告有总题和分题或者事由和分题。如总题《中国高铁一线调查》,分题《中国正在进入高铁时代》《一场影响深刻的经济地理变局》《“巨龙”过处崛起条条产业走廊》。

2. 署名

在标题正下方、正文右下方、封面写组织、部门、调研组名称或者个人姓名。以组织、部门、调研组名义发表,把相关名称写在标题正下方或者封面,把执笔人姓名写在署名正下方或者正文后。

3. 正文

在内容上,各种公关调研报告有所侧重。例如,基本情况调研报告由情况、分析、建议组成;总结经验调研报告包括做法、成效、启示;新生事物调研报告介绍条件、过程、评价,揭露问题调研报告着重写问题、成因、性质、对策,历史事实调研报告侧重写事实、分析、结论。

在结构上,包括三个部分。一是前言。介绍概况、提出问题、交代结论。二是主体。层次安排有以下几种:纵式结构,或者按事情的发生、发展、结局的顺序组织材料,或者按调研的过程逐一叙写,或者按提出问题、分析问题、解决问题的认识过程划分层;横式结构,或者把材料分成一个问题的几个方面(如正面与反面),或者并列的若干问题(如各项工作、各类看法或者意见、各种因素或者规律、各方面经验或者教训),从不同的角度去叙说;纵横交错式结构,把上述两种结构方式交叉运用,多用于内容丰富、篇幅较长的公关调研报告。三是结尾。做出结论、预测趋势、提出对策、补充说明,篇幅简短的公关调研报告经常不单设结尾。

(五)注意事项

1. 切实。要针对意义大、分量重的问题,在深入调查和认真分析的基础上选择真实材料,做出科学结论、提出可行对策,对公关工作有促进作用。

2. 鲜活。要把准时代脉搏、突出个性特色,力求主题新颖、材料生动、结构善变、表达灵活、语言活泼。

二、范文阅读

▲总结经验调研报告

解密兰考之变

本报记者 龚金星 朱佩娴

55 年前,焦裕禄拼尽一生,发誓改变兰考面貌。55 年后的今天,兰考迎难而上,打赢了艰苦卓绝的脱贫攻坚战。3月27日，河南正式宣布，兰考率先脱贫。

“三年脱贫、七年小康”，2014年，兰考在第二批党的群众路线教育实践活动中郑重承诺。

三年大干，引发兰考巨变。曾经的风沙盐碱地，如今已是瓜果连片、企业林立。日前，本报记者深入采访，解密兰考之变。

兴产业、拔穷根

“不能靠在墙根晒太阳，伸着手来要救济”

脱贫攻坚伊始，兰考人自问：兰考为啥穷？答案是：产业不兴，经济没有支撑。

“兰考把脱贫攻坚与供给侧改革相结合，找准特色产业，让贫困户在家门口稳定增收，拔出了穷根。”开封市委常委、兰考县委书记蔡松涛说。

在兰考产业集聚区，禾丰牧业有限公司流水线正在一刻不停地运转。一只只肉鸭经过屠宰、分割、包装，运往全国各地。而远在30公里外的考城镇，刘土山村贫困户陈新民也在时刻关注禾丰牧业。2016年，陈新民与公司签订养殖收购协议，一年喂养6茬鸭，年入6万元，成功脱贫。

像陈新民这样养鸭的贫困户，兰考有3500户。在龙头企业带动下，养鸭、抓鸭、搞运输、做防疫，甚至搜集鸭粪都成为当地老百姓创收增收的渠道。

如今，仪封乡代庄村的葡萄架子搭起来了，小宋乡的蔬菜大棚盖起来了，谷营镇曹庄村养起了大白鹅、种起了雪莲藕……“路宽了，水净了，白天在家门口上班，晚上到村广场跳舞。”现在的生活，代庄村脱贫户代红以前从没想过。

“兰考扶贫不养懒汉，不能靠在墙根晒太阳，伸着手来要救济。”县扶贫办主任胡良霞说。

三义寨乡付楼村村民郝金刚早年在砖窑干活时被砸断脚，落下终身残疾，与两个幼女相依为命，三年前被定为“兜底户”。由于长期贫困，老郝很自卑，不愿与人说话，少与乡邻往来。

“兜底户给够补助款，也能完成扶贫任务，但只输血不造血，老郝就会一直萎靡不振，两个孩子以后咋办?”帮扶工作队和村里商议后，先帮老郝建院墙、盖厕所、添家具，在取得信任后，带他参观县里养殖场、拜访邻村养殖户，鼓励他搞养殖。

“养它两笼兔子先试试。”老郝终于动了心。2015年7月，老郝用5000元到户增收资金买来25只优质种兔和饲料，建起兔舍。2016年，他卖出7批兔子，赚了1万多元，顺利脱贫。一向封闭的老郝“敞亮”了：“如果自己不想站，别人扶也扶不起来；如果自己想站着，别人谁也打不倒。”

3年来，兰考从打造“一村一品”“一乡一业”到建设产业集聚区、特色产业园，从小微企业遍地开花到多家上市公司落户，实现了一二三产业融合发展，兰考村民在县内务工率达60%以上。2016年城乡居民人均可支配收入分别为21124元和9943

元，比3年前分别增长10164元和4297元。

促改革、敢担当
“贫困户养殖可以贷款，政府贴息一大半”

作为国家级贫困县，如何用好上级拨付的扶贫资金，“让好钢用在刀刃上”，是兰考的重要思考，也是精准扶贫的关键。

2014年，河南省专项扶贫项目资金审批权全部下放到县，兰考县又把审批权下沉到乡，让村里自主决策扶贫项目，探索创新“先拨付、后报账，村决策、乡统筹、县监督”的扶贫资金分配运行机制。“这样一来，扶贫工作由原来村里‘被动承接’转变为‘主动运作’，贫困户从‘与己无关’到‘以我为主’，积极性、主动性和创造性被大大调动起来了。”原驻村帮扶工作队员郭俊玲说。

作为六口之家的唯一壮劳力，东坝头乡张庄村贫困户闫春光空有满腔热血，却不知往哪使劲儿。村干部建议他贷款养蛋鸡：“只要贫困户养鸡养鸭养羊等，都可以贷款，不需要抵押和担保，政府还贴息一大半。”2015年，农业银行兰考支行与兰考县畜牧局、财政局合作，对于有意愿发展畜牧养殖业的贫困农户，畜牧局在养殖资源、技术上给予指导，农业银行提供信贷资金。

通过这项扶贫政策，闫春光先后贷款10万元，建起蛋鸡养殖大棚，从2014年不足3000只蛋鸡发展到现在1万余只，从村里的贫困户变成致富带头人，2016年家庭纯收入10余万元。据统计，2014—2016年间，仅张庄村贫困户就在金融部门贷款217万元发展养殖和乡村旅游，政府贴息8万多元，没有一笔贷款逾期不还。

在兰考，金融成为一池活水，对贫困户精准滴灌。三年脱贫攻坚战中，兰考先后拿出3000万元，作为风险补偿基金，撬动10倍商业银行贷款额度，支持贫困户和致富带头人创业，助力参与扶贫的企业发展。与此同时，对已脱贫户开展信用评定，通过银行授信，可分别给予3万～8万元不同额度的贷款，并享受政府贴息。

2015年底的一场大雪压塌了很多蔬菜、养殖大棚，一些贫困户刚脱贫又返贫。“如何让贫困户重树信心？政府要有担当。”时任兰考县副县长、中国证监会干部杨志海说。之后，兰考县投入1000万元作保费，与中原农险签订“脱贫路上零风险”保险扶贫项目，为23275户贫困家庭、77447位贫困人口上了生活、生产两大类保险，包括财产、人身、种植作物、农业设施、贷款担保等15小项保险方案。从去年3月18日项目实施到今年3月17日，中原农险合计出险573起，理赔814万元。

兰考还对已脱贫的村民实施保险、产业扶贫、外出务工补助、大学生补贴、危房改造、雨露计划等6项政策，确保其稳定增收不返贫；对兜底户，除落实6项政策外，还提供医疗救助、中小学教育救助、光伏扶贫三项政策，同时全部纳入低保，实施临时救助、土地收益差额补助等，确保兜得起、稳得住。

转作风、强党建

“干部作风大转变，感觉焦书记又回来了”

“要想重用，先去驻村，要想提拔，必下一线。”兰考把脱贫攻坚作为锤炼干部、转变作风的主战场，先后选拔345名年轻干部，派驻115个贫困村精准帮扶。严格遵守“5天4夜”工作制，坚持不脱贫不脱钩，不拔穷根不撤队伍。

刚驻村时，红庙镇夏武营村帮扶干部秦趁义时常被误解，有的贫困户直接跑来要东西，有的村干部说他是“来镀金”“搞形式主义”。秦趁义不辩解，就是苦干实干。夏武营村有种蔬菜的传统，但道路极差，一遇雨雪，只能从地里背菜往外卖，秦趁义多方争取，为村里修起两条新路；为把3亩垃圾坑变成莲藕池，秦趁义三伏天跳进垃圾坑，光着膀子清理杂草……一件一件事情干下来，村民们都说，他是真驻村、真帮扶。

领导带头干，干部比着干，群众跟着干。在兰考大大小小、各行各业的微信工作群中，大家凌晨还在讨论工作的场景屡见不鲜。兰考县长李明俊说：“兰考开会都在晚上，因为这样方便党员干部白天进村工作。”

真金不怕火炼。2016年，在乡镇党委换届选举中，兰考提拔重用一线干部58名，其中39名是脱贫攻坚一线干部，进一步激发了大家干事创业的热情。

脱贫不是终点，小康才是目标。蔡松涛说：“一线经历可以让年轻干部作风更踏实，工作方式更接地气。有了这样一批干部，兰考奔小康，信心十足。”

与此同时，基层党建难题也在脱贫攻坚中得以解决。兰考重树“四面红旗”，开展以争创“脱贫攻坚红旗村”“基层党建红旗村”“产业发展红旗村”“美丽村庄红旗村”为主要内容的基层党建活动。每半年在四项重点工作中各评选出10个“红旗村”，隆重表彰，并给予村支书和其他“两委”干部每人每月300～500元不等的额外奖励，进一步激发基层党组织活力。

54年前，焦裕禄亲手种下的那棵“焦桐”，如今伟岸挺拔，俨然一座丰碑，激励着兰考干部坚持对群众的那股亲劲、抓工作的那股韧劲、干事业的那股拼劲。老党员孟宪书感慨道：“过去是‘群众有问题，跑腿找干部’，现在是‘干部去串门，问有啥困难’，干部作风大转变，感觉焦书记又回来了。”

（本文引自《人民日报》，2017年3月28日，略有改动）

▲新生事物调研报告

一个座位起租，创业成本降低；享有全球资源，创造发展机会

共享办公来了

本报记者 谢卫群

核心阅读

2017年《政府工作报告》中提出，要“支持和引导分享经济发展”。眼下，共享单

车、共享汽车等发展迅速，共享办公也在兴起。那么，什么是共享办公？对于企业和社会来说，共享办公意味着怎样的价值和前景？请看记者上海实地调查。

既省钱又省时

■一个座位起租，创业企业也能在市中心办公

程寅怎么也没有想到，办公室这么快就搞定了，而且是在上海市中心的静安区！

“一个人办公，租间办公室？想想都很难。可是，找到 WEWORK，一下就搞定了。”程寅笑着说。程寅所在的公司叫密勒密扇时装公司，2014 年下半年在杭州成立，2016 年底进入上海，设立营销中心，程寅是第一个员工。“好在我们创始人早就听说过 WEWORK，就决定通过 WEWORK 租了。”

网上提出申请，现场看房，WEWORK 延平路的办公室一下就吸引了程寅：令人放松的办公环境，一个座位起租。“这对我太合适了，只要租一个座位，其他事务再也不用劳心了！”程寅说。

程寅租一个座位，每月 3000 多元，乍听起来很贵。“不过，还是很划算。我只付了一个座位费，但会议室、WiFi 都免费用，茶水间的茶和咖啡免费畅饮，每个月每人还能有 120 页的打印机会，而且电费、物业费也都免了。更重要的是，我不用考虑租办公室、装修买家具，省了多少时间啊！”

程寅所租的 WEWORK 位于上海静安区，商务楼每天每平方米的租金在 8～10 元不等。“但 WEWORK 让一个创业企业轻松进入市中心！”入驻的会员公司可以根据需要增加座位。不到两个月，不断招新员工的程寅已申请到了四人间。

有意思的是，个人也可以在 WEWORK 租个“散席”，或称“移动工位”。“这些人大多是律师、会计师、咨询师等，工作时间不固定，随时可以来。”工作人员介绍说。

社区化社群化

■共享全球资源，连接国际市场，形成共赢局面

WEWORK 发源于美国，但因为中国投资公司——“弘毅投资”投资其美国总部并加入董事会，它在中国的发展明显加快。

短短一年多，WEWORK 扎根上海，入香港、进北京，已在全国有了 8 个办公楼。在香港，铜锣湾的第一个 WEWORK 楼宇，甫一开张入驻便近八成；在上海，即将开业的东海中心这座楼还没开张，签约入驻的就有了大客户……

尽管上海的商业楼已供大于求，但共享办公因降低成本而备受青睐。比如，在 WEWORK 加入会员租工位，比独立租办公房要省 30%～40%的费用，而且工作环境舒适。

最重要的原因还在于它的“社区化”“社群化”，会员享受的不仅是座位及公共空间，还有全球资源：会员可以在任何国家、任何城市的 WEWORK 楼宇免费找到座位，还可以随时与全球 10 万名会员沟通，获得潜在的客户或粉丝。

科通芯城是一家3年前创立的智能硬件平台公司，网名叫“硬蛋”，在WEWORK租了34个工位。“我们希望通过这个平台，能够结识国际伙伴，与其他国际会员沟通合作。”科通芯城张文茜说。

在经济全球化的今天，国际市场间的连接对于很多公司来说尤为重要。弘毅投资董事长、CEO赵令欢这样解释：“在纽约找一个人设计、制作、开发，再应用，成本会很高，但是如果把这个需求放在WEWORK的网上社区，就有可能找到远在上海的低成本供应商。反之，上海的会员也是如此。这样就形成了双赢的局面。”

本土共享兴起

■模式日益多样，企业可有更适合的选择

方明与一群北大人创立的专事招聘的“三顾人才”，入驻联合办公的方糖小镇；姚宗场创办的泰迪（上海）电子商务公司主要为干洗衣服的人群服务，则选择在上海工程技术大学科技园区的众创空间，从几个工位发展到了500多工位……在上海，共享办公的方式不止WEWORK一种。

借鉴WEWORK的模式，国内已涌现出了许多共享办公空间，方糖小镇、裸心社等迅速成长。

方糖小镇的创始人万里江介绍说：“WEWORK是共享办公模式的创立者，有许多方面我们难以学到，但本土创立的共享办公空间也有独到之处。”

现阶段，共享办公大体有三种方式：众创空间、加速器和联合式办公。“众创空间和加速器中许多是初创公司，甚至是萌芽状态，很多公司享受免费的工位，根据成长的不同进展，享受不同的服务，有的工位适当收费，也可能因为发展壮大而获得更多投资。联合式共享办公的主体模式则是付费工位，以及座位以外的公共空间。”

WEWORK有许多移动工位，方糖小镇则有意减少移动工位，“大多数中国会员还是注重私密性，我们更多的是固定房间，也很受欢迎。还有，WEWORK提供免费的啤酒，而中国的管理者不希望员工工作期间喝酒，基本不提供。”万里江说。

不管如何差异化，本土共享办公同样在努力降低入驻企业成本。万里江说：“我们将所有入驻会员看成一个团队，集中采购服务。一两个人的小企业没有议价能力，而我们以整个方糖小镇谈，就把价格谈下来了，商务成本也就降下来了。”

节约社会成本

■加速创业创新企业成立成长，创造更多发展机会

成本下降的不只是企业。WEWORK投资人告诉记者一个新现象。WEWORK香港铜锣湾共享办公楼启用后，出人意料地迎来了一大批创业青年。此前在香港创业的人少，一个重要原因是香港办公商务成本太高，共享模式让年轻人才有机会进入大都市中心打拼事业。

中欧国际工商学院教授龚焱认为，检验共享办公模式，要看它是否提高商业交易

效率、是否降低交易成本。从目前情况看，共享办公对这两方面具有非凡意义。随着电子商务的繁荣，越来越多的商业体开始调整，通过共享办公模式吸纳更多新企业新模式，以增强城市活力。

上海紫竹高新区党委书记、副总经理骆山鹰谈道，共享办公降低了企业的商务成本，这只是一本企业的账。更重要的是，共享办公加速了创业创新企业成立与成长，为社会创造了更多发展机会，同时减少了更多消耗，这本社会成本账价值更大。

（本文引自《人民日报》，2017 年 4 月 13 日，略有改动）

第三章　公关策划文案

第一节　公关策划文案概述

一、写作要点

（一）名称解释

策，计谋；划，计划。策划，即筹划、谋划，通常指为达到目的，根据相关事例或者数据，依靠经验或者客观规律对目标的发展趋势进行判断，并且设计、选择合理可行的活动方案的过程。策划是公关工作的关键环节。

公关策划文案，又称公关策划书、公关策划方案，是组织为了实现发展目标，根据历史和现状，分析内部和外部现有条件，运用公关策略设计最佳行动方案的文案总称。

（二）主要特征

1. 谋划性。从性质上看，这类文案是针对公关战略与战术进行的一种谋划，就目标、主题、公众、时机、媒体、预算等提出相应的对策，并安排具体项目及实施步骤。

2. 整体性。从内容上看，这类文案是一种整体性方案。它根据发展总目标和公关基本任务，保持前后策划的纵向连续性；建立一个由若干相互联系的要素所构成的系统，体现各个项目的横向协调性。

3. 指导性。从作用上看，这类文案为公关工作或者公关活动绘就一幅“蓝图”，对下一步的具体实施有直接的指导意义，通过有效实施使这一“蓝图”变成现实。

（三）种类划分

1. 按主体分，有党派公关策划文案、机关公关策划文案、团体公关策划文案、企事业单位公关策划文案。

2. 按范围分，有国际公关策划文案、国家公关策划文案、地方公关策划文案、行业公关策划文案、组织公关策划文案。

3. 按性质分，有总体公关策划文案、专题公关策划文案。

4. 按内容分，有 CIS 策划文案、广告策划文案、项目推广策划文案、新闻发布会策划文案、展览会策划文案、庆典策划文案、开放日策划文案、公益活动策划文案、危机公关策划文案等。

5. 按写法分，有分述式公关策划文案、表格式公关策划文案、图示式公关策划文案、综合式公关策划文案。

6. 按构成分，有单篇公关策划文案、集锦公关策划文案。

7. 按发布者数量分，有单一组织公关策划文案、联合公关策划文案。

8. 按发布次数分，有单次公关策划文案、系列公关策划文案。

(四)基本结构

1. 必备项目

(1)标题

单标题。主要有四种写法：一是公文式，如《全民健身操舞项目推广策划书》；二是主题式，如《与京东一起创造未来》；三是事由式，如《从农田到餐桌》；四是提问式，如《未来在这里，你在哪里？》。

双标题。有两种写法：一是引题和正题，如《青年试驾公益征召项目“公益点燃梦想，上汽为您助航”》；二是正题和副题，如《通力协作 知行合一——通力流动图书车项目·O. W. L 公关策划方案》《“我们，出发”——SAIC 探寻非物质文化遗产之旅》。

(2)署名

大多标明组织、部门、策划组名称，如有必要还写负责人及参加人姓名。以个人名义编写的公关策划文案，可直接写个人姓名。署名的位置一般在标题正下方，有时放在正文右下方或者封面。

(3)正文

在内容上，一份完整的公关策划文案应该具备 5W、2H、1E，即：Why(为什么)——策划的缘由；Who(谁)——策划者、策划针对的公众；What(什么)——策划的目的、内容；Where(何处)——方案实施地点；When(何时)——方案实施时机；How(如何)——方案实施形式；How much(多少)——活动经费预算；Effect(效果)——活动实施效果预测。以上要素可以根据具体项目有所侧重和取舍。

在结构上，前言简介目的或者意义；主体一般按背景、方案、效果预测三个部分展开；结尾作必要的补充说明，有时不设结尾。

(4)成文日期

即完成的具体年月日。写在标题正下方并外加圆括号，或者放在正文右下方，有时置于封面。

2. 选择项目

(1)封面

篇幅较长的公关策划文案设计封面，包括编号、密级、标题、署名、成文日期等项目。

(2)编号

对公关策划文案统一编号,便于存查。大多在标题下方标注,有时写在封面。

(3)密级

涉及国家、地方、行业、组织保密的公关策划文案,根据实际情况标明“绝密”“机密”“秘密”。密级一般写在标题的右上角,有时在封面标注。

(4)版记

属于草创的公关策划文案,须注明“草案”“初稿”“讨论稿”“征求意见稿”“修改稿”“送审稿”;正式的公关策划文案标出“修订稿”“实施稿”“执行稿”等字样。版记位于标题后或者标题正下方,并外加圆括号,有时放在封面。

(5)编写说明

有的称为前言、序言,简介策划的背景、目的、方法、过程和保密要求等。

(6)目录

篇幅较长的公关策划文案,列出有关章节的序号和名称。

(7)附录

包括筹备日程表、有关人员职责分配表、经费预算明细表、所需物品一览表、场地使用安排表、须知、其他相关资料。

(五)注意事项

1. 发挥创造性。创造性是公关策划文案的关键。要运用创造性思维,对公关工作或者公关活动提出新颖的创意、设计新颖的形式,从而开拓全新境界。

2. 体现周密性。周密性是公关策划文案付诸实施的保证。要考虑诸要素的各自特点以及彼此联系,安排恰当,环环相扣,使公关工作或者公关活动协调有序地开展。

二、范文阅读

▲形象策划文案

第十三届全运会视觉形象设计核心元素(节选)

图 3-1　第十三届全运会会徽“奔向未来”

标准图形

会徽由“津”“13”“张开双臂的人形”及“海河水”组成“火炬”造型,传递出十三届、天津、运动的概念。

书法字体体现出中国文化特征,倾斜的角度给人以强烈的运动感,彰显出体育精神。

“津”字又似张开双臂的人形,寓意津门敞开胸怀、拥抱未来,也体现出天津开放与包容的心态。

图 3-2　第十三届全运会会徽与全运会名称标准组合

图 3-3　第十三届全运会吉祥物“津娃”

标准形象

吉祥物“津娃”手持全运火炬，形象诙谐幽默、生动可爱，具有典型的民族风格和天津特色，传递出全运精神和天津人民期盼全运的心愿。火苗的“13”的形态，又传递出“第 13 届”的信息。

“津娃”身着象征富贵、吉祥、幸福的牡丹花图案服装，寓意祖国繁荣富强，也预示着中华民族全面实现小康社会和实现中国梦的美好愿望。

“津娃”脚穿津门虎头鞋，手持红绸带，营造出了虎虎生威、红红火火、团结奋进、欢乐祥和的氛围，也表现出了东道主天津人民欢迎祖国各地宾客、预祝运动会取得圆满成功的美好心愿。

图 3-4　第十三届全运会口号

标准形象

以中国书法家协会副主席张建会先生书写文字为基础，经过反复修改调整后完成，主色调为蓝色。

（本文引自第十三届全运会网）

▲传播策划文案

伊利财经公关案例 创造企业战略收益 树立上市公司标杆

传播定调：

扩大声量、主动出击、高调传播。

传播策略：

提出“战略收益”与“战略收益期”的核心观点。

传播节奏：

“以年度财报为纲，以季度财报为点，把年中财报推起一个小高峰”。

传播形式：

媒体组合拳

财经媒体专题融入——中报阶段，在权威财经媒体《金融时报》做乳企中报的专题融入，输出数据解读的策略性观点。

优质平媒深度报道——在证券、财经及重点都市类媒体发布综述和深度稿件（《第一财经日报》《中国经营报》《每日经济新闻》《京华时报》等）。

网媒信息全覆盖——联合著名门户网站、财经网站进行信息覆盖（腾讯、新浪、搜狐、和讯、东方财富等）。

电波媒体黄金时段——中报阶段，在收视率和收听率较高的电波媒体热门频道进行了资讯抢先占位（央视财经、第一财经、中央人民广播电台、中国国际广播电台等）。

手机新闻客户端——中报与三季报阶段，均利用手机新闻客户端，进行了图文并茂的信息发布与数据点评解读（网易新闻、新浪新闻、凤凰新闻、ZAKER 等）。

财报信息图——中报与年终盘点阶段，分别制作了信息图漫画和可视化数据图，运用匹配数字化媒体、官方微博、微信、意见领袖等，对内容做有效推广。

自媒体发声——财经或行业意见领袖，利用自身微博、微信等自媒体平台，发布原创署名文章，同时配合其他微博、论坛转发，形成信息再次扩散。

（本文引自爱创营销与传播集团网，2015 年 7 月 29 日）

第二节　CIS 策划文案

一、写作要点

（一）名称解释

CIS，本义是指企业识别系统（corporate identity system，简称 CIS）。在大公关时代，CIS 并不仅仅用于企业，也用于国际、国家、地方以及机关、团体、事业单位，因此可以在广义层面把CIS理解为形象识别系统。

CIS策划文案，又称CIS策划书、CIS策划方案，是对有关形象的理念、行为、视觉进行策划的一种文案。

（二）主要特征

1. 造型性。在公关工作中，CIS的基本功能在于塑造形象，CIS策划文案是形象的完整设计，把特定的内涵与外貌融为一体，做到具象化。

2. 系统性。作为一种战略，CIS是对长远总体发展的定位与描述，反映在CIS策划文案中规划出一整套识别系统，各个项目彼此关联，每个环节前后相连，达到整体化。

（三）种类划分

1. 按性质分，有总体CIS策划文案、专题CIS策划文案。

2. 按内容分，有理念策划文案、行为策划文案、视觉策划文案等。

3. 按写法分，有分述式CIS策划文案、表格式CIS策划文案、图示式CIS策划文案、综合式CIS策划文案。

4. 按发布次数分，有单次CIS策划文案、系列CIS策划文案。

（四）基本结构

1. 标题

大多是公文式单标题，从对象、主题、事由、期限、文种中选取若干要素，如《鸿源食品公司CIS策划方案》。有时采取主题式等写法，如《桐乡——不一样的精彩》。

如有必要，可以拟双标题。

2. 署名

标明组织、部门、策划组名称以及总策划人和成员姓名。

3. 正文

在内容上有四个部分。一是项目背景。概述策划对象的历史与现状、策划的必要性与目的。二是形象定位。以调查结果为基础，分析内外认知各种设计系统的问题，做形象定位并且诠释相关基本概念，以此作为策划的原则与依据。三是策划方案。包括宗旨与精神的理念识别、目标与管理的行动识别、标识与宣传的视觉识别。四是导入实施。排定有关项目的优先顺序，编制CIS手册，确定媒体的选择与投放，对这一过程加强管理与督导。

在结构上，前言对策划对象或者策划情况作简要说明，如果已有编写说明可以不设此项；主体以定位、方案、导入为序分别说明；结尾对CIS实施效果作出预测，说明有关注意事项，可以不单设结尾。

4. 成文日期

写具体的年月日。

5. 附录

CIS 策划文案经常列附录，包括手册、表格、设计图等。

（五）注意事项

1. 求新。目前 CIS 策划文案雷同化的现象比较突出，缺乏新意。要从自身的公关工作中取新，紧跟时代趋新，不断开拓创新。

2. 尚美。CIS 策划文案因识别设计和图文并茂的特点带有审美意韵，编写时要讲究理念识别、行动识别文字表述的精练美和诗意美以及视觉识别图示的构造美与色彩美。

二、范文阅读

▲总体 CIS 策划文案

聚合生命能量 呵护人类健康（节选）

总策划 李兴国

一、司太立公司理念策划

（一）司太立公司理念设计的依据

1. 从企业特色出发

企业理念是企业形象系统的一部分……企业的特色主要体现在行业特征、产品特征、品牌特征、历史传统、现实状况等各个方面。

2. 从企业的发展使命出发

……司太立公司发展的新使命是：借企业正式成为制药企业，正大力进行项目改造以通过 GMP 认证的契机，迅速提升企业整体形象，高举“司太立”品牌大旗，以产品研发、经营方式的创新，来大力提升“司太立”的品牌力，以极大地提高企业的影响力、营销力、赢利能力。无疑，司太立公司的理念系统应与之统一，以此作为依据。

3. 从企业家的风格出发

企业理念往往是企业家精神风格的外化。通过内部调查以及专家与胡锦生董事长兼总经理的接触，专家们一致认为：胡总是一位懂市场、懂管理、讲诚信、重品质、有思想、有办法、目标远大，具有很强亲和力及创新精神的企业家。因此，作为企业文化核心的理念，就应该对胡总的管理思想、精神风格予以总结、梳理并反映。

4. 从理念的一般要求出发

理念一般表现为简洁、明白、内容丰富的一两句话，具有易读、易记、易识别、易推广的特点。如此，才能渗透到每一位员工的意识之中，指导员工的日常行为；并为广大公众所了解、识别、知晓。

（二）企业理念系统策划与阐释

1. 主题理念——“聚合生命能量 呵护人类健康”

“聚合生命能量”，一是指司太立公司所从事的制药行业就是通过药化聚合，向生命提供能量；二是指“司太立”的品牌名称与标识中“太阳”就是给万物聚合生命能量的；三是指司太立人用心灵、情感、青春、追求等生命的各元素聚合在公司，并彰显着强大的生命能量。“呵护人类健康”，指的是司太立公司所从事的制药行业，具有神圣的天职，即为人类健康作出自己的贡献；“呵护”一词的运用更是表达了司太立人对这一神圣事业的全身心投入。

2. 企业精神（“四求精神”）——“求精求细，求新求实”

制药行业需要高科技附加值，讲求“精”与“细”。“求新”是指创新应当成为每个司太立人的生存方式和企业的管理导向；“求实”要求企业有正确的自我认识。

3. 价值观——“敬业使人充实，贡献才有快乐”

企业的发展需要员工敬业，员工自身价值同样需要通过敬业来体现。员工要通过敬业为企业作出切切实实的贡献，人生价值才能真正得到体现，才会把生活、工作的意义与热情投入到司太立公司的发展之中。

4. 人才观——“尽智才能尽职，平台更是擂台”

“尽智”是知识经济时代的要求；企业“四求”精神也要求员工在竞争中“尽心尽智”。在供职岗位这个“平台”上引入竞争机制，在员工中树立强烈的危机意识和紧迫的竞争感。

司太立的理念系统简练、精到，便于记忆，逻辑清晰，彼此呼应，收到良好的宣传效果。

（三）司太立宣言设计

在整合营销传播时代，避免恶性价格竞争的最有效方法就是引入品牌竞争。为了让企业管理层、员工、社区、同行企业了解和熟悉司太立精神，塑造、树立和推广司太立品牌，专家团提出了司太立宣言：

伫立世界东方，眺望世纪朝阳，我们司太立人郑重宣告：“聚合生命能量 呵护人类健康”，是我们永恒的理念。

滔滔永安水，连东海，通大洋；巍巍括苍山，揽风云，指苍天。就在中华全面融入世界经济，民族再创世纪繁荣之际，我们司太立人认识到，历史性的机遇就在眼前，但要化机遇为成功、为效益，离不开睿智的思维、旺盛的商机。

因此，“以信誉赢得信赖，以效率创造效益”就是我们的管理准则；而“求精求细，求新求实”是我们司太立的企业精神。我们将矢志履行之、实践之，创出“司太立制药”的亮丽品牌。

神圣的使命在我们司太立人心头滚动，而一个神圣的人生追求也在朴实地启迪着我们：“敬业使人充实，贡献才有快乐”这就是我们的价值观。我们司太立人知道，今天的市场竞争归根结底是知识的竞争、是人才的竞争，因此确立了我们新型的人才观："尽智才能尽职，平台更是擂台"，以期望司太立公司人才云集，一片兴旺。

司太立人深深地知道：大海源于滴水的融汇，高山来自寸土的垒积；因此，我们便以"一点一滴压成本，一丝一毫抓质量，一分一厘创效益，一言一行树形象"为行为准则，并以此自勉自励，力创司太立的辉煌！

机遇与风险同行，奇迹由理想而出。让世人瞩目吧："司太立制药"必将源源不断地创造出骄人的业绩！

（四）司太立理念灌输计划

1. 理念灌输

(1)董事长、总经理讲话灌输。包括动员、布置工作时、总结工作时，将 CIS 列入议程，作为企业发展的指导思想。

(2)中层干部灌输。

2. 理念环境化

将理念布置到企业内外环境。

外部：大门正面视觉主通道应当布置主题理念。理念系统各条理念应在外部环境充分展示。

内部：相关部门应当在自己负责的环境内布置理念口号。特别是主要的车间、会议室、接待客户的场合，应当宣传企业理念，展示企业文化。

3. 征文比赛

企业主题理念讨论："我的理想与司太立理念""我说'四求'精神""我看新的价值观""站在岗位谈准则"等。

征文要进行评比，给予一定的奖励。

4. 理念演讲比赛

5. 成果集成发布

6. 模特法。这些内容可以编辑在司太立企业文化的出版物中。

7. 手册灌输。理念进入员工手册，每人签字领取，提供学习文本。

8. 出板报。用墙报等媒介传播沟通企业理念。

二、设计视觉识别系统

图 3-5　司太立标识

司太立此标识以字母和图形相结合的方式为设计元素，中间的太阳图案是司太立英文名称"STARRY"中的字母"A"的变形，如同一轮火红的、冉冉升起的太阳，"STARRY"字母下方用一抹弧线，形成一条长长的地平线，展现了司太立强大的生命力。熊熊燃烧的生命之光普照大地，带给社会大众生命、健康、活力的磅礴气势与博大情怀；其冉冉如朝阳升起之姿象征着司太立拥有的不凡过去、光荣现在及美好未来，亦隐喻着司太立人脚踏实地、勤奋务实的立业精神，以及以人为本、品质为先、信誉第一、客户至上的经营理念。整个造型简洁大方，富有气魄、时代感，勾勒出高品质、国际性格的品牌含义……

三、企业内部公共关系与CIS管理工程

（一）CIS导入宣传

借企业的CIS导入之机，由CIS总策划李兴国对企业理念面向全公司进行宣讲，对企业的视觉系统（VIS）含义与使用进行培训，使大家对企业的标识与视觉系统产生感情，并能进行准确阐释与合理使用。而最重要的是，结合企业的实际，进行理念系统（MIS）的培训，使大家了解企业形象的核心，了解企业先进文化建设的重要性，并在持续的对照中成为自己的思想指南，从而自觉地指导自己的行为。

（二）制定企业准则

1. 管理准则——以信誉赢得信赖，以效率创造效益……

2. 员工准则——一点一滴压成本，一丝一毫抓质量，一分一厘创效益，一言一行树形象……

（三）加强专题培训和编写员工手册

专家团在调查中了解到，司太立的员工对培训、学习有着浓厚的兴趣和要求，满足员工发展的需要，提高其素质和修养，在某种程度上决定了企业的竞争力与发展潜力。因此，司太立应不定期围绕某个专题对员工进行培训。宜采取如下方法：聘请专家讲学授课；针对某个技术问题进行现场讨论、总结经验；围绕新产品的投产、新技术的使用，进行专门的生产规范强化；举办趣味性的问答学习活动。

出于统一管理和品牌建设的需要，专家团编制员工手册，在司太立公司的企业理念、员工仪表仪容、员工基本行为规范、员工义务、员工权利、奖惩办法、考勤管理、员工福利方面分别做出具体说明，使其规范化。

（四）及时为员工送关怀、献温暖

专家团认为，企业应体恤常年坚持工作的一线员工。除福利制度以外，在特殊时刻还应采取一些既经济实用又深得人心的关怀措施，以强化员工对企业的忠诚与热情。如在最炎热的暑天，给车间一线的员工送上一些降温的冷饮；在节日里，给每个员工送上一份贺卡，由部门负责人写上温馨的祝福。一点一滴总关情，这些充满人性关怀的措施，拉近企业与员工之间的距离，也成为企业以人为本理念的最佳体现。

（五）适时采取骨干持股措施

随着企业的壮大，一方面对骨干人才的依赖性加强，另一方面企业的管理与决策也需要民主化，使更多的骨干分子发挥智慧与能量。骨干人员持股往往是调动其积极性的一条有效措施。企业主要负责人已取得了绝对控股权，适当的时候让骨干人员持股，既不会影响稳定，还可以促进企业的持续长效发展。

（六）推行办事限时问责制

信息化时代的到来对企业的效率要求日益提高。愈演愈烈的竞争终结了“大鱼吃小鱼”的时代，也催生了“快鱼吃慢鱼”时代的到来。但随着司太立公司的发展壮大，部门增多，互相之间、上下之间往往存在推诿现象，办事效率开始下降。要重现创业之初的热情与高效，就需要用制度来保障与约束。在合理而充分授权的前提下，让每个人明了责权利之间的利害关系，制定并推行办事限时问责制，使事事有人管、人人管到底。

（七）实施“三个一”沟通工程

企业内部的沟通渠道，是保证沟通顺畅的前提。所谓“三个一”，即“一块黑板报，一份企业报，一个表彰栏”。“黑板报”一周一期，报道公司里的大事以及同行业的先进经验、有关生产技术知识等；“企业报”，一月一期，刊登企业负责人的重要讲话、一个月以来公司的大事、各车间的重要指标、优秀的人和事，以及切合实际的文艺性短文；“表彰栏”采取不定时的形式，对一线优秀员工，随时进行表彰，给予精神方面的激励。

（本文引自《公关世界》，2006 年第 15 期）

▲专题 CIS 策划文案

图 3-6　徐工标识

标识说明

标识采用蓝白两色为基调，对比强烈、清晰、简洁、醒目；寓意博大包容、纯净理性、生命恒远、创意无限。

蓝色四边形代表徐工业通全球、四海一家的国际化道路；方方正正传达出徐工正道正业、正直守信的企业品格；柔化的四角边缘象征着徐工具有外圆内方、圆融和谐的东方智慧。

正六边形灵感来自抽象的螺母，代表了机械工业的行业特征，同时也代表效率和效能。

三角边代表徐工“担大任、行大道、成大器”的核心价值观。

三角形取意陀螺，象征徐工适应市场竞争，在奔跑中调适自我的危机进取意识，以及永不止步的改善创新追求。

（本文引自徐工集团网）

第三节　庆典策划文案

一、写作要点

（一）名称解释

庆，庆祝；典，典礼。庆典，即隆重的庆祝典礼。

庆典策划文案，又称庆典策划书、庆典策划方案，是设计庆典活动的一种文案。

（二）主要特征

1. 庆祝性。这是庆典策划文案的基调。通过策划，营造一个隆重、热烈、欢快的氛围，借以扩大知名度、提高美誉度。

2. 安排性。这是庆典策划文案的任务。庆典从筹备到举办时间较长、内容较多，无论是纵向的程序排定还是横向的人、物、时、地，以及各个项目都要安排得合理、周密。

（三）种类划分

1. 按性质分，有总体庆典策划文案、专题庆典策划文案。

2. 按内容分，有节日（包括法定节日、纪念日）庆典策划文案、周年庆典策划文案（如店庆）、开幕（如会议开幕、开业、开工、开学、奠基、创刊）及闭幕（如会议闭幕、竣工、毕业、落成）庆典策划文案、颁奖庆典策划文案、重大业绩庆典策划文案等。

3. 按写法分，有分述式庆典策划文案、表格式庆典策划文案、综合式庆典策划文案。

4. 按构成分，有单篇庆典策划文案、集锦庆典策划文案。

5. 按发布者数量分，有单一组织庆典策划文案、联合庆典策划文案。

（四）基本结构

1. 标题

大多是公文式单标题，从国家、地方、行业、组织名称以及主题、事由、期限、文种中选取有关要素，如《金盛商厦开业庆典策划方案》。

有时拟双标题。如《廿廿不忘，家享乐福——家乐福中国二十周年庆策划方案》。

2. 正文

在内容上，包括九个部分：一是有关背景；二是活动主题；三是指导思想和基本原则，可以择一表述，也可以分别叙写；四是主要任务或者工作重点，往往分条述说；五是庆典时间，标明起止的具体年月日；六是活动安排，包括策划、筹备、庆典、总结四个阶段，也可以根据需要只写筹备和庆典，然后具体说明每个阶段的有关事项；七是组织领导,较大的庆典组建筹备委员会,下设综合组、宣传组、外联组、后勤组、保卫组等,并设立庆典办公室处理日常工作,要分别说明各个机构的人员和职责;八是工作要求,强调领导重视、发动群众、周密安排、分工协作等事项;九是预测效果。以上内容根据实际情况处理。

在结构上,前言概述庆典的目的、根据、意义;主体具体说明主题、指导思想、基本原则、主要任务或者工作重点、庆典时间、活动安排、组织领导、工作要求等内容;结尾预测效果、补充说明其他事项,有时不单设结尾。

3. 署名

写有关组织、部门、策划组名称以及总策划人和成员姓名。

4. 成文日期

标明年月日。

5. 附录

包括筹备组人员名单、座次布置方案、所需物品明细表等。

(五)注意事项

1. 简约。时下庆典策划文案盲目追求高档次、大场面、全方位的风气较盛,应该纠正。要本着热烈而节俭的原则,求优质,重实效。

2. 侧重。庆典策划文案项目较多,要以主题为标尺恰当处理重点与一般的关系。具体说来,要将重心放在筹备工作和庆典仪式的安排上,其他项目点到为止。

二、范文阅读

▲校庆策划文案

沈阳理工大学65周年校庆策划方案(节选)

2013年是沈阳理工大学建校65周年。为了全面总结我校65年来的奋斗业绩和办学经验,增强广大师生员工的凝聚力,扩大学校的社会影响,增进广大校友对母校的感情,为我校创建国内知名、省内一流的高水平教学研究型大学奠定良好基础,学校决定于2013年9月隆重举行沈阳理工大学65周年校庆纪念活动……

一、总体思路

(一)校庆主题:弘扬传统、展示成就、凝聚人心、促进发展。

(二)校庆原则:65周年校庆活动要坚持"气氛热烈、简朴务实,广泛参与、交流合作"的原则。

(三)庆典日期:2013年9月21—22日。

(四)校庆目标:通过校庆筹备工作和开展系列庆祝活动,进一步弘扬和传承学校65年来积淀的深厚文化底蕴;充分展示沈阳理工大学65年的历史成就和办学成果;进一步改善学校办学条件,拓展学校事业发展的空间,不断提升学校的办学实力和社会影响力;团结广大校友,凝聚社会各方面力量,为学校事业发展提供支持;激励广大师生员工的爱校热情,增强事业心,共同为创建国内知名、省内一流的高水平教学研究型大学而奋斗。

二、活动内容

(一)前期准备活动

1. 校史及学校发展规划展;

2. 校庆征文及演讲大赛;

3. 校庆摄影(和谐理工,文明校园)及书画展,并征集怀旧照片、物件等;

4. 优秀校友事迹展(杰出校友、离退休教师等);

5. 学生体育文化节(体育比赛、校园歌手大赛、主持人大赛等);

6. 制作校庆宣传片及宣传画册。

(二)校庆庆祝活动

1. 9月21日下午

(1)15:00前全体与会校友报到,各学院负责接待并自行组织活动;

(2)15:00由校友总会负责召开沈阳理工大学第一届校友理事会会议;

(3)16:30沈阳理工大学第一届校友理事会成员合影;

(4)17:00以学院为单位举行校友欢迎晚宴;

(5)19:00参加建校65周年校友、师生联欢晚会暨迎新生文艺晚会。

2. 9月22日上午

(1)会前参观校史及规划展、摄影书画展、学生设计展(在会场外布展),各学院陪同;

(2)09:00在科学会堂举行建校65周年庆祝大会;

(3)09:50参观兵器博物馆;

(4)10:00观摩2013级学生军训成果汇报暨开学典礼;

(5)12:00学生食堂就餐。

3. 9月22日下午

(1)校友参观实验室、校园等;

(2)听取高端校友学术报告;

(3)参加“中俄信息科学与计算机国际合作会议”;

(4)各学院自行组织相关校庆活动;

(5)18:00校园冷餐会。

4. 9月23日　返程。

三、组织机构

为做好65周年校庆的筹备工作,成立沈阳理工大学65周年校庆工作委员会,下设校庆办公室及9个工作小组。

（一）校庆工作筹备委员会

主任：（略）

副主任：（略）

成员：全体校领导、各部门及学院主要负责人。

主要任务：统领校庆工作，并对重大活动、重要事项进行安排部署。

（二）下设筹备办公室

主任：（略）

成员：（略）

主要任务：为校庆筹备工作决策提供参考意见；策划和拟定工作方案，协调、检查、督促各项筹备及庆典工作的落实情况，统筹协调9个工作小组开展工作并做好相关专项工作。

（三）下设工作小组

1. 综合协调组

学校领导：（略）

组长：（略）

责任单位：党政办公室、工会、团委、学生处、校友总会办公室。

主要任务：校庆筹备工作的组织与协调；校庆筹备工作规划及校庆活动的总体策划；校庆筹备工作相关信息发布；校庆筹备工作相关联络、调研及进程安排；制定邀请人员方案及活动安排；校庆纪念品（如纪念邮票、首日封、校庆纪念章等）的制作与发行等。

2. 宣传工作组

学校领导：（略）

组长：（略）

责任单位：宣传部。

主要任务：校庆宣传方案制定与实施；做好对内、对外宣传报道；校庆期间环境布置和氛围营造；参与筹办校庆各项展出活动（摄影及书画展、优秀校友事迹展等）；征集怀旧照片、物件等；校庆各项活动的宣传和报道；学校宣传画册、专题片等拍摄和制作。

3. 校史编写组

学校领导：（略）

组长：（略）

责任单位：党政办公室、组织部、宣传部、人事处、档案馆。

工作任务：负责续编校史；校史及学校发展规划展。

4. 学术交流与产学研合作工作组

学校领导：(略)

组长：(略)

责任单位：教务处、科技处、学科建设处、卓越工程师学院及各学院。

主要任务：校庆期间全校的各类科技学术论坛的筹备与组织；组织开展产学研合作洽谈活动；协调和指导各学院(系、部)开展的校庆学术交流活动。

5. 资金筹措与财务组

学校领导：(略)

组长：(略)

责任单位：财务处、校友总会办公室。

主要任务：校庆筹资计划与实施办法的编制和落实；捐赠工作的组织等。

6. 校园文体活动组

学校领导：(略)

组长：(略)

责任单位：工会、团委、学生处、离退休工作处、国际教育学院、体育部。

主要任务：校庆文化艺术活动的策划、组织；校庆主题文体活动的组织开展(体育文化节、征文比赛、演讲比赛等)；大学生校庆志愿者的组织、培训及活动开展；师生员工迎校庆主题教育活动的开展；负责校庆庆典文艺演出的方案制定工作；节目编排、演出活动的组织；庆典晚会的直播、录播落实；校外演员的邀请和接待。

7. 校友及校友理事会联络组

学校领导：(略)

组长：(略)

责任单位：党政办公室、校友总会办公室及各学院。

主要任务：负责校友联络工作；开展校庆期间全校性校友活动；校友录的整理、编写；理事会单位及友好单位的联络；校友会的新建与联络。

8. 环境治理及后勤保障组

学校领导：(略)

组长：(略)

责任单位：后勤处、后勤服务集团、基建处、资产管理处。

主要任务：校园基础设施建设；校区环境整治与设施改造；校园周边环境的改善；校庆活动期间用餐、用车保障。

9. 安全保障组

学校领导：(略)

组长：(略)

责任单位：保卫处、校医院。

主要任务：校园环境的综合治理；维护校园秩序、治安和交通，提供安全保障及医疗保障。

四、时间安排

（一）前期筹备阶段（2013.7.1—2013.7.15）

重点工作：完善组织机构，制订工作计划，分解、落实筹备工作责任，发布校庆公告；形成校庆活动整体方案和制定实施方案；部署前期筹备的各项工作任务，确保筹备工作有条不紊地推进；面向全校师生员工、广大校友，通过各种途径开展校庆及相关筹备工作的前期宣传，形成迎接校庆的良好氛围等。

（二）中期筹备阶段（2013.7.16—2013.8.25）

重点工作：全方位动员全校师生员工、广泛联络校友、理事单位及友好单位；通过宣传发动，扩大学校及65周年校庆活动在校友中的积极影响；进一步完善基础设施，改善校园环境；做好各项活动的筹备工作；完成对重要校友的邀请及题词的征集；完成志愿者队伍培训工作，确定接待方案等。

（三）后期筹备阶段（2013.8.26—2013.9.20）

重点工作：加大对外宣传力度；开展丰富多彩的校园文化活动，营造浓厚的迎校庆氛围；校友的接待准备工作全部到位；各项庆典活动的准备工作全部完成；工作人员、志愿者全部到岗；各项学术会议、重要文体活动按计划开展。同时，必须集中全校各方面力量，统筹分工，按照工作落实情况，调整和设立相应的工作机构；对照既定的工作方案，对没有落实的工作进行查漏补缺；分类别、分层次落实任务，确定工作责任到人，确保重点工作；制定各项工作预案，建立应急管理制度；发布具体活动的日程安排，保障信息的及时和畅通。

（四）庆典阶段（2013.9.21—2013.9.22）

全校上下要以“隆重热烈办好65周年庆典活动”为核心，尽心尽责、全力以赴、各司其职，确保各项活动的顺利进行。要切实做好各项接待工作和活动的组织工作，确保不错、不漏、不误。要加大对“庆典日”所有校庆活动的宣传力度，让65周年校庆成为全校师生、全体校友共同的节日。

（五）总结阶段（2013.9.23—2013.9.30）

按照各小组、各单位任务分工，对校庆所有工作进行全面收尾和总结，并召开沈阳理工大学65周年校庆总结表彰大会，对65周年校庆作出突出贡献的单位和个人给予表彰和奖励……

（本文引自中国校庆网，2013年8月21日，略有改动）

第四节 展览会策划文案

一、写作要点

（一）名称解释

展览会的近义词较多。例如，会展，是会议、展览等集体性商业或者非商业性活动的简称，覆盖面较大；展会，指展览会或者展销会等宣传活动；展示会、推介会与展会意思相近；展销会，指由一个或者若干个组织举办，具有相应资格的若干经营者参加，在固定场所和一定期限内，用展览的形式，以现货或者订货的方式销售商品的集中交易活动，属于商业性活动；交易会与展销会意思相近。本节所述的是展览会。

展览会，是综合运用各种传播方式，通过现场陈列、示范等传递信息、展示形象的一种常规性公关活动。展演会、展映会属于展览会的特殊形式。大型展览会称为博览会。例如，中国南京世界历史文化名城博览会（简称“名城会”）是南京承办的一项国际文化盛会，首创于 2004 年，每两年举办一次。

展览会策划文案，又称展览会策划书、展览会策划方案，是对展览会主题、目标、模式、项目、程序等进行设计的一种文案。

（二）主要特征

1. 集中性。通过展览会策划文案，设计一套办展规划、策略和方法，把国际或者本国、本地、本行业、本组织的样品集中在一个展示场所，促进组织与公众的沟通。

2. 复合性。由于展览会是一种直观、生动的传播方式，在展览会策划文案中，综合声音、文字、图像、实物等各种媒介的优点进行谋划，力求收到最佳效果。

（三）种类划分

1. 按性质分，有总体展览会策划文案、专题展览会策划文案。

2. 按内容分，有政法展览会策划文案、经济展览会策划文案、科技展览会策划文案、文教展览会策划文案等。

3. 按写法分，有分述式展览会策划文案、表格式展览会策划文案、综合式展览会策划文案。

4. 按时间分，有定期展览会策划文案、非定期展览会策划文案。

5. 按展览会规模分，有大型展览会策划文案、中型展览会策划文案、小型展览会策划文案。

6. 按展览会方式分，有固定地点展览会策划文案、巡回展览会策划文案。

（四）基本结构

1．标题

一般是公文式单标题，从国家、地方、行业、组织名称以及主题、事由、期限、文种等要素中选取相关词语，如《2012 年首届杭州旅游产品展览会策划书》。

有时拟双标题。

2．正文

在内容上，包括六个部分：一是背景介绍分析，如展览对象的现状、国家有关方针政策和法律法规、展览会及举办地情况；二是展览会基本框架，如展览会的名称、地点（在哪个国家、哪个城市、哪个展馆举办）、办展机构（如主办单位、承办单位、协办单位、支持单位）、展品范围（根据展览会的定位、办展机构的优势和劣势以及其他多种因素来确定）、办展时间（包括开展日期、筹展和撤展日期、展览会对观众开放的日期等）、办展频率（定期或者非定期举办）、展览会规模（展览面积、参展单位、观众数量）、展会定位（明确目标参展商和观众、办展目标、展览会的主题）；三是展览会的价格和初步预算，遵循“优地优价”的原则为展位出租制定一个合适的价格，还要测算所需要的各种费用和预期收入；四是展览会人员分工、招展、招商、宣传推广、筹备进度、开幕及现场管理（如控制和应急措施）、相关活动、结算计划等，需要统筹安排；五是效益预测及评价，分析可能产生的经济效益和社会效益，制定评价的原则和标准；六是其他，如注意事项。

在结构上，包括前言、主体和结尾。前言简介举办展览会的目的、依据、名称，也可以省略此项；主体就背景、框架、预算、机构、项目、流程、结算等方面具体叙写，按照并列、主次、递进等逻辑关系安排层次；结尾进行预测、强调注意事项，有时不单设结尾。

3．署名

标明组织、部门、策划组名称以及总策划人、成员姓名。

4．成文日期

写明年月日。

5．附录

把有关展出的日程表、展位及价格明细表等附在文案后面。

（五）注意事项

1．重独创。现今展览会虽多，但别具一格的很少，很难令人耳目一新，主要原因在于缺乏创意。要在分析背景资料的基础上，运用创造性思维，找到适合组织与公众沟通、切合最佳时机、最好地点、最美形式的新颖主题，这样的“金点子”能产生轰动效应。

2．巧布展。展览会是一个集中展示的平台，要调动艺术手段对展览会巧妙设计，做到总体格局合理、各个板块和谐、布景美观、图文并茂、声像逼真，具有感染力。

二、范文阅读

▲图书展览会策划文案

第二十七届全国图书交易博览会总体工作方案（节选）

为做好第二十七届全国图书交易博览会（以下简称书博会）筹办工作，按照国家新闻出版广电总局要求，结合河北实际，制定本方案。

一、指导思想

……以满足广大人民群众日益增长的文化需求为出发点，坚持严格审核把关，突出科技支撑，通过开展集中展览和展销出版物、信息交流、行业研讨、倡导全民阅读等功能为一体的综合活动，充分展示党的十八大以来我国新闻出版业改革发展取得的丰硕成果和燕赵大地丰富多彩的文化内涵，着力打造河北新闻出版品牌，促进河北新闻出版业全面发展，掀起全民阅读热潮，推动书香社会建设，为弘扬民族优秀文化、培育社会主义核心价值观、建设美丽中国作出积极贡献……

二、工作目标

……努力把第二十七届全国书博会办成特色鲜明、水平一流的新闻出版盛会。实现三大目标：一是展示优秀燕赵文化，宣传我省建设经济强省、美丽河北的时代精神风貌和京津冀协同发展成果，扩大河北对外开放，树立河北良好形象；二是打造具有重要影响力的出版物交流交易平台，促进河北新闻出版业繁荣发展，为全国文化产业发展壮大作出积极贡献；三是大力推动全民阅读活动，形成爱读书、读好书的良好社会风尚，提升人民群众文化素质，推动精神文明建设。

三、总体安排

（一）主题：承燕赵文脉 启盛世书香

（二）时间：2017年5月31日—6月3日

（三）地点：主会场设在河北省廊坊国际会议展览中心，分会场设在河北省唐山市南湖国际会展中心，两个专题展分别设在河北省西柏坡、白洋淀。

（四）举办单位。主办：国家新闻出版广电总局、河北省人民政府；承办：河北省新闻出版广电局、河北省廊坊市人民政府、中国出版协会、中国书刊发行业协会；协办：河北省唐山市人民政府、河北出版传媒集团、河北广播电视台、河北日报报业集团、中国韬奋基金会、中国印刷技术协会。

（五）展会规模及特色。主会场4个场馆可用展览面积约5万平方米，共安排13个展区。历届传统展区8个：京版国有图书出版、发行单位展区，全国精品图书展区，国外和港澳台出版物交流展区，民营图书发行企业展区，各省出版展团展区，馆配团购区，“中华印刷之光”展区，绿色创意印刷展区。本届特色展区5个：河北出版物展区(包括燕赵文化、河北作家出版物、河北文创产品等),京津冀新闻出版协同发展展区,新华书店80年历程展区,儿童书城展区,惠民书市展区。唐山分会场及西柏坡、白洋淀两个专题展区安排根据总体方案另行制定方案。

四、主要活动安排

(一)展会开幕前

1.“迎书博 读好书”全民阅读活动

时间:3—6月

地点:河北省

内容:结合推出“大众喜爱的50种图书”,引导广大党员干部群众多读书、读好书,深入学习习近平总书记系列重要讲话,学习各方面的新知识新技能,开展书香家庭、书香单位评选活动,在建设经济强省、美丽河北中更好地发挥作用。

2.“书香中国万里行·河北站”活动启动仪式

时间:3月21日

地点:河北省廊坊市

内容:由中国全民阅读媒体联盟各单位从多层面、多视角就河北全民阅读、文化建设等进行集中采访报道,宣传、扩大第二十七届全国图书交易博览会的影响。

3.“书博大篷车·美丽河北行”大型活动

时间:3—6月

地点:河北省

4.“十大读书人物”评选活动

时间:3—6月

5.“运河文化·书香燕赵”系列活动

时间:3—6月

地点:河北省廊坊市、沧州市、衡水市

内容:联合京津及运河沿线城市共同举办运河文化·书香燕赵发展论坛,举办全民阅读大讲堂活动,以读书节为载体,组织开展各项活动,营造浓厚的全民阅读氛围。

6.“读红色经典 品燕赵文化”系列活动

时间:4—6月

地点:河北省

内容:结合冀版红色出版物,深入西柏坡、阜平、涉县等革命老区开展经典重读、旧址游览、生活体验等活动,为书博会成功举办营造浓厚舆论氛围。

(二)展会期间主题活动

1. 开幕式

时间:5月31日上午09:30

地点:河北省廊坊国际会议展览中心

内容:国家新闻出版广电总局领导、河北省领导致辞;参会部委和省(自治区、直辖市)领导,各代表团团长,组委会特邀嘉宾等出席。

2. 唐山分会场开幕式

时间:6 月 1 日上午

地点:河北省唐山市

内容:国家新闻出版广电总局领导、河北省领导出席,相关参展单位领导参加。

3. 西柏坡·优秀党建读物专题展

时间:6 月 1 日上午

地点:河北省西柏坡

内容:在西柏坡集中展示近年来优秀党建读物,迎接党的十九大胜利召开。

4. 白洋淀·红色文学经典专题展

时间:6 月 1 日上午

地点:河北省白洋淀

内容:在白洋淀开展红色文学、红色影视剧展,展示特色文化。

5. 燕赵文化展示主题活动

时间:5 月 31 日晚 19:30

地点:河北省廊坊市壹佰剧院

内容:由书博会组委会主办,河北省新闻出版广电局和河北省廊坊市人民政府承办,组织举办燕赵文化展示主题活动。

6. 精品图书展

时间:5 月 31 日—6 月 3 日

地点:河北省廊坊国际会议展览中心

内容:集中展示近年来反映政治、经济、文化、社会、生态文明建设和党的建设等方面成就的优秀出版物。

7. 读者大会

时间:5 月 31 日下午

地点:河北省廊坊市

内容:邀请国内知名学者、作家发表主题演讲,畅谈阅读、分享阅读。

8. 向河北农家书屋和基层图书馆捐赠图书活动

时间:5 月 31 日—6 月 3 日

地点:河北省廊坊国际会议展览中心

内容:全国各出版发行单位向各学校图书馆、部队图书馆、公共图书馆、农家书屋、社区书屋、职工书屋等捐赠图书。

9.“十大读书人物”揭晓及颁奖活动

时间:5月31日上午

地点:河北省廊坊国际会议展览中心

内容:揭晓年度十大读书人物并颁奖。

10.“中华印刷之光”展览

时间:5月31日—6月3日

地点:河北省廊坊国际会议展览中心

内容:展示雕版印刷术、活字印刷术的发明发展和现代汉字信息处理技术,向人民群众普及印刷的起源和发展历史。

11. 绿色创意印刷展

时间:5月31日—6月3日

地点:河北省廊坊国际会议展览中心

内容:展示在互联网和数字印刷技术条件下,出版发行与印刷融合发展的新产品和新技术,向广大观众宣传绿色印刷理念,普及绿色印刷知识。

12.“红沙发访谈”活动

时间:5月31日—6月3日

地点:河北省廊坊国际会议展览中心

内容:邀请著名作家进行访谈交流。

13. 纪念新华书店成立80周年书博会专题活动

时间:5月31日

地点:河北省廊坊市

内容:展示新华书店成立80周年光辉历程。

14.“逛书博·看河北”

活动时间:5月31日—6月3日

地点:河北省廊坊市区及各县(市)

内容:邀请参展代表、各界知名人士、省内各行业代表畅谈廊坊市发展变化。

五、组织机构

(一)组委会

为做好第二十七届书博会筹办工作,成立第二十七届全国图书交易博览会组织委员会(以下简称组委会),组委会由国家新闻出版广电总局及河北省委、省政府和有关方面的负责同志组成,负责书博会组织领导工作。

主任:(略)

副主任:(略)

(二)执委会主任:(略)

（三）执委会工作组及职责分工：执委会下设综合组、市场展销组、大型活动组、接待服务组、公共事务组、交通安保组、新闻宣传组、出版物质量审读组、后勤保障组9个工作组，负责具体筹办任务的落实……

六、参展方式

（一）各省、自治区、直辖市的出版单位及新华书店，由各省、自治区、直辖市新闻出版广电局统一组团；在京的中直出版单位，由中国出版协会、中国书刊发行业协会统一组团；军队系统出版单位和中国出版集团独立组团；港、澳、台出版单位及海外华文出版物，由中国图书进出口（集团）总公司组织参展；民营和股份制发行单位，由中国书刊发行业协会非国有书业工作委员会和各省（自治区、直辖市）发行协会组织参展；参加出版相关产业展销、订货、展示和版权贸易活动的单位，由各省、自治区、直辖市新闻出版广电局统一组团参展。

（二）书博会期间的现场销售（零售、团购等）由河北出版物发行协会、河北省新华书店有限责任公司负责组织实施。出版物的销售采取代销、经销、寄销等方式，订货采取代订或自订方式，订货及版权贸易由贸易双方自行洽谈。

（三）展示、订货等活动安排及货源组织、展馆布置、广告位定购等由执委会有关工作组与相关省、自治区、直辖市代表团和发行协会商定。

七、工作进度安排

（一）2月17日，书博会主题语、Logo（标识）和宣传语系列征集活动启动。

（二）2月17日，书博会宣传片启动制作，并陆续安排播放。

（三）2月17日，前期筹备办公室负责落实新闻发布会暨预备会相关事宜，制定新闻发布会暨预备会工作方案并启动实施。

（四）3月8日，完成展会运营规模、内容设计，启动展馆、活动场地、环境设计方案等工作。

（五）3月21日，召开新闻发布会暨预备会，展会前的特色活动陆续启动。

（六）3月22日，召开第一次执委会。组建执委会各工作组，抽调人员集中办公。各工作组与书博会先期筹备办公室对接移交相关前期工作。

（七）3月27日，各工作组完成第二十七届书博会所有子活动方案细化工作，并报执委会审定。

（八）5月10日，根据参展要求，协助参展方做好布展工作，所有展示工作方案完成并经对方确认；研究制定来宾接待方案和手册。

（九）5月24日，完成廊坊市及场馆周边环境的氛围营造；安排落实参会嘉宾、客商住房和用车。完成来宾接待方案的制定和手册编制。

（十）5月24—29日，完成展馆现场搭建工作，参展商品入场，展馆试运行。

（十一）5月30日，预展，组委会领导巡查展馆。

（十二）5月31日—6月3日，书博会正式开展……

（本文引自河北新闻网，2017年3月19日）

第五节　公益活动策划文案

一、写作要点

（一）名称解释

公益，即公共的利益。公益与赞助、募捐、捐赠、公益信托、志愿服务关系密切。赞助，即拿出财物支持和帮助；募捐，即募集捐款或者物品；捐赠，即捐献赠送财物；公益信托，即委托人基于公益目的依法将其财产委托给受托人，由受托人按照委托人意愿以受托人名义进行管理和处分；志愿服务，即组织以及个人基于公益目的，自愿向社会或者他人提供的无偿服务以及其他非营利服务。可见，赞助、募捐、捐赠、公益信托、志愿服务是开展公益活动的重要方式。

从公关的角度看，公益活动是指组织为促进公益事业开展的各种形式的专题活动。

公益活动策划文案又称公益活动策划书、公益活动策划方案，是组织为促进公益事业设计的一种文案。

（二）主要特征

1. 公益性。这是公益活动策划文案的本质属性。这种文案对以公益名义传播进行筹划，不仅体现了组织对公益事业的关心和支持，而且有助于提升组织的形象并为组织发展创造良好的社会环境。

2. 明确性。这是公益活动策划文案的表达特点。公益活动的项目是什么、确定什么主题、包括哪些内容、以什么形式、如何开展、预算多少、预期怎样，都写得一清二楚，让公众知晓。

（三）种类划分

1. 按主客关系分，有施与方（如捐赠人）公益活动策划文案、收受方（如受赠人）征求公益活动策划文案。

2. 按性质分，有总体公益活动策划文案、专题公益活动策划文案。

3. 按对象分，有教育公益活动策划文案、科技公益活动策划文案、文化公益活动策划文案、卫生公益活动策划文案、体育公益活动策划文案、环境保护公益活动策划文案、社会公共设施建设公益活动策划文案、社会福利和慈善事业公益活动策划文案等。

4. 按内容分，有赞助策划文案、募捐策划文案、捐赠策划文案、公益信托策划文案、志愿服务策划文案等。

5. 按写法分，有分述式公益活动策划文案、表格式公益活动策划文案、综合式公益活动策划文案。

6. 按时间分，有长期公益活动策划文案、短期公益活动策划文案。

7. 按发布者数量分，有单一组织公益活动策划文案、联合公益活动策划文案。

8. 按发布次数分，有单次公益活动策划文案、系列公益活动策划文案。

（四）基本结构

1. 标题

单标题。以公文式为主，从国家、地方、行业、组织名称以及主题、事由、期限、文种中选取要素，如《“爱在兰州”城市品牌宣传公关策划方案》《“和谐盛世·魅力庄河”大型全民健身汇演赞助策划书》；有时用主题式、事由式等，如《让我们这代人“书”下去　有书　冇输》。

双标题。一般是正题和副题，如《“安利”爱，爱回家——安利与90后一起回馈父母、感恩家庭项目策划方案》。

2. 正文

在内容上有两个特点。一是各种公益活动策划文案有特定内容。例如，募捐策划文案包括募捐目的、起止时间和地域、活动负责人姓名和办公地址、接受捐赠方式、银行账户、受益人、募得款物用途、募捐成本、剩余财产的处理等；志愿服务策划文案包括活动的目的、指导思想、主题、时间、地点、组织机构（如主办、承办、协办部门）、参加人员、具体项目、基本流程、传播方式、要求等。二是不同主客关系也各有侧重点。例如，赞助方赞助策划文案包括赞助的目标、对象、主题、形式、预算、传播方式、实施方案、应变方案、实际效果；受赞助方征求赞助策划文案包括接受赞助的名称、宗旨、具体项目、程序和冠名单位的数量、冠名费、冠名权、领导权、标识权、回报以及协办等单位的数量、赞助费、标识权、回报，并做出效果预测。

在结构上，前言概述目的、依据、事由，有时省略此项；主体根据实际情况安排层次，大多用并列方式，或者以并列为主、有时递进和主次；结尾做出预测、提出要求，可以不单设结尾。

3. 署名

标明有关组织或者部门（如赞助方、受赞助方）名称，有时还写总策划人和成员姓名。

4. 成文日期

标注具体的年月日。

5. 附录

把活动程序表、款项明细表等附在文案后面。

(五)注意事项

1. 遵法守则。要符合《中华人民共和国公益事业捐赠法》《中华人民共和国慈善法》等有关法律法规和政策,遵循自愿、诚信、非营利的原则。对施与方来说,不能盲目而为;对收受方而言,不可强行摊派或者变相摊派。

2. 便于操作。公益活动策划文案的写作,既要切实,适应主客双方的需要并且考虑有关项目、数额、方式的可能性,又要具体,尤其是项目、数量、时间、方式、程序等都要载明,不能笼统含糊。

二、范文阅读

▲春节晚会策划文案

天地同春 荣耀五城
——"×××"之夜南部电视台2011年春节联欢晚会策划方案

一、活动名称

天地同春 荣耀五城——"×××"之夜南部电视台2011年春节联欢晚会("×××"即冠名赞助单位名称或其产品名称)。

二、活动宗旨

丰富群众节日文化生活,打造独具地方特色的品牌电视节目,激发全县人民及在外乡友热爱家乡、建设家乡的激情,努力营造全县"大团结、大发展"的良好氛围,凝聚加快推进五城建设的合力。

三、主要创意

(一)突出主旋律

围绕县委、县政府中心工作,用群众喜闻乐见的艺术形式充分展示一年来县委、县政府带领全县人民开拓创新、务实进取的历程……

(二)突出乡土情结

以"我是南部人,南部一家亲"为主题……

(三)突出团结和谐氛围

以"盛世大联欢,全民享和谐"为策源点……

(四)突出群众参与性

坚持开门办晚会的方针,以多种方式公开面向全社会征集选拔节目……

四、运作方式

(一)经费来源

不售门票,整个活动经费一律采取市场化方式募集,主要通过寻求晚会冠名、协办、赞助、指定服务等合作单位,以及晚会现场插入单位团拜的方式筹集活动资金。

(二)节目来源

1. 有奖征集。面向全国公开有奖征集节目。征集节目不限题材内容，不限艺术形态和表演方式，歌舞、器乐、相声、小品、戏曲、魔术、杂技等各类文艺节目，只要思想健康、有较强艺术性、群众喜闻乐见均可报名参选。凡最终入选并在晚会上演出的节目，个人节目各奖现金1000元，团队节目各奖现金2000～5000元，被评选为观众最喜爱节目的另奖现金10000元。县内、县外所有专业及业余文艺爱好者均可报名参选；县内各机关、团体、企事业单位均可组织职工或面向社会聘请专业编导和演员，编排表现本系统、本单位工作特色的各类节目，以单位名义报送参选；县内外观众还可以家庭为单位编排节目参选。

2. 定向邀请。邀请南部县两届电视歌手大奖赛部分获奖选手以及其他南部籍或与南部联系密切的有较高水平和知名度的专业或业余文艺工作者到场献艺。

3. 明星助阵。通过经纪公司或文艺演出公司，有偿邀请1～2名在全国有较高知名度和号召力的当红明星加盟助阵。

（三）活动程序

1. 前期工作。2010年11月中旬公布策划方案，发布招商公告，开始招商；11月20日前后确定冠名、协办、赞助、指定服务等合作单位，开始进行前期宣传工作。

2. 节目征集。11月25日前后发布有奖征集节目公告，启动节目征集报名工作，县电视台、电台制作新闻、专题类节目跟踪报道相关信息。

3. 节目评选。12月15日起开始节目评选工作，成立专家评审组，每周进行一次节目选拔；县电视台、电台在新闻、专题节目中开设专栏及时报道相关情况，并编排部分参选节目片断进行展播，对节目选送单位及表演者作适度宣传推介。

4. 排练预演。2011年1月10日前选定节目，开始排练，县电视台、电台跟踪报道活动进展。

5. 正式演出。2011年1月30日（农历腊月二十七）正式演出，县电视台、电台同步现场直播。

6. 节目重播。晚会结束后，春节前后在县电视台、电台多次重播晚会实况，以适当方式让观众评选最受欢迎节目，延长对赞助单位的广告回报。

（四）宣传推介

为扩大活动辐射范围，提升晚会影响力，强化对赞助单位的广告回报，策划推出三大社会性支撑活动，并依托三大支撑活动开设一档电视专题节目——《爱春晚，爱南部》，该节目在晚会赞助单位确定后就连续制作播出，直至晚会结束，并最终评选出最受观众喜爱的春晚节目。

活动一：爱上春晚，走上舞台

此活动以选拔节目为主旨，在面向全国发布有奖征集节目公告后，在多种媒体的强力宣传鼓动之下，组织专业人员每周进行一次集中节目选评，并成立专题报道组深入县内各乡镇、社区以及机关、团体、企事业单位宣传推介晚会,发掘各类艺术人才,同时邀请县内外文艺界名士对晚会筹划工作献计献策,并将活动情况及部分参选节目在县电视台、电台的新闻及专题节目中整理播出。

活动二:献礼春晚,回眸2010

此活动以总结回顾2010年全县各方面工作,展示各单位形象,凝聚社会各界力量为主旨,成立专题报道组深入各乡镇、社区以及机关、团体、企事业单位,系统展示2010年各地、各系统、各单位亮点特色工作,宣传有突出贡献的人物,并依托三大媒体评选2010年改变南部的十件大事、十大创业明星、十大模范公民等,并将活动相关情况在县电视台、电台的新闻及专题节目中整理播出。

活动三:乡情春晚,千里连线

此活动以“情牵故园,心系游子”为主题,通过与北京、上海、广州、深圳等各大城市的乡友联谊会加强联系,运用电话、视频连线,专程前往实地采访等方式,展示各地乡友在外打拼创业的艰辛历程,并函邀部分乡友回乡参加晚会、讲述创业故事、为家乡建设献计出力,以此扩大晚会辐射能力,在全国范围内提升南部影响,并将活动相关情况在县电视台、电台的新闻及专题节目中整理播出。

五、广告策划

(一)冠名单位

晚会冠名权。选择一家有信誉有实力的企业为晚会独家冠名,冠名费20万元。主要通过以下方式为冠名单位提供回报。

1. 领导权。委派代表出任晚会筹委会副主任,参与整个活动的组织策划工作,并出席相关的重大活动。

2. 标识权。活动所有对外资料(宣传单、海报、广播、电视、网站相关宣传内容等)均明显标注和体现冠名单位名称。

3. 现场广告回报……

4. 电视广告回报……

5. 网页宣传回报……

6. 其他方式回报……

(二)协办单位

只选择2家,赞助费5万元/家。协办单位可享受以下回报。

1. 标识权。活动所有对外资料(宣传单、海报、广播、电视、网站相关宣传内容等)均出现协办单位名称。

2. 现场广告回报……

3. 电视广告回报……

4. 其他方式回报……

（三）特约赞助单位

选择5家，赞助费2万元/家，特约赞助单位可享受以下回报。

1. 标识权。活动所有对外宣传资料（宣传单、海报、展板、光盘、画册等）均体现特约赞助单位名称。

2. 现场广告回报……

3. 电视广告回报……

4. 其他方式回报……

（四）指定服务单位

选择晚会明星演员指定下榻酒店一家、演员指定形象设计单位一家、晚会场内外观众奖品提供单位3～5家，指定服务单位提供赞助服务金额不得低于2万元。指定服务单位可享受以下回报。

1. 现场广告回报……

2. 电视广告回报……

六、组织领导

成立“天地同春，荣耀五城”——“×××”之夜南部电视台2011年春节联欢晚会筹委会。筹委会主任：（略）；常务副主任：（略）；副主任：（略）。筹委会下设办公室，负责活动牵头协调工作，制定落实各项可操作的细化方案。办公室主任：（略）。

七、特别说明

本策划方案为活动初步工作方案，相关内容将在充分吸纳社会各界意见，尤其是各赞助单位意见后进行修改完善，具体实施细则及活动操作办法以筹委会后期发布的相关公告为准。

中共南部县委宣传部
南部县广播电影电视局
2010年10月16日

（本文引自南部县人民政府网，2010年11月19日，略有改动）

▲中秋节活动策划文案

2013年谭木匠“给妈妈梳头”公益活动传播（节选）

项目主体：重庆谭木匠工艺品有限公司

项目执行：北京世纪普纳公关顾问有限公司

一、项目调研（略）

二、项目策划

（一）目标

呼唤孝心回归，呼吁人们及时尽孝行动起来，关爱母亲，给妈妈梳头，在产品功能以外的层面提升品牌好度感，增加到店人数。

(二)策略

开发一款产品：与谭木匠沟通，提出“妈妈梳”概念并设计生产相关产品，将情感与产品结合。

打造一个活动：开展“给妈妈梳头”活动，以“爱从头开始”为活动情感主题，倡导心灵和行动的回归。“要提升品牌好感度，就必须拉近品牌和消费者的距离。”谭木匠启动给妈妈梳头活动80万把特质活动纪念款“妈妈梳”和20万把免费赠送的“妈妈梳”作为活动的标志性产品问世，将走进百万家庭帮助孝子完成关爱母亲的使命。

创新一套模式：线上申请线下领取模式——横向，利用网络传播迅速扩大活动影响力和范围，同时利用门店分布优势完成发放礼品的同时增加到店人数；纵向，线上申请活动及线下定点落地活动相互承接，活动更接地气。

以低门槛赢得高参与度：人们只要愿意关爱母亲，走近母亲，就可以通过微信、微博、地面活动等方式申请并领取“妈妈梳”，给妈妈梳头，活动真正做到以低门槛赢得极高的参与度，同时以活动真情为出发点获得极高的支持度。

覆盖所有形式的媒体，偏重新媒体传播：用微博快速广泛地传播活动信息，用微信精确推送的特性完成木梳的申请与发放，广告、电视、平面、BBS、博客配合新媒体传播与落地活动。

合理设置节奏，层层推进：分为预热、启动、高潮、延续四个阶段，以中秋节如何尽孝话题讨论及微博活动为预热，以官方微博声明、店面主题专柜、minisitc上线、官方微信微博上线、微电影上映联合启动，微信、微博申请“妈妈梳”将活动推向高潮，以各地网友积极响应为主体的落地活动作为延续。

(三)目标受众

全体愿意尽孝的人们。

(四)主要信息

给妈妈梳头，爱从头开始。

(五)传播策略

以给妈妈梳头活动为核心，“爱从头开始”为主题，通过微电影情感刺激，微信、微博申请“妈妈梳”的活动激励，让网友抒发情感表达对母亲的感激之情，用实际行动给妈妈梳头。线上活动结合线下落地慰问进社区等活动相互呼应，从线上走到身边，更切实地传播活动。如何将“尽孝”和谭木匠产品本身结合？“给妈妈梳头”这一平时而又真切的创意应运而生。80万把特质活动纪念款“妈妈梳”和20万把免费赠送的“妈妈梳”作为活动的标志性产品问世，将走进百万家庭帮助孝子完成关爱母亲的使命。

(六)媒介选择

新媒体：微博、微信、BBS、博客、网络新闻、视频网站。

传统媒体：报纸、电视、广播媒体。

三、项目执行

（一）预热

1. 中秋节前夕建议网友给妈妈梳头，举办投票让"给妈妈梳头"成为中秋与母亲互动的重要选项。

2. 官方微博举办小型微博活动，少量木梳作为奖品放出，参与量远大于奖品量，为后续大规模举办活动埋下伏笔。

（二）启动及高潮

1. 通过品牌官方微博顺应民意发出声明，启动"给妈妈梳头"大型公益活动。新闻稿件同步发布，覆盖全国、地方、垂直类媒体。

2. 微电影同步上线，爱奇艺首页露出强力推介，中国首位滑雪冠军郭丹丹出境微电影。

3. 微信申请渠道同步开通，网友可以通过微信申请"妈妈梳"。

4. 官方微博@给妈妈梳头加V认证正式问世；微博活动上线，网友可通过微博活动申请"妈妈梳"；微话题上线，网友可参与活动主题讨论。

5. 谭木匠全国门店"妈妈梳"专柜全面上线，纪念款"妈妈梳"全线陈列展示；门店配合发放通过线上申请的"妈妈梳"。

（三）延续

1. 线上传播。活动中涌现的感人故事、典型人物进行传播；活动覆盖全国，形成"给妈妈梳头体"：我在×××，给妈妈梳头，我在行动。

2. 线下传播。10月10日，联手妇联"给妈妈梳头"活动走进敬老院为老人送温暖，给老人梳头。10月26日，活动走进北京回龙观社区关爱"老漂族"让子女为背井离乡来到北京帮助自己带孩子照顾生活的母亲梳梳头。百余家庭参与活动。11月26日，活动走进河北省太行监狱，让服刑人员有机会给自己的母亲梳梳头……

四、项目评估（略）

（本文引自《第11届最佳公共关系案例》，《国际公关》2014年增刊，略有改动）

第六节　危机公关策划文案

一、写作要点

（一）名称解释

公关危机与危机公关是一对相互联系的词语。公关危机，即某些突发事件对组织的生存和发展构成威胁，严重损害了组织形象，使组织处于危机之中的一种公关状态；危机公关，即组织应对危机的有关机制，包括危机的规避、控制、减轻、消除等一系列公关策略。

危机公关策划文案，又称危机公关策划书、危机公关策划方案，是运用公关策略谋划和安排危机事件处理活动的一种文案。

（二）主要特征

1. 紧迫性。多数公关危机是突发的，一旦发生就呈现飞速扩张的态势，不仅对社会造成严重冲击，而且很容易使组织形象遭到破坏，可见这种文案具有特殊的时效要求。

2. 应对性。这种文案的任务在于制定应急对策，针对直接涉及对象、组织内部、上级主管部门、相关组织、媒体、其他公众的实际情况采取一系列措施，化危机为转机。

（三）种类划分

1. 按范围分，有内部危机公关策划文案、外部危机公关策划文案。

2. 按性质分，有总体危机公关策划文案、专题危机公关策划文案。

3. 按内容分，有误解性危机公关策划文案、事故性危机公关策划文案、假冒性危机公关策划文案、灾害性危机策划文案等。

4. 按程度分，有特别重大危机公关策划文案、重大危机公关策划文案、较大危机公关策划文案、一般危机公关策划文案。

5. 按写法分，有分述式危机公关策划文案、表格式危机公关策划文案、综合式危机公关策划文案。

6. 按发布者数量分，有单一组织危机公关策划文案、联合危机公关策划文案。

（四）基本结构

1. 标题

一般是公文式单标题。主要写法包括：地方、行业、组织名称加事由、文种，如《双汇集团危机公关策划方案》；事由、文种，如《“万家乐”热水器爆裂处理策划书》。

2. 正文

在内容上，有四个部分：一是概况，交代产生公关危机的时间、地点、事实；二是分析，探析公关危机的性质、产生的主客观原因、影响；三是对策，阐述危机公关的基本原则、实施方法、主要步骤以及相关事项；四是预测，展望危机公关活动的预期效果。

在结构上，前言简述目的、依据、事由，有时省略此项；主体分为背景、调研、策划、实施、预测几个部分；结尾补充相关事项，也可以不单设此项。

3. 署名

写有关组织、部门、策划组名称以及总策划人、成员姓名。

4. 成文日期

标明具体的年月日。

5. 附录

把有关理论依据、统计表、程序表等资料附在文案后面。

(五)注意事项

1. 遵守法度。一方面,遵守《中华人民共和国突发事件应对法》等法律法规,实行预防为主、预防与应急相结合的原则;另一方面,依照公关制度,坚持公众至上,坦诚地向公众说明真相,勇于承担责任,积极行动,不断创新,保持良好的形象。

2. 处理妥当。要恰当处理内部与外部、重点与一般、预警与应急的关系,根据需要选择炒作与灭火、先机与后发、高压与疏导等克服危机的手段,力求调研、策划、实施、评估四个阶段的协调统一。

二、范文阅读

▲总体危机公关策划文案

恒隆地产危机管理(节选)

恒隆地产(PRPA)

一、项目背景(略)

二、项目策划

(一)目标

· 进一步提升所有员工的危机意识;

· 建立清晰的危机管理架构及汇报机制;

· 准确界定各部门在危机中的角色和责任;

· 进一步训练管理层及项目发言人在危机中面对媒体的技巧。

(二)目标受众

· 公司所有同事;

· 有机会导致危机发生的持份者,包括租户、总承包商、分承包商。

(三)主要讯息

· 恒隆强调"居安思危 防患未然";

· 每位同事在危机管理系统中担当重要的角色及有其职责;

· 有效及全面的应急方案可在危机发生时把负面影响减至最低。

(四)传播策略

· 集团传讯部从推进(promote)、装备(equip)、实践(practice)、回顾(review)、评估(evaluate),以加强公司上下对危机管理的正确观念。

三、项目执行

(一)危机预防

· 制定《恒隆地产危机管理手册》;

· 落实监控制度(季度检查和稽核)和大型的年度演练;

· 举办定期培训;

· 针对发言人应对媒体的技巧,举办小组训练;

· 推出网上危机管理的课程,并规定所有员工必须参与考核;

· 加强和其他持份者包括媒体、供应商、建筑单位及政府相关单位的沟通;

· 定期在公司刊物《连系恒隆》向同事介绍公司各项危机管理措施;

· 定期分享危机案例,分析当中可取之处;

· 有计划地检视危机管理系统的有效性;

· 进行季度危机管理系统检查。

(二)危机掌控

· 制定危机黄金六十分钟措施;

· 设立危机管理中心;

· 采取对内和对外沟通的策略。

(三)危机善后

· 提交事故报告……

· 每次发生事故后都召开检讨会……

· 落实跟进事项……

(四)推进、装备 确保各项危机管理措施到位

通过公司刊物《连系恒隆》……

(五)危机管理手册

· 集团及项目的危机管理架构;

· 集团及项目的危机管理应变小组成员和其责任;

· 通报流程;

· 危机级别;

· 危机管理中心设施要求;

· 各部门在危机中的职责。

(六)危机管理、媒体技巧培训……

(七)网上危机管理的学习课程……

(八)大型年度演练 有备无患……

(九)不同情景的演练 做得更完善……

四、项目评估（略）

（本文引自《第12届最佳公共关系案例》,《国际公关》2016年增刊,略有改动）

▲专题危机公关策划文案

九牧水龙头“铅事件”危机公关项目(节选)

项目主体:九牧厨卫股份有限公司

项目执行:福建省软众文化传播有限公司

2013年7月14日,竞争对手策划了一场危机公关战役。其中背景爆发点是通过上海电视台《七分之一》栏目报道《水龙头的“铅”阴影》,虚假的水龙头铅超标信息,形成对多个卫浴品牌,其中包括九牧在内的国际、国内、区域的一线卫浴品牌。通过电视、网络、微博、平面媒体等大肆扩散,对九牧品牌造成较大程度的影响……

一、项目调研

(一)“铅事件”事实的还原与真相

……前期检测合格:2013年7月8日,上海市质量技术监督局的官网公布了《2013年上海市水嘴产品质量检测抽查结果》,结果显示,摩恩单把手面盆龙头、九牧水嘴、美标单柄双控单孔水嘴、申鹭达台盆龙头、乐家面盆水嘴铅析出量并未超标,均为符合相关标准的产品。

(二)对手攻击策略分析……

(三)传播战术……

二、项目策划

(一)九牧危机公关策略

1. 传播目的

还原“水龙头事件”真相,力证九牧水龙头产品合格,恢复消费者对九牧的品质信任,恢复经销代理系统对九牧的市场信心,恢复公众对九牧良好的品牌印象,最大化地消除“水龙头事件”对九牧的负面影响,降低风险,等待时机打翻身仗。

2. 传播受众

(1)消费者:向消费者诉求九牧产品经权威机构检测均为合格,含铅量在国标规定范围之内,对健康没有影响。

(2)代理经销系统:对于对方“挖墙脚”、动摇代理经销系统信心的行为,九牧通过正面报道给予安抚。

(3)水龙头企业:力证九牧产品合格,维护九牧在行业中的应有地位。

(4)公众:力证九牧产品合格,澄清谣言,维护正面形象和品牌声誉。

(二)软众运用策略

1. 传播策略

(1)报纸媒体整合传播

报媒具有权威性的优势,九牧采取"报媒发声、网络跟进"的传播方式,首先以报媒为舆论阵地反驳对方,在一定程度上抢占话语权。同时,区域报媒侧重九牧重点市场,对九牧代理经销系统有一定的安抚作用。

(2)网络软文群发,微博转发

针对对方快速、大规模的攻击节奏,软众亦选择众多传播速度快、辐射面广的网络,以权威的新闻形式给对方的造谣予以驳斥,并释放九牧的正面报道,有助于澄清事实、还原真相。

2. 公关策略

(1)各个击破:将对方误导公众的议题逐一澄清,向公众还原事实。

(2)迂回包抄:跟进揭露不锈钢水龙头缺点,如锰、铬超标,抑菌效果差。

(3)反证推理:以水龙头历史悠久、工艺成熟,推理出不锈钢工艺不成熟。

(4)事实澄清:再次送检检测部门,证明自身产品的合格。

(5)专业背书:邀请行业协会、专家为九牧声援与背书。

3. 议题策略

(1)针对对方宣称的"不合格",撰文或传播《上海市质检局2013年7月抽检68批水嘴产品公告结果》《科勒、九牧、箭牌等知名品牌符合相关质检标准》《国家权威检测机构确认九牧水龙头符合国家标准》等文章予以正面反驳。

(2)针对对方所谓的检测,撰文或传播《水龙头"铅阴影"背后:相关检测结果遭质疑》《被策划的毒铅门》,质疑对方的检测结果。

(3)针对对方的健康"恐吓牌",诉求"可放心使用"。

(4)针对对方诉求的"不锈钢水龙头是未来的趋势",跟进就含铅量超标,揭露不锈钢水龙头锰、铬可能超标。

(5)针对对方诉求的"不锈钢水龙头是未来的趋势",跟进诉求"不锈钢并非最佳水龙头材料"予以反驳。

(6)针对对方直接点名九牧,以"双冠王"、大品牌可信任给予反驳。

(7)针对对方直接点名九牧,以《知名卫浴企业九牧表示 将提前跟进国际标准》展示九牧质量自我严格要求。

(8)针对对方的系列恶意动作,采取适当回击手段,利用《三湘都市报》作为引爆点系列报道,接着由网络媒体转发以及微博全方位蝴蝶效应。

(9)利用重点区域媒体的关系,采取大版面的深度报道,转文或传播《水龙头"铅阴影"背后:相关质检结果遭质疑》《被策划的毒铅门》,质疑对方检测结果,让公众看到九牧是本次事件的一个"受害者"。

4. 媒介策略

召开媒体开放日:划清关系,侧翼进攻。

双方项目组从高层到执行层统一意见,在双十一预售网络开始前,以正面企业的形象面向全国开展一次"媒体开放日"的公关活动。软众发挥整合活动传播的优势,共同邀请行业专家、国内大报媒体、区域大众平面媒体、区域电视台、各大门户网络等主任记者一同与九牧面对面交流,以正面、大牌、社会责任的形象展现于公众面前,开放水龙头生产线,让大家零距离地参观交流,在新工厂召开新闻发布会,接受来自全国各地主任记者的采访,展现真实的九牧。

三、项目执行

(一)发布网络软文……

(二)以点带面,主动防守……

(三)"媒体开放日"活动和传播执行……

四、项目评估(略)

(本文引自《第11届最佳公共关系案例》,《国际公关》2014年增刊,略有改动)

第四章　公关咨询文案

第一节　公关咨询文案概述

一、写作要点

（一）名称解释

咨，商量；询，询问。咨询，即征求意见。

公关咨询文案，是组织、公关机构、媒体等提供公关咨询服务的文案总称。

（二）主要特征

1. 咨询性。咨询是公关工作的一个重要职能。作为咨询的有效方式之一，公关咨询文案对组织的公众类型、公关战略、内部政策、外部环境等资料进行分析和预测，并提供相应的建议。

2. 服务性。咨询是一种智力服务。作为重要的书面成果，公关咨询文案不仅是决策部门的直接依据，对其他公众也有一定的参考价值。

（三）种类划分

1. 按主体分，有组织咨询文案、公关机构咨询文案、媒体咨询文案、公众咨询文案等。

2. 按内容分，有政策咨询文案、事项咨询文案等。

3. 按文种分，有公关征集文案、公关咨询报告、公关咨询演讲词、公关咨询专访、公关咨询信、公关建议书、公关倡议书、公关咨询表、公关咨询服务指南、公关咨询服务记录等。

4. 按写法分，有概述式公关咨询文案、分述式公关咨询文案、表格式公关咨询文案、图示式公关咨询文案、综合式公关咨询文案。

5. 按构成分，有单篇公关咨询文案、集锦公关咨询文案。

6. 按发布次数分，有单次公关咨询文案、系列公关咨询文案。

7. 按传播渠道与信息载体分，有文字公关咨询文案、图表公关咨询文案、电声公关咨询文案、音像公关咨询文案、网络公关咨询文案、手机公关咨询文案等。

（四）基本结构

1. 必备项目

（1）标题

单标题。主要有四种写法：一是公文式，如《国家安全监管总局办公厅关于征求〈企业安全生产标准化基本规范（修改稿）〉意见的函》；二是主题式，如《物联网产业迅猛发展 “安全网”建设亟待跟进》；三是事由式，如《关于新城区元和路等主要道路增加停车位问题》；四是提问式，如《实体经济 如何强动力增活力》。

双标题。一般由正题和副题组成，如《为“深化供给侧结构性改革，促进经济平稳健康发展”建言献策——政协第十二届全国委员会常务委员会第二十一次会议发言摘登》。

（2）正文

在内容上，不同的咨询目标和文种各有特点。例如，公关征集文案侧重于征集事项及要求；公关咨询报告主要写调研、结论、建议；公关咨询信大多包括问题和解答；公关建议书和公关倡议书分别写建议、倡议的事项。

在结构上，概述式、分述式公关咨询文案一般分为前言、主体、结尾，有时不加结尾或者省略前言和结尾；表格式公关咨询文案有分表与汇总表等；图示式公关咨询文案以示意图为主，辅以文字说明；综合式大多在概述、分述中穿插表格、图示。

2. 选择项目

（1）封面

用于篇幅较长的公关咨询文案，由标题、署名、日期等项目组成。

（2）编写说明

有的称为前言、概要，简介咨询目标及结论。

（3）目录

篇幅较长的公关咨询文案，列出正文及附录的序号和名称。

（4）署名

包括有关组织、部门、咨询组的名称以及执笔人的姓名，以个人名义呈送或者发表的署个人姓名。

（5）成文日期

标出具体的年月日。

（6）印章

呈报的公关咨询文案经常加盖组织或者部门印章。

（7）附录

包括重要数据的来源、引用的参考文献、专题研讨会概要、其他表格、图示等。

此外，书信体的公关咨询文案还有称谓、问候语、祝颂语等项目。

（五）注意事项

1. 抓住基础。信息是公关咨询的物质基础。要广泛收集有关信息，对信息进行认真地整理和分析，保证信息的真实、完整。

2. 力求科学。从整体上看，公关咨询的基本程序包括立项、调研论证、提交书面成果、验收等环节。要根据所用文种的特点，突出目标的明确性、方法的适宜性、方案的最佳性、表达的精当性。

二、范文阅读

▲公关咨询演讲词

中国制造“走出去”是合作而非竞争
——在“中国发展高层论坛 2017”分论坛“制造业全球布局新趋势”上的演讲

宋志平

非常高兴跟大家一起讨论关于制造业的全球布局的话题。

简单说一下过去。过去 30 年，由于中国的快速崛起，全球的制造业布局发生了非常大的格局变化。因为中国的低成本和庞大的市场改变了这场布局。西方发达国家把终端技术和产品大量地迁移到中国。同时，高端的装备和技术仍然留在他们的国内。此外，大力发展服务业，有一些脱实向虚。过去几十年形成了这样的变化。

关于现在，美国总统特朗普提出回归实业，欧洲也在再工业化，希望回到世界制造业中心的位置。中国这些年的发展，也正在从过去的低端迈向中高端，中国的制造业本身也在强劲地发展。

在过去 30 年，西方发达国家希望可以把中国的市场打开。而今天，美国、欧洲等国家的领导人在主张逆全球化，是想把市场封闭，自己搞制造业。我想这是实现不了的。放在全球的发展过程中，我们能够看到这个趋势。中国的企业走向全球、走向国际市场，这也是一个必然。前不久我们在美国投资了一个工厂。很多人问我为什么到美国来投资？我跟他说这跟当年你到中国来投资的道理是一样的，因为美国有我们的客户。随着中国的经济发展和企业发展，随着制造业的大规模走出去，这是一个必然。

我们面临的未来，制造业也面临着三点。一是中国要从制造业大国迈向制造业强国。从出口额和规模来看，中国确实是制造大国。但是，从自主创新和自主品牌来看，我们还不是强国。我们正在搞的“双创”“中国制造 2025”“工匠精神”都是围绕着怎么提升自身的素质。二是我们要跟西方的公司高度合作。我们跟法国的施耐德就有战略协议，在开发非洲市场的时候联合起来。中国的中端装备加上西方的高端装备，这样组合起来会有性价比比较好的设备和技术，这对我们很重要。对中国公司来讲，我们“走出去”，不可能是“我来，你走”，我觉得应该是跟西方的跨国公司进行联合开发，我们共同发展。三是中国正在从“世界的工厂”变成“世界是中国的工厂”。过去我们做的是让产品走出去，后来是让成套装备、基本建设走出去，支援了“一带一路”的很多地方，去修路、架桥、卖高铁。随着经济的发展，中国要逐渐让制造业“走出去”，最终才能把中国的制造业分散到全球市场，既可以带来经济上的平衡，也可以带来就业上的平衡。

中国的“走出去”会进一步改变制造业的全球格局。中国人的“走出去”是合作的心态，而不是简单竞争的心态，要跟大家共同发展，要给当地经济作贡献，要和当地的企业密切合作，跟当地的人民友好地相处。就是我们习主席常讲的“亲诚惠容”，用这种方式“走出去”才能达到全球经济的平衡。我觉得平衡才好，不是说你大我小，而是大家共同支持全球化和全球的均衡。这才是全球格局下一步要重点考虑到的问题。

谢谢大家！

（本文引自中国经济网，2017 年 3 月 18 日，略有改动）

▲公关建议书

农村山寨食品泛滥 亟待加强监管

近年来，农村食品安全问题屡屡被曝光，尤其是包围校园的“五毛食品”，破损溢油的小包辣条、“傍名牌”的山寨食品、过期食品堂而皇之地涌进农村小卖部，安全隐患令人担忧。这些“五毛食品”，很多没有正规的生产厂家，不符合食品安全标准，包装上找不到食品质量安全标志、生产批号以及可食用日期。而且为了增加口味，这些食品加了大量的添加剂。长期食用这些食品，危害很大。

当前，农村成山寨食品集中地，重要原因在于农村消费者辨别能力差、消费水平低、维权意识不强，加上自身的经济条件所限，通常会选择便宜的商品。购买时没有意识检查商标、厂家等信息，甚至保质期都不看，这在客观上给假冒伪劣商品以可乘之机。同时，城区食品安全监管力度相对较大，一些山寨食品纷纷“上山下乡”，把农村当作倾销地，这已成亟待关注的问题。

整治农村山寨食品刻不容缓。山寨食品不仅涉及商标侵权，更严重的是大多数山寨食品存在使用国家禁止添加或添加量超出正常范围的物质、卫生条件不达标等问题，严重影响消费者的身体健康。

因此，要加大对农村地区和城乡接合部山寨食品的查处和打击力度，绝不能让农村市场沦为山寨食品泛滥的法外之地。

第一，应加强基层食品监管执法队伍建设，以农村批发市场、集贸市场、中小学及周边地区等为重点场所，集中整治食品经营者的违法经营行为，推动食品安全监管关口前移、重心下沉。

第二，完善农村食品生产经营全链条监管，开展定期与不定期的农村食品安全治理专项检查行动，对达不到食品安全标准的劣质零食坚决没收、销毁，形成全方位的农村食品安全治理长效机制。

第三，加强农村地区的食品安全宣传，引导农民教育孩子抵制消费山寨食品，形成不购买、不食用伪劣食品的社会环境，对生产和销售山寨食品的行为及时举报。

山东省青岛市 潘铎

（本文引自《人民日报》，2017 年 5 月 9 日）

第二节　公关征集文案

一、写作要点

（一）名称解释

公关征集文案，是组织内外征求建议、实物、稿件等的一种文案。

（二）主要特征

1. 征求性。在公关工作中，许多事项需要在组织内外征求，以得到公众的支持与帮助。这种文案就是主要载体之一，用来广泛传递征求信息。

2. 集萃性。通过这种文案，可获得大量所需的资料。这些资料集中众人智慧，荟萃宝物佳作，不仅有很强的适用性，还有一定的保存价值。

（三）种类划分

1. 按范围分，有组织内部公关征集文案、组织外部公关征集文案。

2. 按内容分，有建议征集文案、商标征集文案、标识征集文案、主题口号征集文案、歌曲征集文案、招贴画征集文案、史料征集文案、文物征集文案等。

3. 按文种分，有公关征集方案、公关征集公告、公关征集函、公关征集启事等。

4. 按写法分，有概述式公关征集文案、分述式公关征集文案、综合式公关征集文案。

（四）基本结构

1. 标题

单标题。以公文式为主，如对象、事由、文种《临沂城市形象标识征集启事》，事由、文种《关于征集助残社会组织优秀案例的函》；事由式，如对象、事由《武汉泛海国际雕塑艺术季面向全国征集作品》，事由《稿约》。

双标题。多由正题和副题组成，如《辉煌 20 年——庆祝合肥高新区建区 20 周年文章、区歌、书画、摄影征集启事》。

2. 发文字号

用于公关征集公告、公关征集函。

3. 主送机关或者称谓

公关征集函有主送机关，公关征集启事有时写称谓。

4. 正文

在内容上，有四个部分：一是征集缘由，如背景、目的、意义；二是征集事项，如主题、范围、体裁及其他载体、基本要求、起止日期（有的只写截止日期）、奖项及评选办法、投寄方式；三是补充说明，如征集者及应征者权利或者义务事宜的声明；四是联系方式，如有关部门名称及人员姓名、电话号码、电子邮箱等。以上内容根据实际需要取舍。

在结构上，前言交代缘由，用“特面向社会公开征集××××××”“具体事项如下”等过渡；主体大多用分述式叙写具体事项，其中篇幅短用分项式、篇幅稍长用分部式，有时用文艺式；结尾补充说明以及联系方式，有的还写期盼语如“请踊跃参与”。

5. 署名

写征集者的全称或者规范化简称。

6. 成文日期

标明年月日。

7. 印章

印发或者张贴的公关征集文案要加盖组织、部门印章。

8. 附录

包括有关背景资料、表格等。

（五）注意事项

1. 贴近时代。公关征集往往应时而为，要站在一定的高度分析问题，围绕当前的中心工作确定主题，透出强烈的时代气息。

2. 彰显特色。每项征集活动都有各自的目的与内容，要根据特定的需要对主题、范围、事项、载体等提出具体要求，不能宽泛或者雷同。

二、范文阅读

▲公关征集公告

宁夏回族自治区人民政府办公厅关于公开征集2017年民生实事的公告

为加快推进以改善民生为重点的社会建设，大力解决群众最关心、最直接、最现实的利益问题，使广大群众享受更多的社会发展成果，进一步提升幸福指数，自治区人民政府在2017年继续实施民生实事。为确保2017年民生实事更加符合民意、更加富有成效，现面向全区广大群众和社会各界广泛征集。

一、征集时间

从公告之日起至2016年11月20日。

二、征集内容

主要包括扶贫开发、扶弱助困、创业就业、群众安居、社会保障、教育惠民、卫生健康、文化促进、支农惠农、安全保障等方面的内容。

三、征集原则

按照"群众盼望、普遍受益、财力可行、限期办结"的原则，重点征集广大群众看得见、摸得着的实事。

四、征集要求

（一）征集的实事要符合我区实际情况，有明确的指标内容。特别是项目类民生实事要明确当年任务量，便于量化考评。需分年度办理的，要明确当年任务量和指标值。

（二）征集的实事要有代表性、全局性，受益面比较广，社会效益显著。

（三）征集的实事要具体实在，具有可操作性，便于量化考评。

五、征集形式

（一）书信投递。来信请寄"银川市×××街×××号宁夏回族自治区人民政府办公厅政务处"收，邮编××××××，请在信封右上角注明"民生实事征集"字样。

（二）网络征集。请登录宁夏回族自治区人民政府门户网站（网址：略），在《宁夏民生实事》专题中提交征集内容。

希望广大群众和社会各界有识之士踊跃参与，积极建言献策，提出我区急需解决、涉及面较广、具有一定可行性的实事，切实把自治区民生实事办实办好。

联系人：（略）

联系电话：（略）

宁夏回族自治区人民政府办公厅

2016年10月19日

（本文引自宁夏新闻网，2016年10月19日）

▲公关征集函

关于征集2018—2020年公路工程行业标准项目建议的函

各省、自治区、直辖市、新疆生产建设兵团交通运输厅（局、委），招商局、中国交通建设集团，部管有关社团、部属有关单位，各有关高校：

为服务公路行业转型升级，充分发挥标准的引领和支撑作用，按照国家标准化工作改革方案、标准体系建设发展规划和部标准化工作有关要求，我局定于今年修订公路工程标准体系，同步完善标准制定程序，并储备三年标准制修订项目。现面向行业征集2018—2020年项目建议，有关事宜如下：

一、项目范围

《公路工程标准体系》(JTG A01—2002)中确定的范围包括公路工程从规划到养护管理全过程所需要制定的技术、管理与服务标准，也包括相关的安全、环保和经济方面的评价等标准。此次标准项目征集范围仍按照以上规定，同时按照体系修订思路，初步归类为：

(一)基础类：贯彻公路行业发展理念，覆盖公路各业务的安全、环保、节能、信息化等标准以及相关的评价标准，描述各业务的重点内容和相互界面、接口等。

(二)公路建设类：包括新建和改扩建，涵盖勘测、设计、施工、检测、评价、定额等，以及支撑公路建设所需的安全、信息化等基础内容。

(三)公路管理类：分为收费管理和执法管理，收费管理包括收费模式、方式、方法等，执法管理包括事件、对象、队伍等，涵盖设施、系统、站点、联网、定额等，以及支撑公路管理所需的其他能力保障等内容。

(四)公路养护类：包括养护检查、日常养护和养护工程，涵盖检测、设计、施工、评价、定额等，以及支撑公路养护所需的科学决策、信息化等基础内容。

(五)公路运营类：包括运行监测、应急处置、出行服务，涵盖设施、系统、站点、联网、定额等，以及支撑公路运营所需的其他能力保障等内容。

二、有关要求

(一)标准制修订既关系行业改革的顶层设计，又是推进改革的具体举措，请高度重视，精心组织，广泛征求下属及相关单位意见，积极提出项目建议，有关格式见附件。

(二)标准制修订程序拟采取“自下而上”和“自上而下”相结合的方式，本轮征集到的项目建议经研究采用后，将依据有关程序优先考虑建议单位作为标准项目编制单位。

(三)请于2017年3月31日前，将有关建议汇总成册后邮寄至我局技术管理处。联系人：(略)；电话：(略)(传真)；地址：(略)；邮编：(略)。

附件：公路工程行业标准项目建议表

交通运输部公路局

2017年2月20日

(本文引自交通运输部网，2017年2月21日)

▲公关征集启事

乐山市城市形象宣传语和形象标识(Logo)征集启事

为进一步提升乐山城市形象，反映城市文化内涵，打造城市品牌，增强市民归属感和城市凝聚力，提升乐山市知名度和美誉度，现面向全国公开征集乐山市城市形象宣传语和形象标识(Logo)。

一、征集时间

从启事发布之日起，至2017年6月30日止(作品寄送时间以电子邮箱收到日期或当地邮戳日期为准)。

二、征集要求

(一)形象宣传语要求

1. 宣传语能反映乐山独特的历史文化韵味，优美灵秀的自然生态，展现当代乐山的城市形象和精神风貌。

2. 要求文字简洁、规范，朗朗上口，便于理解记忆，易于推广传播，适合在户外广告、公共场所、对外宣传等领域使用。

3. 征集作品要求在20字左右，并配以一定的文字说明。

(二)形象标识(Logo)要求

1. 标识能充分体现乐山地域特色和丰富历史文化内涵，主题突出、特色鲜明、设计新颖、通俗易懂，具有独创性和感染力，符合国家有关法规和社会主流价值观。

2. 采用彩色图形设计，具有一定的构成规则，构图创意独特，图案清晰流畅，色彩简明大方，寓意贴切，给人以深刻印象。

3. 应考虑在各种载体和环境中制作运用，能以不同的比例尺寸清晰地显示，适合于各类媒介和海内外广泛传播。

4. 不限于平面设计稿，可附加三维立体造型，应征者须同时提供可供输出的电子文件。

5. 作品需附300字左右的文字创意说明。

三、征集方式

1. 网络征集，活动官方邮箱：(略)。

2. 信件邮寄

地址：(略)，中共乐山市委宣传部新闻出版外宣科

邮编：(略)

咨询电话：(略)

3. 作者须完整保留原始草稿或原始文件，以便作品入围后调用。

4. 作者请同时提交《报名表》，注明机构名称或真实姓名、主创者身份证号码、联系电话、通信地址等信息。投稿时注明“宣传语”或者“标识”字样。

四、作品评选

中共乐山市委宣传部负责组织评审，成立评审委员会。在对征集作品进行收集、整理、评选、审定后，最终确定奖励等次。

一等奖：

形象宣传语 1 名，奖金 6000 元，并颁发证书。

形象标识（Logo）1 名，奖金 6000 元，并颁发证书。

二等奖：

形象宣传语 2 名，奖金各 3000 元，并颁发证书。

形象标识（Logo）2 名，奖金各 3000 元，并颁发证书。

三等奖：

形象宣传语 5 名，奖金各 1000 元，并颁发证书。

形象标识（Logo）5 名，奖金各 1000 元，并颁发证书。

优秀奖：

形象宣传语 10 名，奖金各 500 元，并颁发证书。

形象标识（Logo）10 名，奖金各 500 元，并颁发证书。

获奖作品将在相关媒体予以公示、公布。

五、征集声明

1. 应征作品须为原创，不得侵犯他人知识产权，若有侵权等违法行为，由作者本人承担一切责任。

2. 应征作品一经入选，主办单位拥有该作品的所有权及修改、使用权。

3. 如收到作品中出现内容相同或相似，将按收到作品的时间先后顺序，取先投稿者作品。

4. 所有应征作品一律不予退稿，请自行留存底稿。

5. 本活动最终解释权归中共乐山市委宣传部所有。

中共乐山市委宣传部

中共乐山市委对外宣传办公室

2017 年 4 月 13 日

（本文引自新华网，2017 年 4 月 13 日）

第三节　公关咨询报告

一、写作要点

（一）名称解释

公关咨询报告，是组织内外有关机构或者人员对该组织的公关工作进行认真研究所写的反映研究结果并提出相应建议和方案的一种文案。

（二）主要特征

1. 综合性。从内容和功能上看，这种文案找出公关工作中存在的问题，具有诊断性；推断其发展趋势，带有预测性；提出改进的意见和措施，显出建议性。

2. 独立性。在符合党和国家的方针政策和国家法律法规以及服从上级领导的前提下，这种文案具有相对的独立性。对委托单位的意图既认真考虑又不被其左右，从加强规范化管理和满足公众需要出发，反映真实情况，提出改进思路，供委托单位参考。

（三）种类划分

1. 按主体分，有组织内部公关咨询报告、组织外部公关咨询报告。

2. 按范围分，有宏观公关咨询报告、微观公关咨询报告。

3. 按性质分，有总体公关咨询报告、专题公关咨询报告。

4. 按内容分，有组织形象咨询报告、组织重要决策和中长期计划咨询报告、公众态度及心理咨询报告、组织所处的社会环境咨询报告、市场动态咨询报告、危机公关咨询报告等。

5. 按写法分，有分述式公关咨询报告、表格式咨询报告、综合式公关咨询报告。

（四）基本结构

1. 标题

大多是单标题。主要写法：公文式，从对象、主题、事由、期限、文种等要素中选取词语，如《中国远洋运输总公司总部管理状况诊断及改进建议咨询报告》；事由式，如《青海玉树灾后宗教活动场所重建中的问题及其应对办法》。

2. 编号

由组织外部咨询机构撰写的公关咨询报告，大多编号。

3. 编写说明

有的称为说明、前言，用于篇幅较长的公关咨询报告，说明立项背景、咨询过程、基本观点、保密要求等。

4. 目录

篇幅较长的公关咨询报告需要列目录。

5. 呈送单位

写有关组织、部门的全称或者规范化简称。

6. 正文

在内容上，多由问题、分析、建议三个部分组成。其中，问题是缘起，提出公关工作中亟待解决、带有一定倾向性的问题；分析是重点，找到产生问题的原因；建议是归宿，制定包括目标、起讫时间、措施、步骤、组织领导、注意事项、应急方法等在内的实施方案。

在结构上，前言概说组织的历史及现状，提出存在或者可能出现的问题，以引出咨询的目的，或者扼要叙述接受任务、组建机构、工作进展等咨询情况；主体具体说明和分析有关问题，提出改进的建议；结尾预测前景或者交代结论，也可以不单设结尾，有时用“以上建议供参考”等语句作结。

7. 署名

即提出公关咨询报告的组织、部门名称或者个人姓名，位置有封面、标题正下方、正文右下方。

8. 成文日期

标明完成的年月日。

9. 印章

加盖有关组织或者部门的印章。

10. 附录

包括正文中未出现或者虽提及但不完整的有关背景资料，如统计图表。

（五）注意事项

1. 抓住症结分析。发现问题是公关咨询报告的前提。写作时不能就事论事，应该据事析理。要从全局出发，找出公关工作中的主要矛盾和关键问题，探究历史因素与现实因素、客观因素与主观因素，透过表象挖掘本质，从而揭示公关工作规律。

2. 提出建议可取。解决问题是公关咨询报告的目的。所谓可取，是指建议能被采纳。通常要提出多种备选方案，进行可行性论证，分析其利弊，供委托单位抉择。

二、范文阅读

▲组织外部公关咨询报告

关于××瓶装食品异物事件处理的咨询建议报告

据悉，发生在××省×市的××瓶装食品异物事件，旷日持久，至今处理未果。我们认真研读了有关材料，了解具体情况，一致认为这一本来很容易解决的质量投诉事件，由于××食品有限公司个别销售、质检人员及分销商的操作失误，加上《××晚报》和《××经济报》两名记者的参与，现已呈相当复杂和微妙的态势。从××食品有限公司方面对事件的处理思路来看，原本是立足于息事宁人，尽可能大事化小、小事化了，以避免媒体曝光。这一思路本无不当，但问题在于：这一事件中的对方主要当事人不是一般的消费者，而是两名蓄意以“媒体曝光”来要挟而图谋敲诈的新闻记者。面对这样的对手，一味地息事宁人，或希望通过联络个人感情来化解事件，恐难以奏效，反倒陷自己于被动应付之中。10 月下旬有关人员对这一事件的处理之所以未能达到预期目的，这似乎也是症结之一。

因此，就××瓶装食品异物事件的处理来说，当务之急是必须调整宏观思路，努力化被动为主动，不仅不被对方牵着鼻子走，而且应争取打乱对方的步骤，令对方自乱方寸。为此，我们提出建议如下。

一、不再寄希望于通过“私了”解决问题，做好按法定程序了结这一事件的思想准备。因此，有必要约请公司法律顾问尽快介入，认真审核事件全过程，找出对方违反质量投诉法定程序和无法自圆其说之处（例如，李××在这一事件中的身份究竟属“消费者”还是“中间商”？李××身为饭店经理，怎么会自己去取瓶装食品而发现异物？这一事件究竟给哪一方造成损失，造成什么样的损失？作为一般商品质量事件，李××为什么至今不按规定程序向当地消费者协会和工商管理部门投诉，并请有关部门对瓶装食品质量进行正式鉴定？在未经权威部门鉴定的情况下，李××等人认定瓶装食品中的异物是苍蝇而且是生产过程中混入的，其法律依据何在？两名记者对这一事件的介入究竟属职务行为还是属个人行为？等等），评估自己公司人员前期操作失误之处的法律责任（例如，公司销售部经理既未检测产品又未经任何人同意而以个人名义所写的道歉信，在法律上是否有效），并设法进行弥补。同时，对下一步拟采取的工作步骤，也请法律顾问从法律法规的角度提出意见和建议，力求既符合法定程序，又有理、有利、有节，从而淡化有可能存在的质量事件本身，强化对方的违规操作之处，令对方陷于被动。

二、尽快搞清事件真相，明确责任所在。李××自称在瓶装食品中发现苍蝇，时隔三个多月却未请权威部门进行鉴定，这固然有悖常理，而××食品有限公司方面至今仍不清楚瓶装食品中的异物是否真是苍蝇，以及这一苍蝇究竟是怎么进入瓶中的，更无疑是在黑暗中打斗，连对方招数也摸不透，难以采取有效对策。因此，闹了多时的××瓶装食品异物事件，实际情况究竟如何，当是首先应该搞清楚的。而要搞清事件真相，唯一有效的手段是严格的技术检测。这一检测，既不能由李××等人和自送某一部门进行，也不能由××食品有限公司质检部门进行（因法律规定，当事人一方对自己产品所做的鉴定不能作为有效证明。如果一旦诉诸法律，××食品有限公司方面将更加被动），而应该按照法定程序，提请政府技监部门或卫生部门进行。这一进行检测的部门，最好选择省一级机构，既增加检测的权威性、公正性，又避开了×市这一是非之地。检测要求，当由××食品有限公司方面主动提议，如对方仍不应允，于情于理都说不过去，反而暴露了对方继续不按法定程序办事而一味胡闹的真实面目，使对方一再声称的“维护消费者权益”的冠冕堂皇理由全部落空，从而失去道义上的支撑。

三、坦然应对事变，表明公司高度的社会责任感和对消费者极端负责的姿态。从××瓶装食品异物事件整个过程看，李××及两名记者要挟的主要手段是所谓“媒体曝光”，而××食品有限公司方面原先的处理思路则是息事宁人，避免曝光。从中外各种危机处理的经验教训看，企业如发生产品质量问题，避免媒体曝光当然是对的，但如果这一就事论事的心态被某些居心叵测的对手所掌握，并作为要挟的砝码，就完全失去了危机处理的主动权。事实上，从辩证的角度说，企业越怕曝光，对方就越用曝光来威胁你；反之，如果企业坦然处之，摆出不怕曝光的姿态，并辅以其他手段，未必真会导致媒体曝光的局面。目前，因产品尚未经权威部门检测，究竟是否质量问题尚难定论。而一旦送交检测，结果无非两种：一是瓶内异物不是苍蝇，或虽是苍蝇却不是装瓶过程中进入，整个事件和××食品有限公司无关，也就无所谓曝光不曝光；二是瓶内异物确是苍蝇，而且是装瓶过程中把关不严所致，××食品有限公司则负有一定责任。对后一种可能产生的结果，××食品有限公司方面应有思想准备，并事先表明态度，即：××食品有限公司作为知名企业，始终具有高度的社会责任感，一贯以消费者的利益为最高利益，敢于正视自己的失误，勇于改正自己的过错，并欢迎社会公众（包括新闻媒体）监督。这一姿态，不仅可体现××食品有限公司应有的气度和风范，而且给对方来一个釜底抽薪，使对方失去了可资要挟的砝码。这样就可以改变目前的被动局面，把处理这一事件的主动权牢牢掌握在自己手中。

四、继续联络各有关方面，做好应变准备。从目前事态发展情况看，两名记者所要挟的媒体曝光，真要付诸实施，恐怕也不那么容易。一是据悉有关方面已向《××晚报》和《××经济报》打了招呼，两名记者所写的文章不会轻易刊发；二是从一般新闻报道的角度看，瓶装食品中发现所谓“苍蝇”是在7月，放在11月份载文披露，早就失去了新闻的时效性。但从××食品有限公司方面来说，目前似乎还不应盲目乐观，而应认真分析事态演变的各种可能，并且从有可能出现的最坏局面着眼，做好各种应变准备。其中包括以下几点。

1. 继续通过有关方面，与两家报社负责人保持联系，并由他们对两名记者做工作。

2. 做好《××日报》及《××晚报》等省一级报刊的联络和沟通工作，防止在这些报刊上出现任何有关××瓶装食品异物事件的负面报道。

3. 做好拟议中所选择的检测部门的联络和协调工作，让他们了解事件演变经过，希望他们客观、公正，并对可能出现的质量问题予以理解和谅解。

4. 如果事实真相查明后确是产品质量问题，而两名记者又不顾一切地在其他新闻媒体上捅出了这一情况，××食品有限公司应视对方报道所造成的不同程度影响做出快速反应，需要说明的马上说明，需要澄清的立即澄清，包括发表致歉公告，以迅速恢复广大消费者对××食品有限公司及其品牌的信任。

5. 组织一些正面宣传文章，以起到先声夺人的舆论效应。

另外，为迅速平息××瓶装食品异物事件，对这一事件中起恶劣作用的两名记者，应抓紧采取两方面的主动性措施，一是攻心，二是施压，令对方不敢也无法兴风作浪，继续挑起事端。

同时，即使大的原则得以确定，在整个事件处理过程中，仍应根据事态的不同演变情况及时调整策略，尽可能把事件的处理和有可能造成的影响控制在最小范围。需要负责处理这一事件的有关人员具有高度的应变能力。

最后，提出如下改进建议：从××瓶装食品异物事件的发生看，××食品有限公司在危机事件的防范和处理上还缺乏严格的制度，有关销售人员也缺乏这方面知识。作为一个生产日用消费品的企业，经营中发生某些投诉事件无法完全避免，关键是如何妥善而及时地进行处理，严防事态失控和扩大以致给企业和品牌形象造成损害。为此，建议××食品有限公司从××瓶装食品异物事件中吸取经验和教训，尽快制订公司的危机管理计划，并对有关人员进行培训，以保证公司的可持续发展。

以上建议供参考。

××××公关咨询有限公司

××××年×月×日

（本文引自叶茂康《公共关系写作教程》，复旦大学出版社，2003 年，略有改动）

第四节　公关咨询信

一、写作要点

（一）名称解释

公关咨询信，是针对某一公关信息提问和解答时使用的一种文案。

（二）主要特征

1. 询问性。这种文案用于对公关工作中不太熟悉、不太了解或者不理解的事情以及问题，向专门机构、媒体、个人请求解答。

2. 互动性。这种文案以问答的方式解释公关信息，先问后答，解惑释疑，是及时传递与反馈公关信息的有效方式之一。

（三）种类划分

1. 按主体分，有组织公关咨询信、部门公关咨询信、集体公关咨询信、个人公关咨询信。

2. 按呈送对象分，有致专门机构（如主管部门）的公关咨询信、致媒体的公关咨询信、致个人（如负责人、学术专家）的公关咨询信。

3. 按内容分，有政策咨询信、事项咨询信等。

4. 按往来途径分，有公关咨询来信、公关咨询复信。

5. 按写法分，有概述式公关咨询信、分述式公关咨询信、表格式公关咨询信、综合式公关咨询信。

6. 按成文形式分，有自撰公关咨询信、整理公关咨询信。

7. 按构成分，有单篇公关咨询信、集锦公关咨询信。

8. 按发布次数分，有单次公关咨询信、系列公关咨询信。

（四）基本结构

1. 概述式、分述式公关咨询信结构

(1)标题

大多拟单标题。主要写法：公文式，如《咨询江苏省“十三五”期间的铁路建设规划》；主题式，如《请协调解决黄泥山小学易地建校问题》；事由式，如《关于事业单位招聘考试年龄问题》；提问式，如《谁来解决我们的劳保问题？》。

如有必要，可以拟双标题。

(2)称谓

致专门机构，写有关全称或者规范化简称；致媒体，大多写“编辑同志”；致个人，直接写姓名，常加敬语。

(3)问候语

致媒体或者个人，有时设此项。

(4)正文

在内容上，公关咨询的涉及面较广，根据实际情况处理。比如，某一法律法规规章以及上级机关某个文件的解释与实施，某个事项的真实情况，某项工作的办理程序，某次活动的参与。

在结构上，单次公关咨询信的结构比较完整，来信说明情况的原因、表现、结果以及需要回答的问题；复信交代来信收到或者授权办理，用“现就××××××答复如下”等过渡，然后依据有关规定具体回答。系列公关咨询信根据编辑的需要，或者不调整原文的结构，或者只选取原文的若干片段。自撰公关咨询信使用第一人称并且按现象或者问题的内在联系来处理先后、主次、详略；整理公关咨询信采取第一人称与第三人称结合的方式并且把原文意思与编辑意图巧妙融合。

(5)祝颂语或者结语

祝颂语有“此致　敬礼”等；结语有“请函复为盼”“特此函复”“此复”等。

(6)署名

包括作者、整理者两种，写有关组织、部门名称或者个人姓名。

(7)成文日期

根据实际需要而定。

(8)附录

包括来信者的联系方式、复信的补充资料等,附在文后。

2. 表格式公关咨询信结构

(1)来信选登

来信标题。参照概述式、分述式公关咨询信的标题处理。

来信时间。标明具体的年月日。

来信者。写有关组织、部门名称或者个人姓名。

来信内容。一般包括情况、问题两个部分,先写有关事项及缘由,然后用“请问”等词语提出问题。

(2)回复情况

回复时间。写年月日。

回复者。写有关单位、部门名称或者个人的姓名及身份。

回复内容。参照概述式、分述式公关咨询信的正文处理。

(五)注意事项

1. 写作客观切当。要从实际出发,每封信只选一个选择影响大、代表性强的问题,力求事实可靠而不失真、表达平允而不偏激。

2. 办理积极慎重。对来信进行认真的筛选、分类、校核、加工,及时有效地承办或者转办,而且回答具体、清楚,让公众满意。

二、范文阅读

▲政策咨询来信与复信

来信选登	
来信标题	咨询我省鼓励和支持大学生创业的政策措施
来信时间	2017.3.15
来信内容	来信人是明年即将毕业的大学生,想通过创业实现自己的理想,希望主管部门介绍我省鼓励和支持大学生创业的相关政策措施。
回复情况	
回复时间	2017.4.7
回复单位	江苏省人力资源和社会保障厅

回复内容	您好！ 您写给省长信箱咨询“大学生创业政策措施”的来信收悉，现回复如下。 为鼓励和支持青年大学生创业，近年来我省先后出台了一系列文件，将高校毕业生创业政策逐步拓展到在校大学生，初步形成覆盖校园内外、贯穿创业全过程的政策“组合拳”。 一是创业前重在“帮”。毕业前2年大学生和毕业5年内高校毕业生，可以到人力资源社会保障部门认定创业培训机构参加创业培训，培训合格并取得相应证书的，按规定给予创业培训补贴。在校大学生和毕业5年内高校毕业生，可以参加省和地方每年举办的大学生优秀创业项目遴选，被评为江苏省优秀大学生创业项目的，给予10万元的一次性奖励补助；也可以到公共就业和人才服务机构，免费接受政策咨询、信息服务、项目开发、风险评估、开业指导、融资服务、跟踪扶持等公共创业服务。 二是创业初重在“扶”。创业的在校大学生和高校毕业生，可在创业地申请最长3年、最高不低于30万元的创业担保贷款，合伙经营或创办企业还可适当提高贷款额度。其中高校毕业生（含大学生村官和留学归国学生）由财政据实全额贴息；在校大学生可给予50%贴息。开办“网店”，可同等享受高校毕业生创业担保贷款和贴息政策。 三是创业中重在“补”。首次成功创业的在校大学生和毕业5年内的高校毕业生可以享受一次性创业补贴、创业带动就业补贴、创业基地运营经费补贴、场地租金补贴等政策。如果在南京创业，可以入驻人力资源社会保障部门认定的创业孵化基地或大学生创业园，3年内免费提供30平方米场地；在外租用场地的，每月给予800元租金补贴；利用自有房产的，每月给予300元综合补贴。 四是创业后重在“减”。2017年12月31日前，对月销售额3万元以内的增值税小规模纳税人，免收增值税；对年应纳税所得额低于30万元（含30万元）的小型微利企业，其所得减按50%计入应纳税所得额，按20%的税率缴纳企业所得税；对按月纳税的月销售额或营业额不超过3万元（含3万元），以及按季纳税的季度销售额或营业额不超过9万元（含9万元）的缴纳义务人，免征教育费附加、地方教育附加、水利建设基金、文化事业建设费。高校毕业生直接从事种植业、养殖业、林业、牧业、水产业生产的，其销售自产的初级农产品免征增值税；从事农、林、牧、渔业项目的所得税免征或减半征收企业所得税。 感谢您对我省人力资源社会保障工作的关心和支持！

（本文引自江苏政府网，2017年4月18日）

▲事项咨询来信与复信

留言主题	可不可以开发中国气象局的手机及电脑天气预报 APP
留言内容	尊敬的中国气象局工作人员：我是一名务农人员，我还是比较信咱中国气象局。可不可以开发一款中国气象局的手机及电脑天气预报及降雨预报 APP？以预报未来天气，指导农业创收。谢谢！
回复	您好！ 为了方便基层用户使用，中国气象局已经开发出手机软件“中国天气通”。该软件具备气象预警信息推送功能，可以提供国内 2566 个县级以上城市的气象预警、天气实况、7 天天气预报、生活气象指数等权威、可靠的天气信息，目前在各大 APP 电子商城都有这款软件，建议用户下载使用。如果不方便下载还可以用手机直接访问中国天气网手机版获取信息，网址：m. weather. com. cn，同样方便用户直接了解天气。另外，可以关注微信公众服务号：“中国天气”（smartweather）、“国家预警发布”（warning_12379）等，及时获取预报预警信息。

（本文引自中国气象网，2017 年 6 月 16 日）

第五节　公关建议书

一、写作要点

（一）名称解释

建，提出；议，意见、言论。建议，即向有关方面提出的主张。

公关建议书，是组织、集体或者个人，为了开展公关工作或者举办公关活动提出主张的一种文案。

（二）主要特征

1. 建设性。这种文案就公关工作或者公关活动提出建设性意见，希望被有关领导、部门采纳，以促进公关事业的发展。

2. 缘起性。这种文案的来源有两个方面：一是应征而为，响应有关组织、部门或者媒体的征求，二是主动提出，在发现和分析问题的基础上献出良策。

（三）种类划分

1. 按主体分，有组织公关建议书、集体公关建议书、个人公关建议书。

2. 按内容分，有公关理念建议书、公关管理建议书、公关活动建议书等。

3. 按往来途径分，有公关建议来信、公关建议复信。

4. 按构成分，有单篇公关建议书、集锦公关建议书。

5. 按发布次数分，有单次公关建议书、系列公关建议书。

（四）基本结构

1. 标题

大多是单标题。主要写法：公文式，如《关于解决中小企业融资难问题的建议》；主题式，如《保护文化地标 延续城市文脉》；事由式，如《一次失败的租房经历》；提问式，如《普通列车何时禁烟？》。

2. 称谓

公关建议书有特定的对象，标出组织、部门名称或者个人姓名。

3. 正文

在内容上，包括三个部分：一是缘由，即提出建议的根据、目的、意义；二是事项，即公关理念的名称、含义、理论基础和客观条件、推广方式，公关管理亟待解决的问题、原因、对策，专题公关活动的项目、内容、流程、方法；三是希望，期盼建议得到采纳。

在结构上，前言交代缘由，常用“建议如下”“特提出如下建议”等提起下文；主体陈述建议的事项，或者以情况、分析、对策为序，或者按项目分为几个部分；结尾补充有关事项或者提出对方采纳建议的希望。

4. 祝颂语

一般写“此致 敬礼”，有时自选词语或者不设此项。

5. 署名

写提出建议的组织、集体名称或者个人姓名。

6. 成文日期

标明具体的年月日。

（五）注意事项

1. 实在。要针对实际问题，所提建议在现实条件下行得通，不可漫无边际，也不能说过头话。

2. 具体。要把重点放在建议上，务求项目、依据、措施等要素清清楚楚，切忌抽象、笼统。

二、范文阅读

▲集锦公关建议书

“光盘行动”如何推进③·倡导绿色生活 反对铺张浪费

“最低消费”成浪费推手

今年春节，我们全家老小5口人前往沪上一家著名的海鲜酒楼用餐。在进入预订的包间点餐时，服务员提醒包间的最低消费是2000元，而且不包含茶水、饮料和酒。对此，一家人虽感到有点郁闷，但为了不影响节日的喜庆气氛，只得硬着头皮点满了2000元的菜品。当然，这2000元的美味佳肴我们家4个大人外加一个幼儿是吃不完的，末了只得将便于携带的鲍鱼、白切羊肉之类的冷盘和甜点打包带回，而那些带有汤汁的菜肴因不便打包只得忍痛弃之。

无独有偶，上个月，我们10多个退休的老同事聚餐，也相约在这家酒楼。因为有前车之鉴，我便提醒同事，这家酒楼的包间设有最低消费。同事笑答：“不碍事，我们有14个人，平摊也只有100块多一点。”谁知，当我们用餐到一半时，服务员进来提醒：“此包间最低消费是2800元，你们还得加几个菜才行。”我辩道：“上次来这里，你们不是说最低消费是2000块，怎么今天变成了2800块了呢？”服务员笑嘻嘻地解释道：“最低消费2000元是指10人以下的，而今天你们是14个人，我们得按每人最低消费200元来计算，所以是2800块。”看来这服务员是训练有素，巧舌之下，一番文字游戏玩得我等犹如秀才遇到了兵，只得乖乖继续点菜。可是我等都是上了年纪的人，胃口自然大不如前，再说老同事聚餐大都是叙旧的时间多，动筷的次数少。到大家离席时，桌上还剩了不少的菜和点心。打包吧，因为是AA制，谁都碍于情面，只得眼巴巴地看着这些美味佳肴被服务员倒入泔水桶里。

看来，要落实“光盘行动”，就必须去除店家设置“最低消费”的霸王规定。

上海长宁区 周钰栋

自助餐常现传染性浪费

去新马泰旅游，导游专门安排到曼谷的海鲜自助餐厅尝鲜。那里的海鲜品种应有尽有。由于多个旅游团同时用餐，餐厅内显得有些嘈杂。一些以家庭为单位的游客为图方便，把几个大盘都堆得满满当当。其他人见状也纷纷效仿，桌子上餐盘摆满了各种海鲜。等到餐饮结束，浪费现象令人汗颜。

笔者在美国旅游时也遇到这样的情景。那天，我们旅游团进入一家大型华人自助餐厅，里面已经有好几个旅游团先行到达。这里的菜肴选择范围之大，尽可享用各式诸如牛排、海鲜和饮料，且没有任何限制，同时还有服务员热情周到的服务。为免去每次叫服务员拿菜的麻烦，有的人索性自己直接去取。可是人的肚量毕竟是有限的，就是再好吃的食物也难以全部吃完，浪费在所难免。有些人原本心存内疚，可看到别人的盘中都剩了菜，自己也心安理得了。

这种“传染性”的浪费是因为别人都这么做、我为何就不能这么做的心理在作祟。于是，“舌尖上的浪费”现象一而再再而三地发生，餐厅服务员见了，也只能摇头苦笑，却无力制止。

我国公民出国旅游已成常态化趋势。公民出国旅游前，旅行社有义务、有责任对所有游客进行文明礼仪提醒。同时尽可能地把用餐“光盘”要求写进告知单内，让每一个游客知晓和签名遵守。在国外享用自助餐时，领队和导游也要及时提醒游客文明用餐，以避免浪费现象的发生。

上海浦东新区　邵天骏

打包剩菜就没面子?

端午节期间有很多应酬，有的是朋友要聚一下，有的是单位里的同事乔迁请客，反正是吃了好几顿。那天去赴一个饭局，主人好客，点了一大桌子的菜，现在请客不弄个七碟八碗的好像就不叫请客了。吃饭的时候大家一个劲地劝酒，没人顾得上吃菜，结果菜剩了很多，好几个菜连动都没动一下。于是有人提议把剩菜打包，可是等服务员把菜包好后，却没人要这些打包的菜了。这个说家里还有，那个说自己从不在家吃饭……反正谁也不要这些打包的菜。刚才说打包的，看来也就是说说而已。我想，都不要是吧，那就都归我吧，拿回去热一下完全可以吃嘛。

我拎着打包的菜走到门口时，听到后面有人说：“真是没面子，到这种地方吃饭还要打包。”噢，我算是弄明白了，到饭店里吃饭讲究的是“潇洒”，菜剩下一大桌扭头就走那才叫“气派”。原来他们都是要面子的人，拎着剩菜走出去觉得很掉价。这面子真的就这么重要吗？再说了，弄一大桌菜剩在那里就有面子了？我拎着打包的菜走出去也没觉得有什么丢人的，现在都提倡“光盘行动”，请客吃饭最好量力而行，能吃多少就点多少，如果吃不完，一定要打包带走，勤俭节约才是美德。

浙江杭州市　苏建平

“吃光有奖”受追捧

前不久去云南旅游，我们特地去了一家 15 年前去过的酒店。吸引我们的，是这家酒店的“吃光有奖”做法，我们也想知道，15 年过去了，这家酒店经营状况如何？

这家酒店位于昆明去大理的路上，说是酒店其实也就是一个小饭店，15 年前在此就餐的场景至今记忆犹新：点菜时服务员反复提醒，人不多菜够吃了。吃完饭，服务员又提醒，把剩菜带上，打包也算吃完，可奖励。记不清领了什么奖品，但记得当时领奖的人都很开心，大家都说这招很好，让人们在潜移默化中受到了节约的教育。当时旅途中这个小店的生意经，成了同行人议论的话题。有人疑惑，一般商家都在想尽各种招数让客人多花钱多消费，这家小店不仅劝客人少点菜，还拿出礼品引导人们吃光带走，如此经营能长久吗？有人认为这个店竞争不过奸商，迟早被淘汰。也有的认为，这种经营方式，能够得到许多人共鸣，一定能长久。

再次去石林旅游，又记起了那个酒店。导游告诉我们，现在修了高速，得专门下高速才能到。强烈的好奇心促使我们下了高速，专程前往这家酒店。在酒店门口，我看到还是停满了车，顾客盈门。“吃光有奖”的做法没变，唯一改变的是酒店规模变大了。听服务员介绍，老板生意越做越大，还开了几十家分店。得知这样的结果，我们很是感慨，“吃光有奖”，一个简单的主意，传递着节约理念，受到了人们的追捧。

内蒙古鄂尔多斯市 苗福成

（本文引自《人民日报》，2017 年 6 月 20 日）

第六节　公关倡议书

一、写作要点

（一）名称解释

公关倡议书，是首先公开提出公关工作建议或者意见的一种文案。

公关倡议书与公关建议书都用来提出意见，也有明显区别。公关倡议书面向公众，带有一定的号召性；公关建议书的对象是领导和有关部门，显出计策性。

（二）主要特征

1. 首倡性。“倡”同“唱”，本义是领唱、领奏。许慎《说文解字》：“倡，首也”。公关倡议书即由此义衍生，发起和倡导某一公关理念或者开展某项公关活动。

2. 鼓动性。成语“一唱三叹”最初是说一人歌唱、三人相和，后用来形容音乐、诗文优美。公关倡议书通过多种形式，在组织内部、外部甚至全社会广为宣传，以引起公众的积极响应，齐心协力完成任务。

（三）种类划分

1. 按主体分，有组织公关倡议书、部门公关倡议书、集体公关倡议书、个人公关倡议书。

2. 按内容分，有关爱倡议书、守法倡议书、重德倡议书、勤学倡议书、优质倡议书、环保倡议书、节约倡议书、文化倡议书等。

3. 按写法分，有概述式公关倡议书、分述式公关倡议书、综合式公关倡议书。

（四）基本结构

1. 标题

单标题。一般用公文式，主要写法：作者、事由、文种，如《西安市文明办关于“共享单车 共享文明”的倡议》；作者、对象、文种，如《洛阳市工商联第十二届执行委员会致全市非公有制经济人士的倡议书》;对象、事由、文种,如《中国文艺工作者践行社会主义核心价值观倡议书》;作者、文种,如《国家级新区绿色发展联盟倡议》;事由、文种,如《关于"互赠一本书"的倡议》;事由、地点、文种,如《"一带一路"旅游合作成都倡议》;地点、文种,如《天津倡议》。很少只写文种"倡议""倡议书"。

双标题。大多是正题和副题,如《创无手机课堂 加强学风建设——致大学生的一封信》。

2. 称谓

写泛称或者类称,如"青年朋友们"。也可以不设此项。

3. 正文

在内容上,有三个部分:一是倡议的背景、根据、目的、意义;二是倡导的理念及发起的活动,相关具体项目和要求;三是期待积极响应,共同努力实现愿景。

在结构上,前言交代倡议的缘由,后面用"我们倡议""倡议如下""特向××××××发出倡议如下"等提起下文;主体叙写倡议的具体内容;结尾再次写称谓,表示决心或者提出希望,常用"让我们××××××""为××××××"作结。

4. 署名

多数写发起倡议的组织、部门、集体名称,有时写个人姓名。

5. 成文日期

写明年月日。

(五)注意事项

1. 可信。要体现时代精神、具有普遍的意义,理由充足,语气恳切,让人信服。

2. 可行。事项先进性与可行性结合,经过努力能够做到,这样能有力实施并且收到显效。

二、范文阅读

▲网络建设倡议书

乌镇倡议

(2015 年 12 月 18 日)

互联网作为人类文明进步的重要成果,已成为驱动创新、促进经济社会发展、惠及全人类的重要力量。互联网将世界变成了"地球村",使国际社会日益形成相互依赖的命运共同体。同时,互联网的迅速发展也给国家主权、安全和可持续发展带来了新的挑战。积极稳妥地应对这些挑战,是国际社会共同的责任。从信息社会世界峰会 2003 年日内瓦原则宣言、2005 年突尼斯议程,到蒙得维的亚声明以及联合国信息安全政府专家组报告,国际社会对互联网发展和治理的共识不断扩大、合作不断加深。我们对联合国大会关于信息社会世界峰会 10 年审议的高级别会议成果表示祝贺，期待国际社会在联合国宪章以及公认的国际准则和原则基础之上进一步深化互联网领域的合作。

2015年12月16—18日，来自全球120多个国家(地区)和20多个国际组织的2000多位代表，共聚第二届“世界互联网大会——乌镇峰会”，中国国家主席习近平以及来自政府、企业、学界、民间团体、技术社群和国际组织的领导人与高级别代表出席此次大会。在大会“互联互通·共享共治——构建网络空间命运共同体”主题下，与会代表围绕互联网建设、发展和治理等问题展开讨论。经高级别专家咨询委员会讨论，大会组委会提出如下倡议。

一、加快网络发展普及。加速互联网基础设施建设，鼓励互联网技术和应用创新交流，推进云计算、大数据、物联网等领域的研发，弥合数字鸿沟，促进互联互通，确保互联网技术能在各国尤其是发展中国家和欠发达地区得到更广泛应用。

二、促进网络文化交流。鼓励以数字化形式保护、传承、弘扬人类优秀文化成果，加强网络空间文化交流，促进人类文化的多样性和繁荣发展，将网络空间建设成为人类共同的精神家园。

三、共享网络发展成果。大力发展数字经济，促进互联网与各产业深度融合，保障网络空间数据流动的自由和有序，早日形成联通全球的网络市场，创造更多就业机会，促进联合国《2030年可持续发展议程》目标实现，为全球经济持续健康发展提供有力支撑，让更多国家和人民搭乘信息时代的快车。

四、维护网络和平安全。尊重网络空间国家主权，保护网络空间及关键信息基础设施免受威胁、干扰、攻击和破坏，保护个人隐私和知识产权，共同打击网络犯罪和恐怖活动。

五、推动网络国际治理。国际社会应真诚合作、相向而行、同舟共济、互信互利，共同推动网络空间国际规则制定，尊重人类基本网络权利，维护网络空间秩序，共同构建和平、安全、开放、合作的网络空间，建立多边、民主、透明的全球互联网治理体系，支持政府、企业、民间组织、技术社群、学术界、国际组织和其他利益相关方根据各自的角色和职责发挥更大作用，打造网络空间命运共同体。

人类因互联网而更紧密，世界因互联网而更精彩。国际社会和各利益相关方应秉承合作共赢的理念，共同推动互联网的发展、治理和繁荣，使网络空间成为人类生存发展的新天地，让互联网发展成就更好地造福全人类。

世界的未来属于青少年，网络的发展塑造青少年。我们应高度重视广大青少年的网络需求，加强对未成年人的网络保护，使互联网真正成为文明之网、绿色之网、健康之网，共同创造世界的美好未来！

（本文引自《人民日报》，2015年12月19日）

▲保护文物倡议书

社会力量参与文物保护倡议书

我们有幸，还能领略万里长城的蜿蜒巍峨、横亘东西，还能驻足莫高窟飞天的衣裙飘曳、华美艳丽，还能仰视南禅古寺的歇山斗拱、瓦顶铜铃。我们有殇，岁月无情，万里长城已不见昔日辉煌，而且正一段段地湮灭，风蚀雨侵正在撕裂壁画的古韵风华，功利短视已经让很多古建筑在推土机下轰然倒塌，还有大量的文保单位大门紧闭，处在“映阶碧草自春色”的窘境。我们有责，绝不能让五千年绵延不断的文明根脉在我们手中断裂，绝不能让中华民族的金色名片在我们手中失去荣光！我们有责任让更多的文物完整真实地传之于后世！文物保护，人人有责！

我们是51个以保护中华民族文化遗产为宗旨、自愿发起成立的社会组织和志愿者团队。首次聚会北京，共同探讨社会组织广泛参与文物保护的有效途径。在此，我们向全国的文物保护社会组织和志愿者团队发出以下倡议。

一、积极参与文物保护的宣传与普及。深入了解当地文化遗产保存状况，拓宽传播渠道，宣传普及文物保护法，提高民众的文物保护意识；联络吸引文人乡贤、退休干部教师参与研究和挖掘社区文物的历史文化内涵，通过撰写文物保护单位解说词等方式，讲好文物故事，阐释家乡历史。

二、积极参与文物保护的监督与管理。培训、组织志愿者参与社区文物保护单位的日常巡察，通过手机拍照和微信、邮件等方式及时向文物管理部门报告文物保护状况，推动形成全社会齐抓共管的监督管理体系，缓解基层文保力量薄弱的压力；及时向文物部门、政府、媒体反映损坏、损毁、偷盗文物的违法违规行为，坚持原则、坚守底线，切实履行社会组织协助政府保护文物的职责。

三、积极参与文物的保护与修复。围绕社区文物保护的急需，结合社区群众的普遍关切，依据文物保护法，在文物部门指导下，重点选择低级别文物进行保护与修复；开展劝募工作，善于包装项目，开展区域内的募捐，号召文物保护爱好者和有识之士慷慨解囊，为地方文物保护工作提供资金支持；吸引、组织各方面专业人才参与文物修复的设计工作，集众智、聚众力，提升文物保护与修复的社会化水平。

四、积极参与文物的活化与利用。促进文物保护单位多种形式、更大比例的对外开放，促进私人产权文保单位的预约开放，促进志愿讲解员队伍在社区文保系统开放中发挥应有作用；收集群众意见，为文物保护单位和博物馆的展陈策划提出建议，设置适合公众参与的互动体验项目，提升观展体验；参与不可移动文物利用方案的遴选，在保护文物的前提下使文物的价值得以彰显。

五、积极参与文物保护的制度设计。引导公众参与相关法律法规制定、保护规划的编制以及重大事项的决策，利用公示听证和论证等环节表达公众意见，确保公众在文物保护中的知情权、参与权和监督权；在保护单位评定、保护工程管理、馆藏文物保护修复、民间收藏文物处置等有关规定、规范制定修改过程中，收集和反映社会各界的意见，提出有针对性、可操作的建议，辅助政府及其主管部门的决策。

更好履行保护文物的职责，需要文物保护社会组织自我规范、自我提升。我们要依法设立，成为权责明确、运转协调、监督有效的社会组织；我们要坚持公益，始终以文物保护为宗旨，提升社会组织的信誉度；我们要不断完善，既要有一腔热情，也要有专业素质；我们要增强实力，激发活力，吸引更多的社会资源参与文物保护事业；我们要广泛联系有志于文物保护的个人和组织，以更开放的姿态扩大社会组织和志愿者的队伍。

虽然文物保护的道路充满曲折和艰难，虽然这个舞台无人喝彩，但我们心存敬畏、执意坚守、不忘初心、砥砺奋进。让我们携起手来，赓续历史传统、弘扬民族文化，为实现中华民族伟大复兴的中国梦贡献力量！

51个社会组织和志愿者团队

2016年11月3日

（本文引自《光明日报》，2016年11月11日，标题有改动）

第五章　公关协商文案

第一节　公关协商文案概述

一、写作要点

(一)名称解释

协,共同;商,商量。协商,即共同商量以便取得一致意见。

公关协商文案,是记载公关协商经过和成果的文案总称。

(二)主要特征

1. 协商性。这是公关协商文案的本质特征。就公关工作中某些事项通过会议、会谈、邮件等多种方式进行充分协商,形成结论,公关协商文案就是协商成果的书面反映。

2. 条款性。这是公关协商文案在内容和形式方面的标志。对有关原则、事项、重点、方式、责任、权益等条款做出明确规定,便于履行和检查。

(三)种类划分

1. 按范围分,有国际公关协商文案、国家公关协商文案、地方公关协商文案、行业公关协商文案、组织公关协商文案。

2. 按性质分,有总体公关协商文案、专题公关协商文案。

3. 按文种分,有公关联合宣言、公关联合声明、公关纪要、公关备忘录、公关意向书、公关协议书、公关合同、公关公约等。

4. 按写法分,有概述式公关协商文案、分述式公关协商文案、表格式公关协商文案、综合式公关协商文案。

5. 按构成分,有单篇公关协商文案、集锦公关协商文案。

6. 按时间分,有定期公关协商文案、非定期公关协商文案。

7. 按发布次数分,有单次公关协商文案、系列公关协商文案。

8. 按传播渠道与信息载体分,有纸质公关协商文案、公关协商数据电文等。

（四）基本结构

1. 必备项目

（1）标题

大多是公文式单标题。从国家、地方、行业、组织名称以及主题、事由、期限、地点、文种等要素中选取有关词语，如《“互联网+”长三角城市合作与发展共同宣言》《京津冀节能监察一体化战略合作协议》。

如有必要，可以拟双标题。

（2）正文

在内容上，根据不同的事项和文种来安排。主要有三个方面：一是协商的主题，这是写作的核心，不能偏离；二是协商的过程，大多简述；三是协商的结果，这是重点部分，需要具体叙说。

在结构上，前言介绍概况，交代目的、根据和意义，有时省略此项；主体载明具体条款；结尾说明未尽事宜处理办法、附录、有效期限、份数及保管等。

2. 选择项目

（1）发文机关标志

用于公关纪要。

（2）发文字号或者编号

有的公关会议纪要标注发文字号，公关协议书、公关合同有时编号。

（3）签订人

公关备忘录、公关意向书、公关协议书、公关合同等设此项，标出各方的全称和简称。

（4）署名或者签署

公关联合宣言、公关公约的署名放在标题正下方或者正文右下方；公关会谈纪要、公关备忘录、公关意向书、公关协议书、公关合同在正文正下方或者正文右下方由各方代表签署。

（5）成文日期

大多写在正文右下方，有时置于标题正下方。

（6）印章

有时加盖组织的印章。

（7）签订地点

有时在标题正下方或者正文下方的署名、成文日期后写签订地点。

（五）注意事项

1. 达共识。议定事项基于各有关方面的共同认识，这是签订公关协商文案的前提条件。因此，不要把存在分歧以及尚未谈及的条款入文。

2. 求确当。在内容上，真实而无虚假，妥帖而不失当；在表达上，符合客观实际，切合文种特点，合乎语法逻辑。

二、范文阅读

▲公关备忘录

国家旅游局 新疆维吾尔自治区人民政府关于新疆旅游业发展合作备忘录

国家旅游局和新疆维吾尔自治区人民政府为……推动新疆旅游业加快发展，实现由旅游资源大区向旅游经济强区跨越，经双方协商，决定共同建立国家旅游局、新疆维吾尔自治区旅游工作紧密合作机制，并签署本备忘录。

一、合作机构

国家旅游局和新疆维吾尔自治区人民政府共同成立“局区旅游工作会商委员会”（以下简称委员会）。

委员会主任由国家旅游局副局长和新疆维吾尔自治区分管工作的副主席担任。委员会下设办公室，国家旅游局由规划财务司司长负责，新疆维吾尔自治区由自治区人民政府分管副秘书长、自治区旅游局局长负责。

双方原则上每年年初举行一次合作会商，研究、协商、部署合作事项。会商地点在北京市与乌鲁木齐两地轮换。年度合作会商工作由委员会双方主任委托副主任或办公室负责人完成，涉及重要合作内容，双方主任可亲自参与会商。

二、国家旅游局从以下方面支持新疆旅游业发展

（一）支持新疆加快从旅游资源大区向旅游资源强区迈进步伐。支持新疆把旅游业作为支柱产业……率先发展、转型发展，支持新疆成为民族地区发展旅游的样板，把新疆建设成为我国重要的旅游目的地。中国旅游研究院有计划、有重点地对新疆旅游业进行专题调研，提出政策咨询和研究报告。

（二）支持新疆做好“十二五”旅游发展规划。支持新疆编制重点旅游景区及重点区域旅游专项规划。支持新疆打造一批国家级旅游景区，支持新疆开展国家级旅游度假区、生态旅游示范区以及乡村示范村建设试点，支持新疆重点城市创建中国优秀城市旅游目的地和红色旅游发展，推出以“丝绸之路”为重点的旅游线路。

（三）推动完善新疆重点旅游区相关的基础设施建设。“十二五”期间，国家旅游局每年支持新疆维吾尔自治区旅游局2000万元专项资金，重点用于加强旅游基础服务设施建设，进一步提高新疆旅游的通达性和可进入性。重点支持南疆三地州旅游发展和建设，全国旅游扶贫项目、资金优先向南疆三地州倾斜。

（四）支持新疆旅游做好旅游宣传促销工作。组织有关专家组赴新疆调研，帮助制定中长期旅游市场推广行动方案。支持新疆办好新疆国际旅游节，支持新疆旅游宣传品印刷项目，在2011年完成新疆旅游宣传片的拍摄工作。在中亚地区组织开展新疆旅游资源与产品巡回促销活动，积极推动争取在上海合作组织框架内发展新疆同中亚各国的旅游合作关系。支持新疆在港台澳市场开展以新疆或“丝绸之路”为重点的旅游宣传推广活动，组织港澳台旅行商、媒体赴新疆考察和采风，在港澳台有关旅展中设新疆或“丝绸之路”展区，并给予适当展台优惠；中国旅游报社通过重点关注、开设专版、广告版面支持等方式，强化对各对口支援省市援疆工作、新疆旅游业发展和重点景区的宣传报道。中国旅游车船协会利用网站和杂志等，加强对新疆旅游业发展相关信息和参与支持新疆旅游业发展会员单位的深度宣传报道。中国旅行社协会帮助组织部分理事单位和全国百强旅行社赴新疆考察合作活动。

（五）支持新疆利用区位优势扩大旅游对外开放与合作。支持新疆尽快成为开展边境旅游的省区。支持新疆依托口岸优势大力规范和发展边境贸易和旅游购物，活跃和推进边贸旅游发展。支持新疆成为落实中国与中亚国家在上海合作组织、中亚区域经济合作机制等区域或双边合作机制达成有关旅游协议的重要平台和实施基地。支持新疆与周边国家建立独特、适用的旅游交流和合作机制体制，扩大新疆旅游在中亚区域合作中的影响力。

（六）帮助和支持新疆完善旅游接待服务体系。推动规划建设一批星级饭店，提高旅游接待能力和接待标准，支持发展集团化的旅游企业。加强旅游公共信息服务体系建设，引导和支持新疆各级旅游部门建设先进、多功能的旅游信息数据库（数据平台）。加强旅游集散中心建设，支持在乌鲁木齐市和中短途区域旅游较发达城市建设若干功能完善的旅游集散中心。加强旅游安全及救助体系建设，支持建设适应新疆地理特点的专业旅游应急救援队伍，支持开展旅游安全与应急管理知识培训。支持新疆旅游标准化建设，推动实施旅游标准化战略，完善旅游标准体系，选择和指导重点旅游城市和旅游企业进行全国旅游标准化示范点。

（七）支持新疆加强旅游人才队伍建设。抓好干部援疆工作，选派优秀干部赴新疆或国家旅游局挂职锻炼。支持新疆旅游教育发展，推动内地发达地区与新疆旅游院校之间加强合作交流，加快新疆旅游教育骨干师资队伍建设和产学研一体化进程，支持新疆依托有实力的旅游院校建设旅游人才培训基地；实施“新疆助学工程”，国家旅游局按照每学期每人1000元的补贴额度，依托新疆符合条件的旅游高校每年资助培养50名旅游高校学生。开展新疆旅游人才培训，每年开办面向机关干部、企业管理人员和导游师资等各类培训班，进一步提高新疆旅游人才队伍的能力素质。

（八）支持新疆推进旅游业体制改革和机制创新。在新疆重点地区设立全国旅游综合改革试验区，进一步推动市场准入和发展边境旅游等。

三、新疆维吾尔自治区人民政府从以下方面采取措施，大力推动旅游业发展壮大

（一）把建设旅游产业大区和旅游强区作为目标，把旅游业作为自治区国民经济支柱产业，在西部地区率先建成旅游强区。

（二）自治区加大财政资金支持力度，在“十二五”期间增加自治区旅游业发展专项资金投入，2011 年为 1 亿元，逐年递增，至 2015 年达到 2 亿元，主要用于旅游景点景区基础设施建设和旅游促销。

（三）自治区加大税收政策支持力度，自 2011 年起，对自治区境内部分旅游企业，5 年免征企业所得税地方分享部分、房产税和自用土地城镇土地使用税。

（四）定期召开新疆维吾尔自治区旅游发展会议，高位推动旅游业发展。

（五）出台关于推进旅游业跨越式发展的意见，大力支持新疆旅游业实现跨越式发展。

（六）充分发挥自治区旅游产业发展领导小组的作用，协调成员单位解决旅游业发展中的重大问题，形成发展旅游产业的合力。同时，在旅游行政管理体制机制上进行积极地探索与尝试。

（七）在交通建设、项目审批、金融支持、土地使用等方面为旅游业发展提供便利条件。随着自治区经济发展同步增加对旅游发展的投入，力争旅游业发展水平在今年内达到西部省区前列。

（八）在国家旅游局的指导下积极开展有关旅游改革试点工作，积极配合国家旅游局做好各项旅游发展工作。

（本文引自天山网，2011 年 5 月 26 日）

第二节　公关联合宣言

一、写作要点

（一）名称解释

宣言，是对重大问题公开表示意见以进行宣传号召的一种文案，包括政治宣言、宗教宣言、外交宣言等。按发布者数量分，有单一组织宣言、联合宣言两种，本节所述的是后者。

公关联合宣言，又称公关共同宣言，是两个或者两个以上组织通过媒体对某些涉及公关的重大问题发表见解的一种文案。

（二）主要特征

1. 宣告性。这种文案大多通过两个或者两个以上组织的会议、会谈、其他活动等形式公布，正式阐述基本纲领，表明主要观点，层次较高，内容重要。

2. 激励性。这种文案将思想的宣示与情感的宣泄交织，有很强的说服力和感染力，能激发组织实现主张的信心和斗志、得到公众的赞同和支持。

（三）种类划分

1. 按主体分，有党派公关联合宣言、机关公关联合宣言、团体公关联合宣言、企事业单位公关联合宣言。

2. 按内容分，有纲领性公关联合宣言、问题性公关联合宣言、合作性公关联合宣言等。

3. 按发布次数分，有单次公关联合宣言、系列公关联合宣言。

（四）基本结构

1. 标题

一般是公文式单标题。主要写法：作者或者适用范围加事由、期限、文种，如《泛珠三角区域深化合作共同宣言（2015—2025 年）》；作者或者适用范围加事由、文种，如《广东省互联网行业开展整治互联网低俗之风自律工作联合宣言》；适用范围、地点、文种，如《北京网络媒体百色宣言》；期限、地点、事由、文种，如《2010 海南旅游宣言》；地点、文种，如《南京宣言》；事由、文种，如《牵手计划客户服务体验提升联合宣言》。

有时拟双标题。如《保护西江 绿色发展——肇庆宣言》。

2. 正文

在内容上，由于涉及领域较广，每个公关联合宣言的内容各异。例如，纲领性公关宣言着重介绍指导思想、基本原则、主要事项；问题性公关宣言侧重于表明基本立场和主要观点；合作性公关宣言说明相关原则、事项、义务等。

在结构上，前言交代有关会议、会谈的概况以及其他依据、基本原则，用“达成以下共识”“为此，我们特作如下宣言”“谨发表如下宣言”等领起下文；主体写具体事项，或者并列说明，或者逐层递进，或者以先主后次为序，可以若干段落自然连接，也可以用序数、小标题等语言标志依次排列；结尾展望前景、发出号召、做出承诺、补充相关事项，也可以不设结尾。

3. 署名

写在标题正下方或者正文右下方。如标题中已有发布者，可以省略此项。

4. 成文日期

写在标题正下方或者正文右下方。

5. 地点

写在标题正下方或者正文右下方。如写在标题正下方，与成文日期齐排并外加圆括号。可以省略此项。

（五）注意事项

1. 态度明朗。公关联合宣言重在申明组织的立场和观点，赞成什么，批评什么，提倡什么，反对什么，都要旗帜鲜明，不能含糊其辞。

2. 语言庄重。公关联合宣言以两个或者两个以上组织会议、会谈、其他活动的名义发表，遣用语言要体现特定的权威性，做到端庄、郑重，不可随意甚至诙谐。

二、范文阅读

▲合作性公关联合宣言

博鳌亚洲论坛关于促进经济全球化的宣言

博鳌亚洲论坛

（2017 年 3 月 24 日在博鳌亚洲论坛 2017 年年会期间经论坛理事会和会员大会通过）

促进亚洲区域内、亚洲与世界其他地区之间的经济交流、协调与合作是博鳌亚洲论坛的宗旨。当前全球经济面临压力，逆全球化和贸易保护主义言行抬头，可能给全球贸易与投资全带来干扰，令人担忧。在此情况下，亚洲各国应坚持推进市场开放、包容性增长和经济合作，以确保本地区经济的共同繁荣和可持续增长。

经济全球化是科技进步的必然结果。在过去几十年中，它有力推动了全球经济增长，也持续推动了全球范围的减贫进程不断取得进展。但经济全球化也带来了一些不容忽视的新问题。

上述结构性矛盾的根源，不在于经济全球化本身，而是由于现行全球治理体制同世界经济格局深刻变化不相适应所造成的。因此，采取逆全球化措施，不可能解决这些结构性矛盾，甚至会为全球经济增长带来新的挑战。世界必须主动顺应经济全球化，改革全球治理体系。

为此，出席 2017 年年会的博鳌亚洲论坛会员，向世界各国政府和全球企业界发出如下倡议。

第一，各国政府应视经济全球化为积极力量，在经济主权、权利与义务公平对等的原则基础上，通过加强对话与合作改革和完善国际经济秩序和全球治理体系。各国政府必须共同采取相应的政策，确保经济全球化惠及更大的范围。我们需要平衡增长与分配，解决破坏这种平衡的结构性问题。

第二，跨境贸易与投资自由化是全球可持续发展的动力。各国政府应共同反对贸易保护主义，共同坚持和进一步推动贸易投资自由化便利化进程，并不断改革和完善多边贸易投资机制和治理，确保全球共同繁荣。

第三，WTO、APEC 等国际和地区机构应携手解决自贸安排碎片化问题，探讨建立更加开放、包容和公平合理的双、多边贸易制度安排。

第四，国际货币基金组织、世界银行等多边国际金融机构应在加强自身改革的同时加强和完善金融监管，充分发挥跨国资本流动对经济增长的驱动作用，有效防止和减轻游资套利和投机对实体经济造成负面冲击。

第五，技术创新以及知识与信息的跨境流动有助于缩小南北差距、贫富差距。各国应开展灵活多样的跨境PPP合作模式积极推动技术创新，促进知识与信息跨境流动的便利化，使之惠及所有国家地区、所有阶层、所有群体。

第六，为推动经济全球化的平衡发展，各国际机构以及G20、APEC等多边机制，有关各国政府、各相关私人部门，应该支持和建立开放的多边合作机制，共同促进基础设施互联互通、机制制度互联互通（institutional connectivity）、人文交流互联互通。

博鳌亚洲论坛及全体会员愿意在上述诸方面加强沟通、协调与合作，为推动经济全球化朝向更加开放、包容、普惠、均衡的方向发展，发挥自身的独特作用。

（本文引自博鳌亚洲论坛网，2017年3月28日）

▲问题性公关联合宣言

共同的期待 共同的行动
恪守品质诚信 保障质量安全
——电子商务企业质量诚信共同宣言

产品质量是电子商务健康发展的生命线，诚信经营是电子商务企业必须坚守的道德底线。为依法履行产品质量安全主体责任，推进电子商务行业质量诚信建设，共同营造规范有序、诚信和谐的电子商务市场环境，我们郑重承诺并倡导所有电子商务企业共同遵守以下内容。

一、遵纪守法，严格履行法律义务

遵守《中华人民共和国产品质量法》《中华人民共和国消费者权益保护法》等法律法规，牢固树立质量安全法制意识，自觉履行法定义务。坚持合法经营，坚决抵制制售假冒伪劣、欺诈消费者等违法行为，切实维护消费者的合法权益。

二、诚信经营，切实保障消费者权益

全面推进诚信体系建设，规范管理，加强自律，拒绝虚假宣传，诚实发布产品质量信息，履行服务承诺，保证货真价实，为消费者提供安全、放心的产品和服务。

三、严格管理，全力维护产品质量安全

推行全员、全过程、全方位的质量管理，建立健全先进质量管理体系，优选合格可靠的供货渠道，完善采购管理制度，加强收货质量控制，规范验证、索证和检验制度，建立内部质量抽查制度，进一步提高质量保证能力，维护产品质量安全。

四、接受监督，认真落实质量主体责任

强化质量主体责任意识，自觉接受政府、社会和消费者的监督，不断提高社会公信力。全力配合监管部门依法开展产品质量监督检查工作，积极报告质量安全问题或质量安全隐患，及时解决损害消费者利益的产品质量问题。完善产品质量追溯体系，协助对不合格产品及其生产经营企业进行处理，督促采取改正措施。做好售后服务，妥善处理消费者投诉和建议，对产品存在质量问题的，及时采取解决措施。

五、树立品牌，提升质量核心竞争力

牢固树立“质量第一、诚实守信”的观念，深刻认识质量即是生命、质量决定发展效益和价值，把质量作为企业安身立命之本、兴旺发达之源，实施以质量诚信为核心内容的品牌发展战略，坚定不移地走质量强企之路，抓管理、创品牌，负责任、守诚信。

我们将坚决落实上述承诺，恪守品质诚信，保障质量安全。我们愿意与社会各界共同努力，不断提高电子商务产品质量水平，在电子商务领域践行“中国制造向中国创造转变，中国速度向中国质量转变，中国产品向中国品牌转变”，推动电子商务发展迈向质量时代！

（本文引自中国质量新闻网，2014年10月30日，略有改动）

第三节　公关联合声明

一、写作要点

（一）名称解释

声明，是公开表示态度或者说明真相的一种文案，包括政治声明、外交声明等。按发布者数量分，有单一组织声明、联合声明两种，本节所述的是后者。

公关联合声明，是两个或者两个以上组织公开对公关问题表态或者说明公关事实的一种文案。

（二）主要特征

1. 公正性。这种文案的基本功能在于主持正义和维护公平，促进组织之间开展平等友好合作，实现互利共赢。

2. 严肃性。这种文案依法据实而发，态度郑重、认真，保证有关信息公开透明，以获得公众的理解和信任。

（三）种类划分

1. 按主体分，有党派公关联合声明、机关公关联合声明、团体公关联合声明、企事业单位公关联合声明。

2. 按内容分，有表态联合声明、维权联合声明、免责联合声明等。

3. 按发布次数分，有单次公关联合声明、系列公关联合声明。

（四）基本结构

1. 标题

一般是公文式单标题，主要写法：作者或者适用范围加事由、文种，如《山东上市公司关于共同维护资本市场稳定的联合声明》；作者或者适用范围加文种，如《中国银行业声誉风险管理联席会声明》；事由、文种，如《关于共同营造文明乘机大环境的联合声明》。有时在文种前加“严正”“紧急”字样，如《家电通及家电经销商联盟关于名号被盗用的严正声明》。

有时拟双标题，如《坚定信心迎挑战 众志成城破难关——贵州上市公司联合声明》。

2. 正文

在内容上，各种公关联合声明都有侧重点。例如，表态联合声明就某件事或者某个问题表明态度；维权联合声明对有关侵权行为予以谴责并提出维权的依据和原则；免责联合声明依照相关法律法规说明免责条件及内容。

在结构上，前言交代缘由，过渡语有“现就××××××声明如下”“特声明如下”等；主体写具体事项；结尾提出希望或者要求，补充有关事项，可以不设结尾；有时用“特此声明”作结。

3. 署名

一般写在正文右下方，也可以写在标题正下方。大多写组织名称，有时由组织负责人签署。已在标题中写发布者名称的，可以不再署名。

4. 成文日期

一般写在正文右下方。如写在标题正下方，大多外加圆括号。

5. 地点

写在正文右下方或者标题正下方，可以不单设此项。

6. 附录

把有关佐证性资料附在公关联合声明后面。

（五）注意事项

1. 确实。是否可信是评价公关联合声明的关键。要做到资料充分可靠、观点正确鲜明、表达准确无误。

2. 适当。适当与否直接关系到公关联合声明的传播效果。面对公众要真诚，陈述事实要客观，阐明意图要冷静，运用语言要确切。

二、范文阅读

▲表态联合声明

关于反对“炒房”的联合声明

近日，市国土房管局连续出台了维护重庆市房地产市场持续稳定发展的相关措施和加强监管的办法，作为服务重庆住房金融的主要机构，工商银行重庆分行、农业银行重庆分行、中国银行重庆分行、建设银行重庆分行、交通银行重庆分行、中信银行重庆分行、兴业银行重庆分行、招商银行重庆分行、邮储银行重庆分行、重庆银行、重庆农商行、三峡银行等十二家金融机构和市住房公积金管理中心，表示坚决拥护，并联合发表声明：反对“炒房”！

一个健康平稳的房地产市场是房地产金融发展的本质要求，希望重庆房地产市场继续保持健康稳定的发展态势，不希望房地产市场大起大落，坚决反对一切形式的炒房行为，并坚决贯彻执行重庆市房地产调控政策，采取措施，打击炒房行为。

一、坚决贯彻执行重庆市房地产一系列调控的政策，对“三无”人员来渝“炒房”信贷不予办理。

二、对涉嫌哄抬房价、捂盘惜售和发布虚假信息的违规企业，暂停办理住房按揭商业贷款和公积金贷款。

三、继续做好老百姓的住房金融服务，支持合理居住购房需求，维护重庆市房地产市场平稳健康的秩序。

2017 年 1 月 12 日

（本文引自重庆市住房公积金管理中心网，2017 年 1 月 12 日，略有改动）

▲维权联合声明

中国减水剂聚醚企业联合声明

在中国减水剂上下游企业的共同努力下，近年来聚羧酸盐减水剂在中国建筑市场获得了长足的进步和发展。作为国内减水剂聚醚企业，首先感谢国内聚羧酸减水剂生产、使用企业，是你们的努力，推动了中国聚羧酸减水剂的应用，解决了应用过程中的难题，助推了中国商品混凝土绿色、环保、高性能的进程。

目前，由于原材料的大幅下跌，市场竞争的激烈，减水剂聚醚企业陷入了空前的困境，整个行业处于亏损状态。由于建筑市场的不景气，下游减水剂企业也面临应收账款大、货款难以回收等种种问题，造成整个产业链的资金紧张。

作为上下游企业，我们应该共克难关。作为上游原材料供应企业，我们始终也奉行客户是上帝的原则；对于信誉良好的老客户，大多数也根据自身情况，给予了一定的账期，以解决下游企业面临的资金短缺难题。

但是目前，部分企业无视自身企业信誉的建立与维护，恶意拖欠，一方面欠款不还，一方面利用行业不景气，继续寻找供应企业进行赊欠，给更多企业造成了资金周转困难，甚至巨额呆账、死账产生。企业信誉是企业在其生产经营活动中所获得的社会上公认的信用和名声。企业信誉是企业无形的资本，是企业立足市场求得发展、获得竞争优势的法宝，塑造企业良好的信誉是每一个企业应注重和着重解决的问题。

鉴于上述情况，为维护企业合法利益，促进行业健康发展，部分中国减水剂聚醚企业在此联合发表如下声明。

一、恶意拖欠货款企业，于2015年春节前结清货款。

二、逾期不结清企业，我们将通过法律手段解决，并将于春节后在行业内公布“老赖”企业黑名单。

三、有账期客户请严格遵守合同约定，杜绝未履约串货行为，本次声明企业将进行互相监督。

四、对于列为黑名单企业，声明企业将联合停止为其供货，并对其市场行为进行抵制。

发表本联合声明，表明我们对此种恶意拖欠行为予以坚决抵制的立场。我们同时呼吁更多的企业加入，一起来抵制这种严重扰乱市场规则、冲破商业道德底线的行为，对恶意拖欠及欺骗的行为进行彻底调查，净化行业氛围，还中国减水剂行业一个健康、有序的市场环境！

联合声明企业名单（排名不分先后）：（略）

（本文引自混凝土机械网，2015年2月3日，略有改动）

第四节　公关纪要

一、写作要点

（一）名称解释

纪，记载；要，重要；纪要，即记录要点的文字。

公关纪要，是记载公关方面的会议、会谈主要情况和议定事项的一种文案。

常见的公关纪要有公关会议纪要、公关会谈纪要两种。它们有很多相同点，也有明显区别。前者用于研究公关工作的会议，后者用于公关实务的磋商与洽谈；前者有一定的指导性，后者有较强的依据性；前者是法定公文之一，后者属于事务性文案。

（二）主要特征

1. 纪实性。这种文案是公关会议、会谈成果的记录和整理，带有明显的纪实性。

2. 撮要性。这种文案根据公关会议、会谈的主题，在记录、录音、录像、讲话稿基础上加工而成，是精华的浓缩。

(三)种类划分

1. 按性质分，有总体公关纪要、专题公关纪要。

2. 按文种分，有公关会议(如有关代表大会、联席会、汇报会、办公会、研讨会、座谈会、鉴定会)纪要、公关会谈(如相关政务、商务、文化、科技等)纪要。

3. 按写法分，有概述式公关纪要、分述式公关纪要、记录式公关纪要、表格式公关纪要、综合式公关纪要。

4. 按时间分，有定期公关纪要、非定期公关纪要。

(四)基本结构

1. 公关会议纪要

(1)公关会议纪要特定格式

根据《党政机关公文格式》(GB/T 9704－2012)的规定，公关会议纪要的格式有以下三项。

一是公关会议纪要标志。由“×××××纪要”组成，居中排布，上边缘至版心上边缘为35毫米，推荐使用红色小标宋体字。

二是出席人员名单。一般用3号黑体字，在正文或者附件说明下空一行左空二字编排“出席”二字，后标全角冒号，冒号后用3号仿宋体字标注出席人单位、姓名，回行时与冒号后的首字对齐。有时把此项写入正文。对外发文可以省略此项。

三是请假和列席人员名单。除依次另起一行并将“出席”二字改为“请假”或者“列席”外，编排方法同出席人员名单。有时把此项写入正文。对外发文可以省略此项。

公关会议纪要的格式可以根据实际制定。

(2)公关会议纪要格式其他项目

发文字号。一般单独编排，规范的写法是“××纪〔××××〕××号”。目前也有的写成“〔××××〕第××号”“××××年第××号”。在公关会议纪要标志正下方标注。

标题。如前面已有公关会议纪要标志，一般不再拟题。媒体上发表的公关会议纪要，应该拟题。大多是单标题。其中，一般由会议名称、文种组成，如《农业标准化工作联席会纪要》;也可以在会议名称、文种前面加组织名称，如《百盛商厦2017年第3次总经理办公会纪要》。有时拟双标题，正题说明主题、事由、意义，副题写“×××××纪要”，如《创新公关理论 融入和谐社会——浙江省公共关系与和谐社会研讨会纪要》。

正文。在内容上，主要有三个方面：一是会议概况，如会议的名称、目的、背景、时间、地点、主持人、议题、效果、决议，有时把出席人、列席人写在正文；二是会议研究的问题、讨论的意见、做出的决议、布置的任务和措施；三是其他事项。在结构上，有三个部分：一是前言，写会议概况，用"现纪要如下""现将××××××纪要（或者'综述'）如下""会议纪要如下""会议议定以下事宜"等提起下文。二是主体。写法有：概述式，用简洁的文字叙说概况、议题、主要讨论意见、决议，具有简明扼要的优点；分述式，把会议的内容按逻辑关系条陈、分项、分部，或者横向按议题、与会者的观点逐一叙写，或者纵向按对过去的评价、对当前形势的分析、今后工作的意见以及问题、分析、对策递进评述，或者纵横结合，显出内在的条理性；记录式，前面写发言人的姓名、所在单位、职务或者职称，后面记录发言要点。以上写法经常交叉使用。三是结尾，写法多样。对前文作小结，补充未提及事项，提出希望，预测前景，向对会议的举办作出突出贡献的组织、部门和个人表示谢忱。可以不单设此项。

附件说明。如果附加相关文字材料、统计表、统计图等，要说明顺序号和名称。

发文机关署名。如有必要，在正文或者附件说明右下方署发文机关全称或者规范化简称。目前有的公关会议纪要参照公关简报的方法把发文机关名称放在发文字号的左下方。

成文日期。如有必要，在发文机关署名下方写明年月日。目前有的公关会议纪要参照公关简报的方法把成文日期放在发文字号的右下方。

此外，附注、主送机关、抄送机关、印发机关、印发日期等项目酌定，公关会议纪要不加盖印章。

2. 公关会谈纪要

（1）标题

使用公文式单标题。写法是：国家、地方、组织名称加事由、文种，如《河南省人民政府与中国石油化工集团公司战略合作会谈纪要》；事由、文种，如《关于加快湖北民航发展的会谈纪要》。

（2）正文

公关会谈纪要的内容和结构与公关会议纪要大体相似。这里强调按写法采取的两种方式。一是概述式、分述式公关会谈纪要。前言交代会谈各方（如有必要写明全称及简称）、地点、事由、目的等，有时用"××××××纪要如下""就××××××达成如下共识"等提起下文；主体说明会谈的具体事项及结论，大多用序数加小标题、序数等语言标志划若干层；结尾说明未尽事宜的解决方法等。二是表格式公关会谈纪要。包括会谈的事由（有的称为主题）、时间、地点、参加单位、参加人、具体事项、结论等，项目多少酌定。

（3）签署

包括参加会谈各方的组织全称和代表签字。表格式公关会谈纪要有时不设此项。

(4)成文日期

在签署下方标出具体的年月日。表格式公关会谈纪要有时不设此项。

(5)地点

写在成文日期后面。表格式公关会谈纪要可以无此项。

(五)注意事项

1. 立足于实。以有关会议、会谈的记录、录像、录音、讲话稿等为依据,如实地反映会议、会谈的情况和精神,不能随意增减、更改内容。如有必要在理论上归纳或者在其他方面调整,必须经主要领导同意,并征求其他有关人员的意见。

2. 善于简括。会议、会谈涉及的内容较多,写纪要不可能面面俱到。要围绕主题,对有关问题加以分析综合,归纳出主要问题、意见和决议,做到条理化。在语言上也要力求简练,经常用"认为""同意""决定""指出""强调""要求""号召"等提法加以概括,显得言简意赅。

二、范文阅读

▲公关会议纪要

江苏国地税合作联席会议纪要

第 1 号

江苏国地税合作工作领导小组办公室　　2015 年 11 月 25 日

2015 年 11 月 11 日下午,江苏省国税局×××局长、江苏省地税局×××局长共同主持召开江苏国地税合作联席会议第 1 次会议,分析当前国地税合作工作形势,并就江苏省国地税合作实施意见、2016 年国地税重点合作事项及其他有关工作进行了研究。现纪要如下。

一、关于当前国地税合作工作形势

会议指出,多年来,江苏各级税务部门积极探索,以国地税双方实际业务需求和纳税人正当服务需求为基础,在纳税服务、税源管理、税务稽查、风险管理、信息共享、税收分析等领域积极开展探索和创新,为全省经济社会发展提供了有力的决策参考、规范的服务支撑、持续的财力保障,国地税合作工作呈现多样性、开创性;当前经济转型、社会转轨以及深层次改革步伐不断加快,深化国地税合作是简政放权、服务经济发展的现实需要,是创新管理、促进征纳和谐的时代需求,是贯彻落实中央要求、深化税收征管体制改革的必然选择,要充分认识国地税深度合作的必要性、紧迫性;要围绕总局国地税合作工作规范,把握好深化合作的目标定位、重大项目的合作节奏、合作方式的探索创新,立足实际、统筹施策,在"深"和"实"上下功夫求突破,注重深度合作的规范性、协调性；发扬“马上就办、办就办好”的优良作风，通力协作，群策群力，突出主攻方向，狠抓关键环节，始终保持定力和韧劲，在深化国地税合作上蹄疾步稳，持续发力，切实增强国地税深度合作的主动性、实效性。

会议认为，基于现行税收征收管理体制、征管信息系统等多要素制约，全省国地税合作还不深入、不规范、不系统，有些重大合作还处于起步阶段，亟待联手共同推动江苏税收治理能力迈上新台阶。如何更好地实现纳税效率最高、风险最小、服务最优，如何进一步联合开展税源信息动态比对、科技创新税收优惠政策效应分析、税收风险识别和应对、所得税后续流程规范管理、纳税人失信惩戒管理等，要通过国地税深度合作，打破部门藩篱，推动双方在多层级实现服务一体、征管互动、执法协同、信息共享，使纳税人办税更便捷、税务机关管理更规范、税收执法更公平，努力实现纳税人和税务机关“两个减负”。

会议要求，要充分发挥全省国地税合作工作领导小组统筹规划、协调督导的作用，建立有力的领导机制，推动国地税深度合作有力、有序、有效开展；建立规范的联席会议制度，通过分级分类的联席会议，使之成为国地税双方加强沟通交流、深化合作的重要载体和制度保障；建立科学的合作运转机制，明确职责分工，加强工作衔接，做到有需求就有响应、有响应就有行动、有行动就有效果；建立严格的工作落实机制，通过领导机制、会议机制、运转机制形成的任何决议、任何事项、任何要求，都必须有落实，要通过督查督办、绩效考评等机制，认真跟进、狠抓落实。

二、关于深化江苏省国地税合作的实施意见

省地税局办公室××主任汇报了《关于深化江苏省国地税合作的实施意见（讨论稿）》（以下简称《实施意见》）的起草情况和主要内容。会议原则同意该意见。会议认为：1. 中央深改组通过的《深化国税、地税征管体制改革方案》明确指出，深化国税、地税征管体制改革，要坚持依法治税、便民办税、科学效能、协同共治、有序推进的原则，发挥国税、地税各自优势，推动服务深度融合、执法适度整合、信息高度聚合。总局领导在传达深改组会议精神时，要求各地要充分认识到深化国税、地税征管体制改革，是在坚持国税、地税机构分设的基础上，对现行体制加以改革完善，特别是加强国税、地税合作，为纳税人提供更多便利。从我省实际看，国地税合作的系统性、规范性、协同性还不够，有必要从省局层面系统地研究和部署深化国地税合作的各项工作。2.《实施意见》坚持问题牵引、问题导向，围绕总局国地税合作规范的要求，对我省国地税合作的指导思想、基本原则、工作目标、合作内容、保障措施等方面进行了明确，是贯彻中央深改组、总局领导对国地税合作要求的指导性文件，是落实总局国地税合作规范的具体体现。3. 国地税合作是一项规范化、制度化、常态化的系统工程，《实施意见》进一步修改完善后，由省国税局、地税局共同呈请省政府办公厅转发，以取得各级政府、社会各界对国地税合作工作的关心和支持，营造良好社会氛围，更好地服务纳税人。具体推进工作，由省国地税合作工作领导小组办公室负责落实。

三、关于2016年江苏国地税重点合作事项

省国税局纳税服务处××处长汇报了《2016年江苏国地税重点合作事项表（讨论稿）》的编制情况和主要内容。会议指出：1. 经省国税局、地税局对口部门确认的2016年重点合作的60个具体事项，具有“点题、破题”的重要意义。其中，纳税服务合作类33个具体合作项目，征收管理合作类15个具体合作项目，税务稽查合作类7个具体合作项目，信息共享合作类2个具体合作项目，其他事项合作类3个合作项目。总局正在完善《国地税合作规范（1.0版）》并将升级为2.0版，待正式文件下发后，对重点合作事项再作相应调整。2. 要在严格遵循法律法规和总局相关规定的前提下，运用创新的思维、协调的理念、开放的姿态、共享的意识深化重点事项合作，着重在如何做、怎样做上下功夫，要大胆探索、敢于突破，要做成精品、做大影响。3. 各重点合作事项明确了各业务牵头责任部门和完成时限，要通过督查督办、绩效考评等机制，确保合作事项真正落到实处、取得实效。

四、关于其他有关工作事项

省地税局办公室××主任汇报了下一步国地税合作的几项具体工作。1. 会议通过了提请省政府召开国地税合作新闻发布会的建议，以加大国地税合作工作宣传力度，扩大社会影响，争取各方面支持，形成工作合力。具体筹备工作由省国地税合作工作领导小组办公室负责，时间初定在12月上旬（全国国地税合作工作推进会后）。2. 会议决定建立国地税合作专报制度，使上级部门及时了解江苏国地税合作的重大事项，以及各地具有引领性、示范性、突破性的亮点工作和创新工作。原则上按季报送，可根据具体情况适时呈报。3. 会议明确下次国地税合作联席会议由江苏省国税局负责承办。

出席：（略）

记录：（略）

（本文引自江苏省国家税务局网，2015年12月24日，略有改动）

▲公关会谈纪要

天津市人民政府与中国石油化工集团公司关于推进双方战略合作的会谈纪要

为深化天津市人民政府（以下简称“天津市政府”）与中国石油化工集团公司（以下简称“中国石化”）的战略合作，贯彻落实双方战略合作协议，全方位、深层次推进互利双赢发展，经双方友好会谈，达成一致意见。纪要如下。

一、双方同意不断深化战略合作，认真履行已签署的战略合作协议，拓展新的合作领域、谋划新的合作内容，使双方合作持续提升。中国石化承诺加快既定项目建设，力争“十二五”期间在津投资约400亿元。支持天津市参股中国石化在津建设项目，创新合作模式，扩大地方收益。支持并参与天津南港工业区世界级石化基地建设。天津市政府承诺将全力支持中国石化在津发展，帮助解决中国石化在津企业发展中遇到的相关问题和困难，并在政策上给予优惠扶持。

二、双方进一步加快推进天津石化60万吨/年芳烃项目前期工作。中国石化积极支持地方参股芳烃项目，积极支持地方招商引资建设下游PTA等项目。

三、中国石化积极推进天津石化18万吨/年碳五分离、32万吨/年碳二回收等项目，确保2015年底前建成投产。中国石化在确保企业自身发展的同时，将优先满足滨海新区内石化下游企业对成品油、天然气及各种化工原料的需求。

四、中国石化有序推进中沙石化3.5万吨/年苯乙烯及环氧乙烷下游衍生物项目，力争2015年底前建成投产。

五、中国石化加快推进500万吨/年LNG项目，力争2013年开工建设，建成后优先满足天津市天然气需求。天津市政府积极协调项目前期涉及海域使用论证、岸线、征地、管道路由审批等工作，按照相关政策帮助解决项目配套建设生产生活基地及职工落户等问题。

六、中国石化稳步推进天津大港130万方原油商业储备基地项目、天津实华120万方原油商业储备基地及配套30万吨级码头项目，力争2014年建成投产。

七、中国石化稳步推进中沙石化26万吨/年聚碳酸酯项目，天津市政府将积极协助做好相关工作，共同创造开工条件。

八、中国石化销售华北分公司与泰奥石化物流有限公司在天津南港工业区合作建设成品油华北枢纽中心（首站）及化学品物流中心项目，天津市政府积极协调项目前期涉及海域使用论证、岸线、征地、管道路由审批等工作。中国石化天津分公司与塑力集团成立股份制企业，依托小乙烯升级改造，合作开发超高压电缆专用材料。

九、中国石化将研究天津石化炼油挖潜改造、乙烯脱瓶颈及其下游项目，为双方远期合作奠定基础，天津市政府将予以支持。

十、中国石化在天津市积极推进地热开发利用项目，计划在天津市滨海新区、宝坻区等行政区利用地热资源开展城市集中供暖和制冷的投资、建设和经营，并对适合的工业项目利用地热进行节能改造；待项目正式启动后，中国石化将在天津市成立相应的地热开发公司。天津市政府在政策上给予扶持。

十一、中国石化原则同意推进天津市滨海新区塘沽善门口油库搬迁事宜。天津市同意先建后拆，并给予政策性支持，用于油库搬迁项目。

十二、天津市一如既往地支持中国石化在津天然气管线、成品油管线、加油（气）站建设。支持中国石化在津扩大成品油市场业务，承诺继续按照已签署的战略协议落实市场份额和实施“易地重建、拆建同步、拆一还一”政策。为解决中国石化天津1500万吨/年炼油项目油品出口，确保乙烯炼化一体化项目安全稳定生产，并支持中国石化“十二五”及以后在津规划项目建设，天津市滨海新区与中国石化天津石油公司成立合资公司，共同建设经营滨海新区“十二五”新发展的加油(气)站，支持天津石油公司港东新城240亩闲置油库土地置换为滨海新区新规划的25宗加油(气)站用地。天津城投集团高速公司将正在规划的高速加油站和对外租赁的高速加油站到期收回后，交与天津石油分公司合作经营。天津市支持中国石化建设南疆—唐山成品油管线，并列为天津市2013年重点工程，同时加大对该项目支持协调力度，帮助协调解决管道建设中的河流、公路穿越、临时用地及地上附着物补偿和所经企事业单位临时用地费用过高等问题。协调办理销售华北分公司天津储备库南疆二号油库和建设路2号原办公楼用地土地证问题。

十三、天津市政府全力支持渤化集团与中国石化建立战略联盟，积极推进企地合作，统筹衔接规划，资源、技术、人才共享，拓展中国石化在津发展领域和空间，形成一批高水平的合作项目，带动地方传统化工产业加快结构调整，实现互利共赢和共同发展。

十四、天津市政府与中国石化共同协调国家发改委，争取国Ⅳ汽油“优质优价”政策，尽快实现国Ⅳ汽油在津推广销售。给予中国石化财务公司天津分公司相关金融政策支持，大力支持人才引进及户口落实工作。

十五、天津市将中国石化驻津企业协议解除劳动合同人员、失业人员(含达到就业年龄但没有就业的职工子女)等纳入当地就业工作整体规划，落实国家和天津市有关就业指导、职业培训、职业介绍、就业补贴等就业扶持政策，支持中国石化驻津企业的再就业工作。企地双方尽可能多地提供再就业岗位，同等条件下优先聘用协议解除劳动合同人员。天津市同意按照国家和天津市相关政策规定，解决中国石化驻津企业部分协议解除劳动合同人员提前退休问题，为符合条件、部分证明材料缺失的协解人员办理提前退休。天津市同意帮助解决中国石化驻津企业职工家属的养老保险问题，将他们纳入养老保险社会统筹。所需资金由个人和企业分担。天津市同意四建公司446名集体企业退休人员，按照国家和天津市有关规定，纳入养老保险社会统筹。天津市政府主导，中国石化支持，积极妥善解决好上古林征地工自谋职业人员稳定问题。

十六、天津市同意将四建公司华兴医院纳入全市医疗卫生事业发展总体规划，享受与当地同类同等医疗卫生机构同样扶持和优惠政策，逐步加大医疗费总额预付支持和相关服务力度。

十七、天津市与中国石化统筹研究，共同创造条件，稳步推进天津石化已改制幼儿园划归地方教育部门管理等相关工作。按照2011年下半年国家四部委下发的《关于妥善解决国有企业职教幼教退休教师待遇问题的通知》(国资发分配〔2011〕63号)，对符合政策的退休职教幼教教师享受地方同类教师退休待遇。

十八、天津市大力支持中国石化驻津企业的社区建设及运行维护，推进企业社区服务社会化管理工作，中国石化对驻津企业所在区域市政、社区基础设施提升改造、达标验收后，将社区资产和管理职能等一并移交当地市政统一规划管理。

十九、天津市同意中国石化驻滨海新区企业职工在滨海新区享受保障性住房优惠政策，切实解决职工住房困难问题。同意四建公司利用四建公司现有土地（房地证津字第109031203027号全部土地和房地证津字第109031203028号中的部分土地，即东至胜利街，西至天津市凯博工贸有限公司，南到建北路，北至滨海大道部分），按照国家和天津市有关规定，用于解决职工住房问题。对四建公司重组改制上市给予政策性支持，用于支持企业后续发展。支持销售华北分公司将位于塘沽约320亩自有工矿仓储用地置换至市区内，按照国家和天津市有关规定，用于解决职工住房问题；支持天津石油分公司东郊油库254亩土地按照国家和天津市有关规定办理规划、用地等手续后，用于解决职工住房问题。

二十、天津市支持中国石化天津石油公司对所属82宗土地理清权属情况，并按照天津市有关规定补办相关建设手续，办理房地产权证。

二十一、天津市与中国石化高度重视中国石化驻津企业的稳定，共同加大政策支持力度，积极落实协议解除劳动合同人员、劳动家属、移交企业办社会人员、改制企业人员、内退人员等非在职人员的就业、社保等关系民生的相关政策。按照有关规定妥善受理、处理驻津企业的信访事项，避免发生影响稳定的重大问题；构建企地共同维护稳定的长效体系。发挥企地联动机制作用，积极化解不稳定因素，促进企业与社会和谐稳定。双方一致同意，建立高层定期会晤机制，成立推动战略合作工作组，共同落实战略合作协议和纪要确定的各项内容。

天津市人民政府	中国石油化工集团公司
签字：	签字：
二〇一三年×月×日	二〇一三年×月×日

（本文引自新浪网，2014年2月2日）

第五节　公关意向书

一、写作要点

（一）名称解释

意向，即意图；打算。意向书，大多用于经济活动，如投资意向书，近年来也用于公关工作。

公关意向书，是在公关工作中签订的表明合作意向的一种文案。

（二）主要特征

1. 意向性。这种文案反映了双方或者多方开展合作的初步意向，是正式签订协议书或者合同的先导。

2. 框架性。这种文案是对合作事项的总体构思，提出的只是原则性建议，需要进一步细化和完善。

（三）种类划分

1. 按对象分，有本国、本地、本行业公关意向书，跨国、跨地、跨行业公关意向书。

2. 按内容分，有战略合作意向书、项目合作意向书、项目投资意向书、招股意向书等。

3. 按写法分，有分述式公关意向书、表格式公关意向书、综合式公关意向书。

（四）基本结构

1. 首部

(1)标题

使用公文式单标题。国家、地方、行业、组织名称加事由、文种，如《山西太行药业股份有限公司 武汉理工大学产学研合作意向书》；事由、文种，如《首次公开发行股票招股意向书》。

(2)签订人名称

标明各方的全称，有时还写简称。因尾部有签署，也可以在首部不设此项。

2. 正文

在内容上，有四个部分：一是磋商的目的、根据、概况；二是签订人各方简介；三是有关意向的原则、具体内容、方式、责任与义务、保密等事项；四是未尽事宜、有效期限或者生效时间、份数及保管等。

在结构上，前言交代缘由、有关方面接触的情况，并用“达成如下合作意向”等词语提起下文；主体写各方简介以及有关意向，一般分条陈述；结尾用“未尽事宜，在签订正式协议或者合同时再予以补充”“本意向书自签订之日起生效”“本意向书一式×份，各执×份”等语句说明。

3. 尾部

(1)签署

署国家、地方、行业、组织名称，接着是各自代表的职务及签字。

(2)签订日期

标明签订的年月日。

(3)签订地点

是否设此项，可酌定。

（五）注意事项

1. 设想合适。要基于合作事项，既着眼长远发展又考虑近期目标，既求先进又重可行，搭建一个呈现整体感与和谐美的框架。

2. 要点明确。打个比方，公关意向书是用白描勾勒轮廓，并不需要工笔描摹。可见，写作时不能面面俱圆，应该突出要点。

二、范文阅读

▲项目合作意向书

冷水河风景区旅游项目合作意向书

甲方：××县×××风景区管理委员会

××县××××乡人民政府

乙方：××县××××有限责任公司

为促进区域经济的发展，加快我县旅游资源的开发与利用，根据××县人民政府对开发×××风景区的总体规定和××县人民政府的招商引资政策，甲乙双方本着平等互利的原则，经充分协商，达成如下合作意向。

第一条　甲方通过招商引资，引进乙方作为投资主体，实施景区旅游开发。

第二条　甲方与乙方依照《中华人民共和国公司法》等有关法律法规成立“×××旅游开发公司（暂定名称）”，公司章程、管理及机构、人员组成由乙方自行决定。

第三条　根据《×××景区总体规划》，明确开发范围（略）。

第四条　合作方式：甲方无偿提供以上约定开发范围，所有权属甲方所有，在该区域内的所有经营性项目及相关配套设施由乙方独资开发建设，自主经营、自负盈亏。

第五条　旅游合作开发经营年限为 50 年（即 2012 年 9 月—2062 年 9 月）。

第六条　旅游开发计划总投资 12000.00 万元，项目开发分二期投入。第一期：2012 年 9 月—2016 年 9 月，计划投资 4500.00 万元，主要开发建设景区宾馆、水体漂流、地热资源、滨水休闲营地、水上游乐园等。第二期 2017 年 1 月—2025 年 1 月，计划投资 7500.00 万元，主要开发建设温泉疗养馆、康体养生中心、少年儿童动漫乐园、生态庭院度假山庄等。

第七条　经营收入分配：该项目开始营运的第一年，甲方不参与收入分配，营业一年后甲乙双方按比例分成。参与分成的前 5 年，乙方按经营收入纯利润 10 ％支付甲方，从第 6 年起按乙方经营收入纯利润 30 ％支付甲方。

第八条　在本意向书签订后 10 个工作日内乙方向甲方指定账户打入 200.00 万元作为项目保证金，待乙方投资总额达 2000.00 万元后，甲方一次性返还乙方项目保证金 200.00 万元（不计利息）。如乙方违约，此保证金全额上缴国库，甲方违约则无条件并计息后全额退还。

第九条　乙方的旅游开发经营活动，须遵守国家法律法规及有关文件的规定以及符合《×××景区总体规划》，开发经营活动必须在合理合法以及保护生态环境的前提下进行。

第十条　乙方在开发经营过程中可以向第三方引资合作开发，需报甲方备案。

第十一条　乙方依据甲方《×××景区总体规划》，自行负责聘请有资质的单位编制所开发项目的修建性方案报甲方审批，并以审批的方案为依据进行旅游综合开发。

第十二条　旅游所涉及的土地、房屋、林地

1. 土地征用及房屋拆迁

项目所涉及的永久性建筑用地，甲方按照国家土地管理相关法律法规和国土管理部门规定，由甲方完成征用手续后交乙方开发建设，为此所产生的费用均由乙方负责。非永久性建筑用地乙方必须报甲方同意后方可实施。

项目开发建设中涉及的住户拆迁，甲方负责按照县级有关房屋拆迁安置补偿标准完成安置补偿工作，费用由乙方负担。

2. 林木及林地的使用

项目建设涉及占用林地、林木的，甲方根据乙方建设需要，按照有关林业法律法规，负责办理相关手续后交乙方管理使用，涉及费用由乙方承担（按政府的规定标准执行）。

第十三条　甲方权利与义务

1. 甲方有权按照本意向书约定取得合作的利润；

2. 甲方有权依照法律法规对经营区域进行监督管理；

3. 甲方有权免票进入景区范围开展公益性活动和政务工作；

4. 甲方有权对乙方项目实施进行监督；

5. 甲方积极争取旅游专项资金建设用于加快景区基础设施建设；

6. 甲方承诺在景区范围内不再有第三方投资商从事类似项目开发，保障乙方正常经营；

7. 甲方积极协助乙方营造好景区开发、建设、经营的外部环境、依法保障乙方正常的建设、经营、管理秩序；

8. 甲方将现有的景区资料提供乙方用于指导景区建设；

9. 甲方承诺乙方在开发建设过程中享受上级有关招商引资优惠政策；

10. 合作期满后，甲方无偿享有该景区全部基础设施和景区内的其他不动产，但乙方依法取得的土地使用权证和房屋所有权证的不动产除外；

11. 甲方负责协调处理好与当地村民关系；

12. 甲方根据乙方所需的用电负荷协调供电部门安装供电线路和变压器到景

区，乙方根据项目需要自行安装分支线路，费用自行承担；

13. 甲方负责协调通信部门开通景区的固定电话和移动电话；

14. 甲方负责协同交通部门，在景区旅游开营前完成景区的公路建设。

第十四条　乙方权利与义务

1. 乙方在项目开发和经营期间，享有投资开发经营的收益权和管理权；

2. 乙方必须按照甲方审批通过的规划设计和约定的建设期限实施景区开发建设，保证工程进度；

3. 乙方享有景区约定开发范围内土地、水域、河滩及基础设施（含政府投资部分）、接待服务设施和公益设施的管理权及使用权，并承担其维修、保护、改造责任（电力设施、城区至景区大门外的公路除外）；

4. 乙方享有景区内其他经营性项目的优先开发权，乙方未按期开发的项目，甲方可另行招商；

5. 乙方应做好旅游景区的环境保护，保障景区的正常经营和游客、景区员工生命及财产安全，创造良好的旅游环境；

6. 乙方在投资建设和经营管理期间，享受省、市、县给予的旅游投资等相关优惠政策；

7. 在开发建设经营管理过程中，乙方独立承担民事责任，甲方不承担任何连带责任；

8. 合作期满后，乙方的债权、债务由乙方自行处置，但必须保证已形成的固定资产完好无损，在同等条件下乙方享有下一轮经营权的优先权。

第十五条　乙方有下列情形之一的，甲方有权解除本合同另行招商。

1. 本意向书签订后，乙方原因 3 个月内未开展实质性开发活动的；

2. 未经甲方批准擅自将景区主要开发项目出让的。

第十六条　本意向书签订后，甲方向县政府申报，由县政府与乙方签订正式招商引资合同，具体的实施方案及细则双方以本意向书为框架另行商定。

第十七条　本意向书未尽事宜可另行协商补签协议。

第十八条　本意向书一式六份，甲乙双方各执二份，经双方签字盖章后生效。

甲　方：　　　　　　　　　　乙　方

法定代表：　　　　　　　　　法定代表：

××××年×月×日　　　　　　××××年×月×日

（本文引自豆丁网，有改动）

第六节　公关协议书

一、写作要点

（一）名称解释

协，共同；议，商议。协议，即经过协商后取得的一致意见。协议书，简称协议，是有关方面就某个问题经共同协商取得一致意见后签订的一种文案。

公关协议书，是在公关工作中为了开展合作，经协商一致签订的共同遵守和执行的一种文案。

（二）主要特征

1. 合意性。这是公关协议书的必要前提。公关协议书的成立必须双方或者多方；各方在自愿的基础上进行协商；各方须做出意思表示，而且各个意思表示是一致的。

2. 合作性。这是公关协议书的实质。它是双方或者多方为开展友好合作而签订，不仅记载合作的具体事项，还明确各方责任和权益，以便切实有效地履行。

（三）种类划分

1. 按对象分，有本国、本地、本行业公关协议书，跨国、跨地、跨行业公关协议书。

2. 按性质分，有总体公关协议书、专题公关协议书。

3. 按写法分，有分述式公关协议书、表格式公关协议书、综合式公关协议书。

（四）基本结构

1. 首部

（1）标题

使用公文式单标题。主要写法：国家、地方、行业、组织名称加事由、文种，如《长江三角洲地区人民法院加强跨域司法服务协作协议》；事由、文种，如《房地产项目合作协议》。有时根据需要在标题中加“战略”“框架”等词语，如《共同推进“中国制造2025”浙江行动战略合作协议》《促进广佛公交同城化框架协议》

（2）签订人名称

写出各方的全称，如有必要还写“甲方”“乙方”等简称。有时不设此项。

2. 正文

在内容上，主要有三个部分：一是签订目的、依据；二是合作的原则、范围、主要内容、方式、有关机构、责任与权益、争议解决方法；三是未尽事宜处理方法、附件、有效期限或者生效时间、文本份数及保管等。

在结构上，前言用“为××××××，本着××××××原则，经协商一致(或者‘经充分协商’)，达成如下协议”“××××××协议如下”等句式领起；主体分条列项载明协商的具体事项；结尾用“本协议自签字之日起生效”“本协议一式×份，双方各执×份”等句式说明。

3. 尾部

(1)签署

署国家、地方、行业、组织名称，然后是各自代表的职务及签字。有时还说明联系方式。

(2)签订日期

写具体的年月日。

(3)签订地点

写签订公关协议书的所在地。可以省略此项。

(五)注意事项

1. 确实。时下公关协议书浮泛之风比较严重，造假、求大、空谈的问题突出，做一些表面文章。要从实际出发，力求适用、显效。

2. 简明。公关协议书长短不一，不过尽量写得短一些，没必要拉长篇幅。要做到主要条款突出、层次安排紧凑、语言简洁明了。

二、范文阅读

▲经济合作协议

国家发展和改革委员会
广东省人民政府
香港特别行政区政府
澳门特别行政区政府
深化粤港澳合作 推进大湾区建设框架协议

为充分发挥粤港澳地区的综合优势，深化粤港澳合作，推进粤港澳大湾区建设，高水平参与国际合作，提升在国家经济发展和全方位开放中的引领作用，为港澳发展注入新动能，保持港澳长期繁荣稳定，国家发展和改革委员会、广东省人民政府、香港特别行政区政府、澳门特别行政区政府(以下称四方)经协商一致，制定本协议。

一、总则

(一)合作宗旨。全面准确贯彻“一国两制”方针，完善创新合作机制，建立互利共赢合作关系，共同推进粤港澳大湾区建设。

(二)合作目标。强化广东作为全国改革开放先行区、经济发展重要引擎的作用，构建科技、产业创新中心和先进制造业、现代服务业基地；巩固和提升香港国际金融、航运、贸易三大中心地位，强化全球离岸人民币业务枢纽地位和国际资产管理中心功能，推动专业服务和创新及科技事业发展，建设亚太区国际法律及解决争议服务中心；推进澳门建设世界旅游休闲中心，打造中国与葡语国家商贸合作服务平台，建设以中华文化为主流、多元文化共存的交流合作基地，促进澳门经济适度多元可持续发展。努力将粤港澳大湾区建设成为更具活力的经济区、宜居宜业宜游的优质生活圈和内地与港澳深度合作的示范区，携手打造国际一流湾区和世界级城市群。

（三）合作原则。

——开放引领，创新驱动。积极构建开放型经济新体制，打造高水平开放平台，对接高标准贸易投资规则，集聚创新资源，完善区域协同创新体系，开展创新及科技合作。

——优势互补，合作共赢。充分发挥各地比较优势，创新完善合作体制机制，加强政策和规划协调对接，推动粤港澳间双向合作，促进区域经济社会协同发展，使合作成果惠及各方。

——市场主导，政府推动。充分发挥市场在资源配置中的决定性作用，更好发挥政府作用，推动各种生产和生活要素在区域内更加便捷流动和优化配置。

——先行先试，重点突破。支持广东全面深化改革，探索粤港澳合作新模式，推动主要合作区域和重点领域的体制机制创新，以点带面深化合作，充分释放改革红利。

——生态优先，绿色发展。着眼于城市群可持续发展，强化环境保护和生态修复，推动形成绿色低碳的生产生活方式和城市建设运营模式，有效提升城市群品质。

二、合作重点领域

（四）推进基础设施互联互通。强化内地与港澳交通联系，构建高效便捷的现代综合交通运输体系。发挥香港作为国际航运中心优势，带动大湾区其他城市共建世界级港口群和空港群，优化高速公路、铁路、城市轨道交通网络布局，推动各种运输方式综合衔接、一体高效。强化城市内外交通建设，便捷城际交通，共同推进包括港珠澳大桥、广深港高铁、粤澳新通道等区域重点项目建设，打造便捷区域内交通圈。建设稳定安全的能源和水供应体系，进一步提升信息通信网络基础设施水平、扩大网络容量。

（五）进一步提升市场一体化水平。落实内地与香港、澳门《关于建立更紧密经贸关系的安排》(CEPA)及其系列协议，促进要素便捷流动，提高通关便利化水平，促进人员、货物往来便利化，打造具有全球竞争力的营商环境。推动扩大内地与港澳企业相互投资。鼓励港澳人员赴粤投资及创业就业，为港澳居民发展提供更多机遇，并为港澳居民在内地生活提供更加便利条件。

（六）打造国际科技创新中心。统筹利用全球科技创新资源，完善创新合作体制机制，优化跨区域合作创新发展模式，构建国际化、开放型区域创新体系，不断提高科研成果转化水平和效率，加快形成以创新为主要引领和支撑的经济体系和发展模式。

（七）构建协同发展现代产业体系。充分发挥大湾区不同城市产业优势，推进产业协同发展，完善产业发展格局，加快向全球价值链高端迈进。培育战略性新兴产业集群，建设产业合作发展平台，构建高端引领、协同发展、特色突出、绿色低碳的开放型、创新型产业体系。

（八）共建宜居宜业宜游的优质生活圈。以改善民生为重点，提高社会管理和公共服务能力和水平，增加优质公共服务和生产生活产品供给，打造国际化教育高地，完善就业创业服务体系，加强人文交流、促进文化繁荣发展，推进区域旅游发展，支持澳门打造旅游教育培训基地，共建健康湾区，完善生态建设和环境保护合作机制，建设绿色低碳湾区。

（九）培育国际合作新优势。充分发挥港澳地区独特优势，深化与“一带一路”沿线国家在基础设施互联互通、经贸、金融、生态环保及人文交流领域的合作，携手打造推进“一带一路”建设的重要支撑区。支持粤港澳共同开展国际产能合作和联手“走出去”，进一步完善对外开放平台，更好发挥归侨侨眷纽带作用，推动大湾区在国家高水平参与国际合作中发挥示范带头作用。

（十）支持重大合作平台建设。推进深圳前海、广州南沙、珠海横琴等重大粤港澳合作平台开发建设，充分发挥其在进一步深化改革、扩大开放、促进合作中的试验示范和引领带动作用，并复制推广成功经验。推进港澳青年创业就业基地建设。支持港深创新及科技园、江门大广海湾经济区、中山粤澳全面合作示范区等合作平台建设。发挥合作平台示范作用，拓展港澳中小微企业发展空间。

三、体制机制安排

（十一）完善协调机制。编制《粤港澳大湾区城市群发展规划》，推进规划落地实施。四方每年定期召开磋商会议，协调解决大湾区发展中的重大问题和合作事项。

（十二）健全实施机制。四方每年提出推进粤港澳大湾区建设年度重点工作，由国家发展和改革委员会征求广东省人民政府和香港、澳门特别行政区政府以及国家有关部门意见达成一致后，共同推动落实。广东省人民政府和香港、澳门特别行政区政府共同建立推进粤港澳大湾区发展日常工作机制，更好发挥广东省发展和改革委员会、香港特别行政区政府政制及内地事务局、澳门特别行政区政府行政长官办公室在合作中的联络协调作用，推动规划深入实施。

（十三）扩大公众参与。强化粤港澳合作咨询渠道，吸纳内地及港澳各界代表和专家参与，研究探讨各领域合作发展策略、方式及问题。发挥粤港澳地区行业协会、智库等机构的作用，支持工商企业界、劳工界、专业服务界、学术界等社会各界深化合作交流，共同参与大湾区建设。加强粤港澳大湾区的宣传推介。

四、其他

本协议自四方代表正式签署之日起生效,有效期五年。经四方协商同意,可对本协议进行修正和展期。

本协议以中文书就,一式四份。

本协议于 2017 年 7 月 1 日在香港签署。

国家发展和改革委员会主任　　广东省人民政府省长

×××　　×××

香港特别行政区行政长官　　澳门特别行政区行政长官

×××　　×××

(本文引自泛珠三角合作信息网,2017 年 7 月 3 日)

▲气象合作协议

海峡两岸气象合作协议

为保障两岸人民福祉及生命财产安全,提升两岸气象观测、预报及气象灾害警报能力,促进两岸气象合作与发展,海峡两岸关系协会与财团法人海峡交流基金会就两岸气象合作事宜,经平等协商,达成协议如下。

一、合作范围

双方同意进行下列交流合作。

(一)气象业务交流与合作

1. 灾害性天气业务合作;

2. 气象资料与信息交换;

(二)气象业务技术交流合作

(三)气象业务人员交流

(四)双方同意的其他气象合作事项

二、合作事宜

(一)气象业务交流与合作

1. 灾害性天气业务合作

就台风、暴雨、热浪、寒潮等重大灾害性天气系统,在观测、监测、预测、预报及警报等方面进行及时、持续通报与沟通。如接获对方查询,应尽快给予回应及协助。

双方指定联系及通报沟通的单位与人员,应建立通报业务流程,平时定期进行通报沟通测试。

2. 气象资料与信息交换

就气象业务相关规定及制度规范等信息进行交流。

就气象观测、监测、预测、预报及警报等信息与产品,定期进行交换及经验交流。

双方商定的其他气象资料和产品的交换。

(二)气象业务技术交流合作

就开发气象相关业务系统、灾害潜势预报警报、气候资源利用、气象灾害风险评估等业务技术进行交流及合作开发。

就气象业务发展,包括最新气象业务技术、天气监测和预报在防灾减灾的应用、特定或个案天气监测及预报等成果进行交流。

就台风、暴雨及强对流天气进行联合观测实验,并针对两岸共同关注的气象业务技术进行合作研究。

(三)气象业务人员交流

双方人员每年原则上举行一次工作业务交流会议,或气象业务相关研讨会,由双方轮流主办。

积极推动气象业务人员互访,进行技术交流以提升业务人员的专业素质。

(四)双方同意的其他气象合作事项。

三、联系主体

本协议议定事项,由双方气象业务主管部门指定的联络人相互联系实施。

本协议其他事宜,由海峡两岸关系协会与财团法人海峡交流基金会联系。

四、工作规划

双方同意设置工作组,负责商定具体工作规划、方案。

工作组应于本协议生效后两个月内召开首次会议,商讨双方联系及通报沟通窗口等相关事宜。

五、保密义务

双方同意对于执行本协议相关活动所获相关资料及其他信息予以保密。但依请求目的使用者,不在此限。

六、限制用途

双方同意仅依请求目的使用对方提供的资料,不得以任何形式转让、提供给第三方。但双方另有约定者,不在此限。

七、文书格式

双方同意信息交换、通报、查询及业务联系等,使用商定的文书格式。

八、协议履行及变更

双方应遵守协议。

本协议变更,应经双方协商同意,并以书面形式确认。

九、争议解决

因适用本协议所生争议,双方应尽速协商解决。除另有约定外,协商应于请求提出后十五个工作日内举行。

十、未尽事宜

本协议如有未尽事宜，双方得以适当方式另行商定。

十一、签署生效

本协议签署后，双方应各自完成相关程序并以书面通知对方。本协议自双方均收到对方通知后次日起生效。

本协议于2014年2月27日签署，一式四份，双方各执两份。四份文本中对应表述的不同用语所含意义相同，四份文本具有同等效力。

海峡两岸关系协会　　　　　　财团法人海峡交流基金会

会长　×××　　　　　　　　董事长　×××

（本文引自新华网，2014年2月27日）

第七节　公关公约

一、写作要点

（一）名称解释

公约，有两个含义：一是条约的一种名称，通常指国家间为政治、经济、文化、技术等重大国际问题而举行国际会议最后缔结的多方面条约，也指三个或者三个以上的国家缔结的某些政治性的或者关于某一问题的多边条约；二是组织或者民间拟定的共同遵守的章程。本节所述的是后者。

公关公约，是组织或者民间拟定的在公关工作中共同遵守事项的一种文案。

（二）主要特征

1. 公共性。这种文案针对人们普遍关注而且有长远意义的问题，由组织或者民间在自愿协商的基础上订立应该共同遵守的原则，有助于公关工作协调有序地运行。

2. 督促性。这种文案规定订约人在公关方面的道德和行为规范，成为互相监督的依据，违背者将受到批评和谴责。

（三）种类划分

1. 按内容分，有爱国公约、诚信公约、自律公约、拥军优属公约、拥政爱民公约、服务公约、环保公约、卫生公约、护林公约等。

2. 按写法分，有章条式公关公约、条陈式公关公约、分段式公关公约等。

3. 按构成分，有单篇公关公约、集锦公关公约。

（四）基本结构

1. 标题

使用公文式单标题。主要写法：国家、地方、行业、组织、人员名称加事由、文种，如《江苏天爵机车科技有限公司电动自行车服务公约》《新闻出版广播影视从业人员职业道德自律公约》；行业、组织、人员名称加文种，如《教师公约》；事由、文种，如《护林公约》。

2. 正文

在内容上包括七个部分。一是目的和依据。目的即所达到的结果，常用“为”“为了”领起；依据即有关背景以及法律法规规章，用“根据”“依据”等领起。二是发起人及订约人。常用“×××××会同×××××共同发起制定本公约并自觉遵守”“×××××共同制定签署本公约”。三是主管部门及解释机关。主管部门即执行机构，用“×××××作为本公约的执行机构，负责组织本公约的组织实施，受理并处理对违反本公约行为的投诉”等句式；解释机关即负责解释的组织或者部门，用“本××由×××××负责解释”“本××最终解释权归×××××”句式。四是适用范围。即遵守的对象，用“本公约适用于×××××”句式。五是具体规范。即所规定的应该遵守事项，这是正文的核心部分，也是公关公约必具的项目。六是奖惩及监督。即有关奖励和惩戒的措施、监督批评的方法。七是施行日期。即生效时间，多是最后一条注明。有的发布之日立即生效，如“本公约自公布之日起施行(或者‘生效’)”。以上内容根据需要取舍并有所侧重。

在结构上主要有三种形式。一是章条式。适用于条文较多的公关公约，全文分若干章，各章分若干条，第一章是总则，中间各章是分则，最后一章是附则。二是条陈式。适用于条文适中的公关公约，具体方法有前言、条陈；前言、条陈、结尾；条陈贯底。三是分段式。适用于条文较少的公关公约，全文分几段，每段一行或者多行。

3. 署名

按发起人、订约人的顺序排列。一般放在正文右下方。有时置于标题正下方。可以省略此项。

4. 成文日期

大多写在正文后署名下方。有时置于标题正下方。可以省略此项。

5. 地点

如有必要，把订约地点写在成文日期后面。

(五)注意事项

1. 有的放矢。要纠正空泛、雷同的问题，力求选题必要、主题鲜明、事项具体、措施可行。

2. 集思广益。要充分发扬民主，采取多种方式广泛听取各方面的意见，通过协商确定一致认同的条款。

二、范文阅读

▲章条式公关公约

中国石油流通行业自律公约(试行)

第一章　总　则

第一条　为建立我国石油流通行业自律机制,规范石油流通企业经营行为,促进石油流通行业的健康发展,特制定本公约。

第二条　中国石油流通行业自律公约的基本原则是守法、诚信、公平、担当。

第三条　本公约适用于中国石油流通行业的所有经营企业。中国石油流通协会的会员企业有义务遵守、履行本公约。

第四条　中国石油流通协会作为本公约的发起倡议者,负责宣传贯彻落实和组织实施本公约。

第五条　欢迎社会各界和石油流通行业对本公约的大力支持和监督执行。

第二章　自律条款

第六条　增强法制意识,自觉遵守国家有关法律、法规,认真执行石油流通行业有关的产业政策,积极落实行业发展规划。

第七条　维护国家和石油流通行业利益,积极履行社会责任,构建多元能源经营结构,切实保障国家能源安全,为国民经济建设和社会稳定发展服务。

第八条　依法按照国家有关规定和行业规范标准从事生产经营活动,具备相应的经营资质,加强安全生产综合管理,防范安全事故的发生,保障人民群众生命和财产安全。

第九条　严格执行国家价格政策,正确行使经营者定价权利,为消费者提供优质的油品和一流的服务。

第十条　积极参与行业信用体系建设,提高服务意识,创新服务手段,打造服务品牌,树立良好的企业形象,维护消费者的合法权益,兼顾企业效益和社会责任。

第十一条　重视员工岗前技能培训,实行持证上岗制度,提高员工素养,增强企业凝聚力。严格遵守《劳动法》,做到依法用工,爱护员工,构建和谐劳资关系,保持企业稳定发展。

第十二条　经营服务场所中要明示服务条款和顾客须知,在经营过程中,要提供优质服务,尊重消费者的基本权利,认真接受消费者的投诉与建议,勇于担当,兑现服务承诺。

第十三条　自觉维护本行业的市场秩序和信誉,构建公平竞争和互利共赢的市场环境。经营过程中不以排挤竞争对手为目的,不捏造、散布虚假消息损害竞争对手的商誉,不通过缔结垄断协议,挤压、限制其他经营者的公平竞争。

第十四条　高度重视经营环境和生态文明建设，依据《环境保护法》从事生产经营，加强环保意识教育，健全环保措施，做好污染物的回收处理，定期展开自查自纠，做好事故应急预案，防止重大环境污染事故的发生，创造良好的经营环境，给消费者提供安全健康、便捷贴心的服务体验。

第十五条　积极参与石油流通行业协会的有关活动，支持协会建设，搭建共享平台。为企业间的沟通、协作、共享、共赢建言献策。积极参与社会公益活动，自觉维护社会公平正义，履行社会责任，接受社会各界对行业和企业的监督与批评。

第三章　公约执行

中国石油流通协会负责组织实施本公约，负责向联合发布公约的成员单位和会员企业及时传递石油流通行业的政策法规、管理规范及行业自律信息，及时向政府主管部门反映成员单位的意愿和诉求，维护成员单位的正当利益，并对成员单位遵守本公约的情况进行督促检查。

第十六条　本公约联合发布成员单位和会员企业应自觉履行本公约。

第十七条　石油流通行业内有违反本公约的企业行为，由公约执行机构视不同情况采取如下措施：

1. 劝阻停止违反本公约行为，约谈批评、教育并限期整改；

2. 因违约给社会和消费者造成损失的企业，应承担相应的经济责任并公开道歉，消除社会影响；

3. 对严重违法违约的企业行为，将提请国家有关执法部门，依法追究法律责任；

4. 对屡次违反本公约，造成严重不良影响的企业，协会将取消其会员资格，将其纳入国家有关部门的行业信用黑名单，并通过媒体向社会公布。

第十八条　认真遵守执行本公约的石油流通企业和会员单位，公约执行机构将给予通报表扬、授予先进荣誉称号，并通过媒体公开宣传。

第四章　附　则

第十九条　本公约经中国石油流通协会会员代表大会通过后，自 2017 年 5 月 1 日起试行。

第二十条　本公约生效期间，根据行业发展情况和实际需要，经公约执行机构和联合发布单位共同商榷，可按程序对本公约进行修改。

第二十一条　中国石油流通协会对本公约享有解释权。

中国石油流通协会

2017 年 4 月 27 日

（本文引自新华网，2017 年 4 月 29 日）

▲条陈式公关公约

中国互联网协会关于抵制非法网络公关行为的自律公约

近年来，我国互联网产业迅猛发展，为提升企业形象、推广产品、开展商业竞争提供了新平台。绝大多数企业和依法组建的网络公关机构能够依法依规开展网络公关活动，为促进经济繁荣和互联网产业健康发展起到了积极作用。但是，目前社会上出现的“网络水军”“网络推手”“灌水公司”“删帖公司”“投票公司”“代骂公司”等形式的非法机构及其个人，在网上采取不正当手段打压竞争对手，歪曲捏造事实进行敲诈勒索，恶意炒作话题制造虚假“网络民意”，从事私下交易牟取非法利益。上述行为扰乱市场经济秩序，损害企业、公民的合法权益，危害文明诚信的网络环境。中国互联网协会对上述非法网络公关行为予以谴责，希望我会会员、互联网从业单位和广大网民，共同抵制非法网络公关行为，为营造文明诚信的网络环境，规范互联网市场经营行为和信息传播秩序，促进互联网站健康发展而努力。为此，中国互联网协会会同百家互联网从业单位共同发起制定本公约并自觉遵守。

第一条　本公约由中国互联网协会会同会员单位发起并自愿签署。凡签署本公约的网站应当认真履行本公约的各项内容。

第二条　坚持文明守法、诚信自律、公平竞争、和谐发展的理念，遵守社会规范以及互联网行业公约，文明办网，诚信自律，自觉维护互联网行业形象和声誉，努力营造安全可信的网络环境。

第三条　严格依照国家法律法规开展经营活动，不组织、不参与任何形式的非法网络公关活动。

第四条　坚决反对和抵制损害他人的商业信誉的不正当竞争行为，努力维护公平公正的竞争秩序；坚决反对和抵制操纵网络舆论、非法牟利行为，维护互联网行业的公信力；坚决反对和抵制庸俗、低俗、媚俗之风，积极营造弘扬正气、文明健康的网络文化环境。

第五条　提高应对非法网络公关行为的防范能力，完善内部管理制度，积极开展法律法规培训及职业道德教育，提高企业员工法律意识和责任意识。

第六条　自觉接受社会监督，设立便捷的举报渠道，积极处理社会各方面的投诉，及时反馈处理结果、及时处理各种违法和有害信息。

第七条　引导网民理性思考、文明发言、有序参与，营造积极健康的网络舆论环境。

第八条　中国互联网协会行业自律工作委员会作为本公约的执行机构，负责组织本公约的组织实施，受理并处理对违反本公约行为的投诉。

第九条　本公约自中国互联网协会公布之日起生效。

第十条　本公约由中国互联网协会负责解释。

（本文引自中国青年网，2011 年 5 月 17 日，略有改动）

▲分段式公关公约

南宁市民文明公约

我爱国，我敬业，建设南宁，有我力量；

我诚信，我友善，文明南宁，从我做起；

守公序，循良俗，遵规守法，遵德守礼；

存善心，美言行，知荣明耻，知书达理；

做好人，乐助人，谦恭礼让，能帮就帮；

勤学习，勇创新，实干创业，善作善成；

立家风，传家训，孝老爱亲，家和事兴；

倡环保，爱运动，尚俭戒奢，健康生活。

（本文引自中国文明网，2017 年 6 月 9 日）

第六章　公关介绍文案

第一节　公关介绍文案概述

一、写作要点

(一)名称解释

公关介绍文案,是以说明为主要表达方式,介绍公关工作的文案总称。

(二)主要特征

1. 介绍性。从目的和表达上看,这类文案重在介绍,用来宣传理念、传播知识、交流信息,有助于增进公众对组织的认知。

2. 条理性。就内容和阅读而言,公关的各个项目是一个相互联系、前后衔接的有机整体,公众因环境和文化不同对有关内容也存在理解的差异,这类文案按照公关工作和公众认识的规律,彼此关联,循序渐进。

(三)种类划分

1. 按范围分,有国际公关介绍文案、国家公关介绍文案、地方公关介绍广告、行业公关介绍文案、组织公关介绍文案。

2. 按性质分,有总体公关介绍文案、专题公关介绍文案。

3. 按文种分,有组织沿革、公关简介、公关大事记、公关专题概要、公关基础数字汇集、公关名录、公关宣传单(册)、公关宣传片脚本、公关解说词等。

4. 按写法分,有概述式公关介绍文案、分述式公关介绍文案、表格式公关介绍文案、图示式公关介绍文案、综合式公关介绍文案。

5. 按构成分,有单篇公关介绍文案、集锦公关介绍文案。

6. 按发布者数量分,有单一组织公关介绍文案、联合公关介绍文案。

7. 按发布次数分,有单次公关介绍文案、系列公关介绍文案。

8. 按语种分,可分为中文公关介绍文案、少数民族文字公关介绍文案、外文公关介绍文案、多种语言对照公关介绍文案。

9. 按传播渠道与信息载体分，有文字公关介绍文案、图表公关介绍文案、电声公关介绍文案、音像公关介绍文案、网络公关介绍文案、手机公关介绍文案、户外公关介绍文案等。

(四)基本结构

1. 必备项目

(1)标题

单标题。主要有五种写法：一是对象、事由、文种，如《山东省对口支援北川灾后恢复重建工作大事记》；二是对象、文种，如《脱贫攻坚政策宣传单》；三是事由、文种，如《住房公积金查询指南》；四是对象，如《博鳌亚洲论坛》；五是事由，如《招聘公关经理》。此外，有时把期限写在标题中或者标题后，如《2017 全球最具价值品牌 500 强排行榜》；如有必要，可以用主题式、提问式写法。

双标题。多是正题和副题，如《2017 年苏州市积分落户政策 积分落户可享受哪些福利》。

(2)正文

在内容上，由于公关介绍文案涉及面广、文种多，具体内容因文而定。例如，岗位说明书要载明岗位的基本信息、职位描述、责权范围、任职资格等。

在结构上，通常包括前言、主体、结尾，有时只写主体，根据实际情况安排。

2. 选择项目

(1)封面

多用于折叠式、书本式(如手册式)公关介绍文案，由标题、署名、成文日期等项目组成。

(2)编写说明

有的称为前言。篇幅较长的公关介绍文案设此项，简介编写目的、依据及内容概要。

(3)目录

篇幅较长的公关介绍文案，标出有关章节或者条款的序号和名称。

(4)署名

包括组织名称、地址、邮编、网址及邮箱、电话号码、传真号码等，写哪些项目酌定。

(5)成文日期

标出具体的年月日。

(6)附录

如有必要，把有关补充资料附在公关介绍文案后。

（五）注意事项

1. 求真。真实与否是衡量公关介绍文案质量高低的最重要因素。要认真核对材料，务求确凿无误；确立主题切合公关工作实际，不能主观臆断；表达客观准确，不可失当。

2. 显异。每份公关介绍文案都有特定的目的和事项，要有针对性地加以解说，侧重各自的理念、做法、成就、经验、问题，不能一味地沿袭旧说或者套用通说。

3. 道明。公关介绍文案的读者是公众，但看不懂的现象并非鲜见。要用通俗浅显的语言，如果专业性较强可以通过打比方、加注释、画示意图等方式，便于公众理解。

二、范文阅读

▲概述式公关介绍文案

全聚德记

中华饮食，历经漫漫古道，数千年披沙沥金，异彩纷呈，扬弃累创，汪洋恣肆，终成文化。全聚德始自清同治三年（公元一八六四年），百余年间，荟华夏烹饪之精华，秉宫廷御膳之技艺，独树一帜，追求至尊，炉火纯青，风骚独领。

怀“食不厌精”之志，涵鲁、淮、川、粤诸菜之妙，海纳百川，博采众长，自成一系，别具天格；五味兼具，六合并储，其全莫大焉。

结有识之士，广纳人才，潜心经营，圣手辈出，群星璀璨；集天下宾客，五洲四海，高朋满座，胜友如云，贵胄政要，巨贾贤达，名伶巨匠，骚客文豪，千家万户，雅俗共享，不亦乐乎，其聚莫大焉。

继仁者爱人之澄怀，申宗罗百代之浩气，雄视远观，以人为本，诚信超群，童叟无欺；宾至如归，质量上乘，声震遐迩，驰誉内外，其德莫大焉。

扬“全而无缺，聚而不散，仁德至上”之理念，瞻“中国第一餐饮，世界一流美食，国际知名品牌”之愿景，厚积薄发，励精宏志，蓄势图强，和谐发展，志永葆基业之常青！

（本文引自中国全聚德集团网）

▲表格式公关介绍文案

国家档案局政府信息依申请公开登记表

<table>
<tr><td rowspan="2">申请人信息</td><td rowspan="2">□
公民</td><td>姓名</td><td></td><td>证件名称</td><td></td></tr>
<tr><td>证件号码</td><td colspan="3"></td></tr>
<tr><td colspan="2" rowspan="3">联系方式</td><td>联系电话</td><td></td><td>邮政编码</td><td></td></tr>
<tr><td>通信地址</td><td colspan="3"></td></tr>
<tr><td>电子邮箱</td><td colspan="3"></td></tr>
<tr><td colspan="2">提出申请方式</td><td colspan="4">□当面 □邮寄 □传真 □其他</td></tr>
<tr><td colspan="2">受理机关名称</td><td colspan="4"></td></tr>
<tr><td colspan="2">所需政府信息</td><td colspan="4"></td></tr>
<tr><td colspan="2">获取政府信息方式（单选）</td><td colspan="4">□当面领取 □邮寄 □电子邮件
□传真 □现场阅读、抄录</td></tr>
<tr><td colspan="2">政府信息载体形式</td><td colspan="4">□纸质文本 □光盘 □磁盘</td></tr>
<tr><td colspan="2">所需政府信息用途</td><td colspan="4">具体用途：
类型：□生产 □生活 □科研 □查验自身相关信息
□其他</td></tr>
<tr><td colspan="2">申请人签名（盖章）</td><td colspan="2"></td><td>申请时间</td><td></td></tr>
<tr><td colspan="2">经办人</td><td colspan="2"></td><td>受理时间</td><td></td></tr>
</table>

地址：北京市西城区丰盛胡同21号

邮编：100032

（本表引自国家档案局网）

▲图示式公关介绍文案

图 6-1　网上信访流程图

补充说明：如不同意信访事项处理意见，可按规定直接向原办理行政机关的上一级行政机关申请复查、复核。

（本文引自国家信访局网）

第二节　公关简介

一、写作要点

（一）名称解释

公关简介，是简明扼要地介绍公关工作所涉及组织、人物、会议、事件、知识等信息的一种文案。

（二）主要特征

1. 说明性。这种文案属于最基本的公关信息，通过报纸、杂志、网站、年鉴、名录、展览、新闻发布会等形式介绍相关情况，让公众有一个初步了解。

2. 简要性。这种文案短则几十字、多则几百字，对有关情况不做详细解说，而是针对主要内容用简洁的文字勾勒概貌。

（三）种类划分

1. 按性质分，有总体公关简介、专题公关简介。

2. 按内容分，有组织简介、公关人物简介、公关会议简介、公关事件简介、公关知识简介等。

3. 按写法分，有概述式公关简介、分述式公关简介、表格式公关简介、图示式公关简介、综合式公关简介。

（四）基本结构

1. 标题

大多是单标题。主要有写法：对象加文种“简介”“概况”“概要”等，如《首钢集团简介》；只写对象，如《第五代移动通信系统》。如有必要，也可以用主题式、事由式、提问式写法。

有时拟双标题，如《不让一个学生因家庭经济困难而失学——国家资助政策体系简介》。

2. 正文

在内容上，由于对象各异，每个公关简介各有不同。例如，组织简介包括组织的名称、成立时间、地理位置、宗旨、性质、隶属关系、工作项目、员工人数等基本情况；历史沿革；目前规模、力量、效益、社会影响、获得荣誉；发展前景。公关人物简介包括人物的姓名、性别、籍贯、民族；生卒年月；学历、简历、党派、职务、职称；主要功绩及成果；反映人物思想风貌和本质特征的典型事例。公关会议简介包括会议名称及届次；时间、地点及主持人；与会人员；会议主题、议题；决议事项；意义。公关事件简介包括事件的名称、时间、地点、主要人物、原因、经过、结果、评价。公关知识简介包括知识的名称、含义、性质、意义等。

在结构上，有前言、主体、结尾；前言、主体；主体三种形式。其中，概述式用一段或者几段文字表述；分项式把有关内容分若干项，并冠以小标题或者序数加小标题。

3. 附录

有的公关简介还附有组织、人物、会议的照片以及其他图表。

（五）注意事项

1. 善于概括。公关简介涉及的内容较多，要对有关资料进行分析综合，归纳最基本、最重要的信息。

2. 要言不烦。在表达上也要力求精练，避免冗长烦琐；直截了当地说明是什么、怎么样，无须“藻饰”，也不必搞“迂回”战术。

二、范文阅读

▲组织简介

蓝色光标传播集团

蓝色光标传播集团是一家为大型企业和组织提供品牌管理与营销服务的专业企业。集团主营业务为整合营销（包括数字营销、公共关系、广告创意策划和媒体代理、活动管理和国际传播等）、电子商务、移动互联和大数据。

蓝色光标传播集团成立于1996年，于2010年2月26日在深圳证券交易所创业板上市。集团旗下拥有蓝色光标数字营销机构、蓝色光标电子商务、智扬公关、博思瀚扬、思恩客广告、精准阳光、今久广告、博杰传媒、蓝色天幕、蓝色方略等本土业务品牌，以及香港Metta广告、We Are Social、Fuse Project、Vision7及Huntsworth等海外业务品牌。

公司持续服务于约1500个国内外领先客户，其中财富500强企业近百个。客户涵盖信息技术、汽车、消费品、房地产、互联网、金融、文化娱乐等行业的领导品牌。

集团总部位于北京，在中国大陆各省会城市均有分支机构，并在我国香港、台湾，以及新加坡、北美、欧洲均拥有业务网络。

自公司登陆创业板以来，坚持贯彻“内生式增长”和“外延式发展”并重的发展战略，连续多年保持了高速增长。公司现有员工近5000人，2014年营业收入近60亿元人民币，目前公司市值约人民币350亿元。

公司以帮助客户取得商业成功为使命，秉承员工第一、为客户创造价值、专业立身卓越执行、正直激情和进取的核心价值观，以使员工更幸福和使客户更满意为企业发展的根本目标。

公司在努力创造经济效益的同时，积极履行社会公益方面的责任和义务。蓝色光标公益(蓝公益)通过资助、公司志愿服务、员工志愿者活动等方式支持和参与公益项目，主要涉及教育、环保、NGO支持等领域。除了直接的公益资助外，公司以专业能力为公益组织提供服务，历年来向多家公益组织提供了持续性的咨询志愿服务。

（本文引自蓝色光标传播集团网）

▲公关人物简介

汪道涵

汪道涵(1915.3.27—2005.12.24)，原名汪导淮，安徽嘉山县(今明光市)人，曾先后就读于交通大学(现西安交通大学、上海交通大学)、光华大学(华东师范大学前身)，同盟会元老汪雨相之子，中共党员。曾任中共上海市委书记、上海市市长、海峡两岸关系协会会长、中顾委委员等重要职务。

1937年汪道涵考入光华大学(今华东师范大学)，1938年加入中国共产党。1980年后任中共上海市委书记、上海市市长，1987年当选为中共中央顾问委员会委员，1991年12月16日海峡两岸关系协会在京成立，汪道涵被推举为会长。1993年4月27—29日，与辜振甫在新加坡举行会谈，为两岸关系的发展作出了贡献。2005年12月24日在上海逝世，享年90岁。

汪道涵始终坚持“和平统一、一国两制”的基本方针，努力贯彻现阶段发展两岸关系、推进祖国和平统一进程的八项主张。1993年4月，汪道涵受权与台湾的海峡交流基金会领导人辜振甫举行会谈，史称“汪辜会谈”。

（本文引自360百科）

▲公关会议简介

博鳌亚洲论坛2017年年会

博鳌亚洲论坛2017年年会，于2017年3月23—26日在海南博鳌举行。

本届年会主题为“直面全球化与自由贸易”。在当前一股“逆全球化”思潮背景下，这一议题备受全国和世界关注。

本届年会以全球化、增长、改革、新经济等方向设置了42场分论坛、12场闭门对话，涉及宏观经济、区域合作、产业转型、技术创新、政治安全、社会民生等领域。年会涵盖“一带一路”建设、分享经济、工匠精神等时下热点话题。来自50个国家和地区的政、商、学、媒体等各界1700多名代表，为更具包容性的全球化鼓与呼，年会引起了中外媒体的广泛关注。

3月25日，本届年会开幕式隆重举行，中国国家主席习近平向开幕式致贺信，中国国务院副总理张高丽发表题为《携手推进经济全球化 共同开创亚洲和世界美好未来》的主旨演讲。

3月26日，本届年会闭幕，发布《博鳌亚洲论坛关于促进经济全球化的宣言》。

中国国务院副总理张高丽，美国前贸易代表MikeFROMAN，中国人民银行行长周小川，香港特别行政区行政长官梁振英，亚洲基础设施投资银行行长金立群等受邀出席论坛。

来自31个国家和地区195家媒体1082名记者和媒体人士采访了本届年会。

（本文根据《人民日报》、360百科资料整理）

▲公关事件简介

“ALS冰桶挑战赛”风靡全球，公益传播引发热议

为“渐冻症”患者募捐的慈善活动“ALS冰桶挑战赛”由美国波士顿学院的著名棒球运动员皮特·弗雷茨发起，要求参与者在网络上发布自己被冰水浇遍全身的视频内容，然后该参与者便可以要求其他人来参与这一活动。被邀请者要么在24小时内接受挑战，要么就选择为对抗“渐冻症”患者捐出100美元。“ALS冰桶挑战赛”在全美科技界大佬、职业运动员中风靡起来后，于2014年8月推进至中国，来自娱乐圈、时尚界、商人等各路名人纷纷击鼓传花，亲自上阵，挑战视频疯狂传播，仅一周时间，就掀起了慈善公益传播的高潮。

（本文引自中国公关网，2015年3月13日，略有改动）

▲公关知识简介

全域旅游

全域旅游，是在一定区域内，以旅游业为优势产业，通过对旅游资源、相关产业、生态环境等全方位、系统化地优化提升，实现区域资源有机整合、产业融合发展、社会共建共享，以旅游业带动和促进经济社会协调发展的一种新的区域协调发展理念和模式。

（本文引自人民日报微博，2017 年 3 月 8 日）

第三节　公关大事记

一、写作要点

（一）名称解释

大事记，是把重大事件或者重要活动按时间顺序记载，以便查考的材料。

公关大事记，是按照时间顺序简要记述一定范围内发生的公关重大事件和重要活动的一种文案。

（二）主要特征

1. 记述性。这种文案以记述为主要手段，真实、系统、扼要地记载公关“大事”，交代相关因素及彼此关系，以显示轮廓。

2. 参考性。这种文案属于公关档案参考资料，具有重要的参考价值，可读性很强。

（三）种类划分

1. 按性质分，有总体公关大事记、专题公关大事记。

2. 按时间分，有古今公关大事记、断代公关大事记、年度公关大事记、季度公关大事记、每月公关大事记、每旬公关大事记、每周公关大事记、每日公关大事记。

3. 按体例分，有纪传体公关大事记、纪事本末体公关大事记、编年体公关大事记、分类编年体公关大事记、大事记述体公关大事记等。

4. 按写法分，有史料长编式公关大事记、条目式公关大事记、表格式公关大事记等。

（四）基本结构

1. 必备项目

(1)标题

大多是公文式单标题。主要写法：对象、事由、文种，如《深港合作大事记》；对象、文种，如《海尔大事记》；事由、文种，《新型农村合作医疗大事记》。如需标明期限，多写在标题中，如《2016 中国互联网大事记》；可以放在标题后并外加圆括号，如《中华人民共和国大事记(1949年10月—2009年9月)》;可以用“以来”等词语,如《党的十八大以来全面从严治党大事记》。此外,有时用“×大新闻”“×件大事”“×大亮点”“之最”等形式拟题,如《南水北调工程之最》。

有时拟双标题。如《长风破浪会有时——东风日产战略合作大事记》。

(2)署名

写有关组织、部门名称或者个人姓名,置于封面、标题正下方、正文后面酌定。

(3)正文

在内容上包括两个部分。一是大事时间。尽可能写得准确,一般事件标明年、月、日,特殊事件还要写时、分、秒,历史事件把公元年号、朝代年号并提。在时间上,以年为序,年内按月、日排列,先排确切的时间,不具体的时间附后。二是大事记述。包括有关方针政策的贯彻执行情况;机构设置、体制变动、重要人事调动;内外重要会议和活动;上级领导到本组织参加重要活动或者检查、指导工作;本组织的重要决策、活动等。无论记什么事,都要用简洁的文字交代有关时间、地点、人物、数据、发展过程、因果关系。

在结构上,以大事时间为经、大事记述为纬。一事一条,每条一段或者几段文字。

2. 选择项目

(1)封面

由标题、记事上下年限、作者、编写年月(也可以写编写年月日)或者出版社组成。

(2)编写说明

有的称为前言、序言,简介目的、读者对象、意义、指导思想、原则、时间断限、材料价值及选择、体例、结构等。

(3)目录

列出条目和页次。

(4)按语与注释

在有关时期或者类目前加按语,对一些词语、背景资料做注释。

(5)附录

列出参考书目、大事主题索引、人名索引、地名索引、行政区划图、其他有关数据等。

(五)注意事项

1. 取事精要。编写公关大事记并非凡事都记,而是有大事则记、无大事不记。要选择当时影响大、事后影响深远并且有资质、科研、教育、查考价值的重大公关事件和重要公关活动。

2. 述事扼要。记述大事要分清主次,不能混杂;摘记要点,无须详尽;语言简明,不能啰唆。

二、范文阅读

▲总体公关大事记

2016年十大公共关系事件

1月5日，2017年中国公关嘉年华在北京隆重举行。当天，CIPRA还对外发布了“2016年十大公共关系事件”。

年度十大公共关系事件的评选是由CIPRA旗下《国际公关》杂志，根据2016年媒体报道统计情况分析，参考媒体关注度、公众热议度、社会影响力等公共关系要素和指标，做出的综合审定。

1. 杭州G20峰会赢得国内外好评，中国再次展现大国形象

2016年9月4—5日，G20峰会首次在中国举办。作为近年来中国主办的级别最高、规模最大、影响最深远的多边经济会议，杭州G20峰会在创新增长、结构性改革、贸易投资合作、发展议程等多方面取得积极进展，峰会再次展现了中国的大国形象，提升了中国的国际地位。作为东道主，中国为与会来宾呈现的一台大型水上情景表演交响音乐会——《最忆是杭州》，利用科技与自然的结合，完美地将中国元素和世界文化相互交融，用软实力展现国家形象。

2. 习近平主席出访足迹遍及全球，开创大国外交新时代

2016年初，习近平主席首场国事访问选择中东国家，作为“十三五”开局之年中国外交的开篇之作。这次出访也标志着党的十八大以来习主席出访足迹实现了全球覆盖。近3年来，习主席已经外访20次，足迹遍布五大洲，访问国家多达43个。首脑外交与峰会外交是中国外交积极进取的一个重要体现，“习式外交”赢得了世界越来越多国家的理解和支持，让中国的“朋友圈”不断壮大，同时开创了中国大国外交的新时代。

3. 中国共产党首发形象宣传片圈粉无数，从严治党、依法治国鼓舞人心

为向中国共产党成立95周年献礼，中央电视台特别推出公益短片《我是谁》，短短1分30秒的形象宣传片，打动了无数人。在温暖朴实的镜头中，表现出平凡党员的不平凡事迹，传递出“我是中国共产党，我一直就在你身边”的理念。他们的微笑、自信，展示出中国共产党党员的风范。党的十八大以来，以习近平为核心的党中央深化改革，从严治党，依法治国，成果辉煌。宣传片体现了党和国家事业的发展对党员提出的新要求，让广大群众深受鼓舞。

4. 中国运动员个性化表达引人关注，女排精神再成国人奋进新动力

2016年里约奥运会期间，中国选手在多个领域实现突破，得到了26块金牌、18块银牌、26块铜牌共计70块奖牌，取得了世界第三的好成绩。而且，以“洪荒少女”傅园慧为代表的运动员，其真实幽默的个性化表达方式，改变了中国运动员在外国人

眼里的刻板印象，赢得了国内外舆论的一致好评。

中国女排时隔12年再次登上奥运最高领奖台，这种"为国争光、无私奉献、团结友好、坚强拼搏"的精神，在感动无数国人的同时，再次成为人们永不言弃、迎难而上的新动力。

5."南海仲裁案"荒唐出炉，中国通过大国公关赢得理解和支持

2016年7月12日，菲律宾"南海仲裁案"仲裁庭不顾中方强烈反对，就涉及领土主权及海洋划界等事项，做出了所谓的最终裁决。面对这起严重违背国际法和国际关系基本原则的政治闹剧，中国政府第一时间发布关于在南海的领土主权和海洋权益的声明，明确表示该裁决无效、没有任何约束力，中国不接受、不承认。

在此之前，中国政府积极主动地与许多国家和国际组织进行沟通交流，阐述南海问题的由来和中国政府对南海问题的立场。通过这些大国公关活动，中国的声音受到高度关注。据不完全统计，共有70多个国家和国际、地区组织发表声明，对中国的立场表示理解和支持。

6. 华为、中车等优秀品牌输出海外，"中国制造"迈向"中国质造"

华为、中车、海尔……越来越多的中国优秀品牌凭借质量过硬和技术突破走向国际舞台，赢得海外市场的肯定和赞誉，成为中国国家形象的一张名片。如今"中国制造"已经进入注重质量和品质的新阶段。"中国质造"承载和传递着中国企业的创新精神和民族责任感。中国品牌将在"中国制造2025"战略的指引下，坚持创新与质量"双引擎"驱动，以技术创新为动力，以质量促进为抓手，全面提升"中国制造"的质量与品牌形象，让更多更好的中国品牌走向世界。

7. 以papi酱为代表的大众网红直播集中爆发，开启企业营销新模式

2016年3月，逻辑思维和真格基金等机构以1200万元人民币投资新晋网红papi酱，一个月后的papi酱广告拍卖会，最终以2200万元的高价被天猫卖家丽人丽妆拍下，被誉为"新媒体史上第一拍"。

在全民网络浪潮的推动下，越来越多的人开始注意到网红直播是流量变现的有效方式，各大品牌纷纷介入，寻求全新、娱乐、高效的营销新模式，"网红"和"直播"也成为行业年度热门词汇。未来的网红直播营销，将更加注重直播优势与创新型内容的结合。

8."公共关系：变革中前行"，2016年中国国际公共关系大会成功举办

2016年6月23日，由CIPRA主办的"2016年中国国际公共关系大会"在北京成功举行。大会围绕主题"公共关系：变革中前行"，分别从"新闻发布与讲好中国故事""'一带一路'与公共外交""数据里的自媒体""公关向何处去""新媒体与公关变革""资本市场与公关全球化"等方面展开研讨。作为中国公共关系行业规格最高、规模最大、影响最深的综合性国际会议，大会对行业现状和发展趋势进行了思考和探究，

有力地推动了中国公共关系行业持续健康发展。

9. 顺丰、神州用温情感动客户，企业危机公关面临挑战与突破

顺丰快递小哥被打，霸道总裁挺身而出；神州从 Beat U 到 Love U，抢尽“七夕”风头；百度从血友病吧事件，到贴吧打击盗版，公关接连“打死结”；三星 note7 爆炸门频出，危机公关接连帮倒忙。2016 年企业危机事件连绵不断，有些企业机智应对，转危为安，有些企业则显现出对危机处置和管理的功力不足。当下，危机爆发的速度和传播的不可控性超乎想象，企业危机公关面临更为严峻的挑战与突破。

10. 大数据、虚拟现实等高科技手段融入公关行业，助推行业发展更宽更广

新媒体时代“去中心化”和“碎片化”构成了互联网信息传播的两大特征，企业原有的公关模式已经不能完全满足客户和公众的需求。大数据应用和虚拟现实等高科技手段的快速发展，对公关行业的传播环境、生产内容、制定战略等产生了重要影响。传统的“整合营销”时代已经过去，创意结合技术才是新的发展模式，这给中国公关行业既带来了挑战，也带来了更宽更广的发展空间。

（本文引自中国公关网，2017 年 1 月 24 日）

▲专题公关大事记

京津冀协同发展大事记

2014 年 2 月 26 日　习近平总书记视察北京，主持召开京津冀协同发展座谈会，提出京津冀协同发展七点要求，京津冀协同发展上升为重大国家战略。

2014 年 7 月 1 日　京津在全国率先启动运行区域一体化改革。

2014 年 9 月 22 日　通关一体化改革正式扩大到河北省，企业可在京津冀三地自主选择通关模式、申报口岸和检查地点。

2015 年 3 月 19 日　京津冀城际铁路投资有限公司成立。

2015 年 4 月 30 日　中央政治局审议通过《京津冀协同发展规划纲要》。

2015 年 6 月　党中央、国务院颁布《京津冀协同发展规划纲要》，确定天津定位，即“一基地三区”。

2015 年 6 月 23 日　京津冀拟统一编制“十三五”规划。

2015 年 7 月 31 日　北京携手张家口成功申办 2022 年冬奥会。

2015 年 8 月 26 日　京津冀手机长途漫游费正式取消。

2015 年 12 月 20 日　京津冀试点公交“一卡通”。

2015 年 12 月 30 日《京津冀协同发展生态环境保护规划》发布。

2016 年 5 月 27 日　中央政治局召开会议，研究部署规划建设北京城市副中心。

2016 年 9 月 18 日　天津市委书记李鸿忠前往滨海新区考察，提出滨海新区要努力成为推进京津冀协同发展的示范区、排头兵。

2016年9月22日《京津冀地区高速公路命名和编号规则》征求意见,三地衔接高速拟排“J”字辈。

2016年11月28日 京津冀地区城际铁路网规划修编方案正式获得批复。

2017年1月1日起 京津冀三地102家医疗机构医学影像检查资料共享。

2017年2月14日 京津冀人大立法项目协同机制正式确立。

2017年2月17日 京津冀签署教育协同发展合作协议,将建10个基础教育协同发展共同体。

(本文引自《滨海时报》,2017年2月24日,略有改动)

第四节 公关宣传单(册)

一、写作要点

(一)名称解释

宣传,即对公众说明讲解,使公众相信并跟着行动。宣传单(册)是宣传品之一。

公关宣传单,是组织对外传播信息的一种单页文案。公关宣传单大多使用A4型纸,有时用16K型纸、32K型纸等,单色印刷与彩色印刷、单面印刷与双面印刷、折叠与不折叠等根据需要确定。

公关宣传册,是组织对外全面介绍的一种册式文案。宣传册常用16K型纸、A4型纸,有时也用32K型、12K型或者其他尺寸的纸,基本上是彩色印刷。

(二)主要特征

1. 推介性。这是公关宣传单(册)的主要功能。通过展览、发放、邮寄、网络等形式,直接有效地诠释政策、提升形象、便于推介、促进公益。尤其是公关宣传册已成为展示组织形象的一张“名片”。

2. 图文性。这是公关宣传单(册)的设计特点。在设计中,精心绘制标识图、其他示意图、统计图,恰当选用照片,讲究文字的精练以及字体、字号的变化,注意色彩的和谐,以增强视觉效果。

(三)种类划分

1. 按内容分,有政策宣传单(册)、形象宣传单(册)、招商引资宣传单(册)、庆典宣传单(册)、展览宣传单(册)、公益宣传单(册)等。

2. 按写法分,有概述式公关宣传单(册)、分述式公关宣传单(册)、表格式公关宣传单(册)、图示式公关宣传单(册)、综合式宣传单(册)。

3. 按形式分,有单页式、书刊式、折叠式(有的称为风琴式)、插袋式等。

4. 按构成分，有单篇公关宣传单（册）、集锦公关宣传单（册）。

5. 按时间分，有定期公关宣传单（册），如招生宣传单（册）；非定期宣传单（册），如展览宣传单（册）。

（四）基本结构

1. 公关宣传单

（1）标题。

一般是单标题，主要写法：公文式，如《〈陕西省治理公路超限运输办法〉宣传单》；对象式，如《飞龙大酒店》；主题式，如《遵守食品安全标准 履行食品安全义务》；提问式，如《消费者怎样维权？》。

如有必要，可以拟双标题。

（2）正文

在内容上，各类公关宣传单都有特定的内容。比如，政策的意义、依据、条款、注意事项；形象设计的创意、构成；推介的项目、意义、程序；公益的性质、意义、要素、实施等。

在结构上，可以分前言、主体、结尾三个部分，也可以不设首尾。

（3）署名

写组织的全称或者规范化简称。如有必要，还写地址、邮政编码、网址及邮箱、电话号码、传真号码等。

（4）成文日期

标明具体的年月日。可以省略此项。

2. 公关宣传册

（1）封面

包括组织的名称、标识、宗旨，代表性人物，标志性建筑等。

（2）环衬

连接封面与内页，可以不设此项。

（3）扉页

包括标题、作者、成文日期等，可以不设此项。

（4）内文

包括领导致辞（董事长、总经理等主要负责人的照片、致辞、签名）、组织简介、机构设置（大多图示决策层、职能部门、业务部门、直属机构的名称及彼此关系）、业务领域（采用文字、表格、图示的方式说明主要业务、拓展业务的项目及经济指标）、技术开发（有关项目及成果）、经营管理（管理理念、人才战略、奖惩制度等）、文化建设（组织的价值观、精神、道德、形象、团队意识以及文化活动）、所获荣誉（文字表述并附有奖杯、奖状、奖章、证书的照片）、发展规划（近期、中期、长期目标）等。以上内容根据组织性质和编写需要来安排。

(5)封底

包括组织的地址、联系方式、标识等。

(五)注意事项

1. 语体相符。公关宣传单(册)属于说明书,可以适当借鉴其他语体的写法,但不能跑"体"。特别是带有广告色彩但不能广告味十足、借用艺术笔法却不可完全艺术化。

2. 篇幅尚短。公关宣传单多是一两页,必须做到主题单一、结构紧凑、语言简练;广告宣传册尽管介绍较全面,但内页也不要太多,在一般情况下最好控制在10页之内,还要突出重点、表达概括。

二、范文阅读

▲分述式公关宣传单

2016年农安县社会保险新政策宣传单

一、根据《关于促进大学生就业创业养老保险扶持政策有关问题的通知》(吉人社办字〔2016〕40号)文件精神,高校毕业生(大专以上)可从毕业当月起,按照当年的基数补缴养老保险费(与有档案的企业职工相同缴费标准),但补缴时间不得早于1996年。进入机关事业单位的,补缴年限与机关事业单位养老保险缴费年限累计计算,并作为计算工作年限的依据。高校毕业生(大专以上)申请补缴养老保险费,应向农安县社会保险局提供本人的毕业证、身份证原件及复印件。

二、根据《关于城镇职工基本养老保险缴费有关问题的通知》(吉人社办字〔2016〕41号)文件精神,2015年底前已参加城镇职工养老保险的人员,缴费年限不足20年,2016年底前可申请趸缴补足20年,仍按2014年平均工资确定缴费基数。

三、根据《吉林省社会保险事业管理局关于进一步加强助保贷款和个人权益保障工作的指导意见》(吉社保〔2016〕42号)文件精神,凡以个人身份参加城镇职工养老保险,并有贷款意愿的人员,符合银行贷款条件的,均可申请办理贷款。对担心在领取待遇期间死亡,导致个人利益遭受损失的参保人员,可参加由中国人寿财产保险股份有限公司农安支公司签订的借款人人身意外伤害保险附加疾病身故保险,其规定在领取养老金5年以内死亡的,由中国人寿财产保险股份有限公司农安支公司最高赔付额度为5万元的保险金。

四、根据《农安县人民政府关于加快推进农业转移人口市民化的实施意见(试行)》(农府发〔2016〕8号)文件精神,规定以下两点。

1. 农民进城购买首套普通住房,且家庭成员其中一人在农安县参加城镇职工基本养老保险可以享受一人次一次性补贴,补贴标准按照其购房当年城镇职工养老保险年缴费基数的最低(60%)档次补助(2016年补助金额为4980元),缴费基数随社会平均工资等标准逐年浮动,补贴标准也相应进行调整。

2. 农民进城创业，如取得营业执照6个月以上、且以个人身份参保的，可享受3年返还社保补贴政策；如初次申报且年龄在女45周岁、男55周岁以上，可连续申报5年返款补贴，返款比例为当年保费的50%。

五、根据《关于促进城乡居民参加城镇职工基本养老保险有关问题的通知》(吉人社办字〔2015〕93号)文件精神，凡16周岁以上城乡居民，都可以参加城镇职工基本养老保险，自愿选择100%、80%、60%三个档次缴费。已经参加城乡居保的人员，也可以参加城镇职工养老保险。已领取了城乡居保待遇的，将在享受城职保待遇时停发，两项待遇不能同时享受。城乡居民办理参加城镇职工养老保险，须向农安县社会保险局提供本人身份证、户口簿原件及复印件和劳动保障事务所开具的灵活就业证明原件。其具体缴费方式、缴费额及享受待遇预测等情况见附表。

附表：分档缴费对照表及享受待遇预测表

地 址：(略)

咨询电话：(略)

农安县社会保险事业管理局

2016年8月10日

(本文引自农安政府网，2016年8月15日)

▲表格式公关宣传单

保健食品与普通食品的区别

保健食品	普通食品
限于特定人群食用	所有人群可食用，不限食用人群
具有调节机体功能	提供营养，没有保健功能
对食用量有规定并且不能替代正常的膳食	对食用量一般不作规定

保健食品与药品的区别

保健食品	药 品
不能用于治疗疾病	用于治疗疾病
对人体不产生任何急性、亚急性或慢性危害	允许有一定的副作用
可以长期食用	不能长期服用
经口，以胃肠道为主	肌肉注射、静脉注射、皮肤、口服等

(本文引自豆丁网)

▲图示式公关宣传册

图 6-2　湖南大方农化有限公司宣传册(节选)

第五节　公关宣传片脚本

一、写作要点

(一)名称解释

宣传片,是宣传品之一。脚本,有的称为底本,是表演戏剧、曲艺,拍摄影视作品等所依据的本子。

公关宣传片,是用制作电视、电影的表现手法对组织概况及公关活动进行策划、拍摄、录音、剪辑、配音、配乐、合成输出制作成片,目的在于声色并茂地凸现组织的风貌、彰显组织实力,从而树立良好的组织形象。公关宣传片脚本是拍摄公关宣传片依据的一种文案。

(二)主要特征

1. 展示性。在组织内部的多功能会议室或者组织外部的大型活动现场,在几分钟至几十分钟之内通过公关宣传片集中展示组织及专题公关活动的信息。脚本是拍摄公关宣传片的依据，对这种展示做总体设计。

2. 立体性。与公关宣传单（册）平面设计相比，公关宣传片脚本呈现立体化。它融文字、声音、画面于一体，合成充满动感的影视艺术，有很强的传播效应。

（三）种类划分

1. 按性质分，有总体公关宣传片脚本、专题公关宣传片脚本。

2. 按内容分，有组织概况宣传片脚本、庆典宣传片脚本、论坛宣传片脚本、展览宣传片脚本、公益宣传片脚本、其他公关活动宣传片脚本。

3. 按写法分，有段落式公关宣传片脚本、表格式公关宣传片脚本、综合式公关宣传片脚本。

4. 按发布次数分，有单次公关宣传片脚本、系列公关宣传片脚本。

（四）基本结构

1. 封面

用于篇幅较长的公关宣传片脚本，写明标题、作者、日期，有时还加图案。

2. 标题

单标题。主要写法：对象、事由、文种，如《神农架林区国家税务局精神文明创建工作专题片脚本》；对象、文种，如《深圳园林建筑公司宣传片脚本》；主题或者事由、文种，如《“足迹”脚本》。

双标题。有两种：引题和副题，如《中国·南京博润医疗集团 全力打造中国医疗投资管理领导品牌》；正题和副题，如《超越梦想——石嘴山市建市50周年电视宣传片脚本》。

如有必要，在标题后或者标题正下方注明版记，如“讨论稿”“修改稿”“执行稿”，外加圆括号。

3. 正文

在内容上，公关宣传片种类很多，脚本内容也各异。比如，国家、地方、行业的概况、历史、成就、规划；党派、机关、团体、单位的简况、沿革、形象、实力、效益、理念、文化、愿景；产品或者服务的名称、功能、类型、特色；公益的名称、性质、意义、构成、效果；其他公关活动的名称、组织者、参与者、特点、过程、收效等。运用艺术构思的宣传片在内容上可以打破常规，设计人物、事件、环境。

在结构上，前言用简洁的文字阐述宣传片的立意、时间长度、结构、制作风格等，可以不设此项；主体大多安排序幕、正篇、尾声三个部分，每个部分包括序号、画面、分镜头、特效、字幕、画外音（旁白）、镜长等要素，或者设若干项目纵向排列，或者在表格中横向设置。

4. 署名

标出编写的组织、部门名称以及作者姓名。

5. 成文日期

写完成的年月日。

6. 封底

用于篇幅较长的公关宣传片脚本，多加图案点缀。

（五）注意事项

1. 个性化。近年来公关宣传片逐渐增多，但似曾相识之作不少，主要原因在于缺乏个性。要认真分析特定的背景、对象、其他资料，巧妙运用影视技术，表达新颖主题、展现独特风貌。

2. 镜头感。脚本是拍摄的“蓝本”。从这个意义上说，公关宣传片脚本不是写出来的，而是画出来、说出来的。因此，要跟着镜头走，通过文字描摹、解说画面，产生视听的感染力。

二、范文阅读

▲段落式公关宣传片脚本

太平洋国际饭店企业形象宣传片策划脚本

策划创意：王兴广

流程制作设计：陈劲洋 王金珊

创作立意

本案以科创集团太平洋国际饭店企业文化理念为主线，分七个部分展开：序幕 水到渠成，顺理成章；第一篇 企业形象 打造饭店航母，闪耀川西明珠；第二篇 企业实力 观斑而知豹，立业即扛鼎；第三篇 企业理念 规矩勤织成方圆，理念铸就企业魂；第四篇 企业文化 魅力三星堆，温馨太平洋；第五篇 企业蓝图 开业大鹏举，东风起蓝图；尾声 今朝功成书传奇，明日添彩续辉煌。

在这七个部分中，充分体现太平洋国际饭店是一个奉献型、文化型、实力型、诚信型、成长型的大企业。

通过这个脉络清晰且颇具艺术性的企业形象宣传片，全面展示太平洋国际饭店创业、发展、成就及企业文化的辉煌，反映其国际化、人性化、现代化的管理理念，让太平洋人、太平洋战略伙伴、太平洋客户感受到太平洋是一个拥有“专业、敬业、实力、和谐”的企业，从而在心理上产生自然认同感。

关于片中采用一些特定元素的诠释：万涓溪流汇成海，象征着太平洋国际饭店在神圣使命下的创立；航母在太平洋掀起巨浪，寓示着太平洋国际饭店雄心壮志的历程；浩渺无涯、惊涛骇浪的水面，海纳百川，有容乃大，预示了太平洋国际饭店的雄厚实力;航母训练有素的战斗编队,恰似太平洋国际饭店博大精深的企业文化;礼炮绽放就是开业以来所取得的卓越成就。

全篇结尾处,用特写镜头太平洋标识展示太平洋国际饭店的宏图伟志。

制作风格:中国传统文化讲究细腻性、整体性和统一性,这一点在本案得到很好体现。七个部分条理清楚,层次分明,逻辑性强,给人一气呵成的感觉,其间又融合了西方文化注重细节、不拘泥于某一形式的特点,在庄重中又不失活泼。

全篇格调明快,并在其中穿插大气、雄浑之场景,使整体充满强烈的节奏感、现代感。

具体方案

序 幕

画面:实景+动画

特写———一片宽广的蓝色海洋水面上,飞起只只海鸥,追逐环绕。

俯、移——在金色的光芒下,海鸥环绕成圆形,幻化出标识痕迹。

推、特——鸥群旋转穿插,落下定格,并变成太平洋国际饭店的 Logo。

字幕:太平洋国际饭店

画外音:魅力三星堆 温馨太平洋。

第一篇　企业形象

画面:实景+特效

清晨,林间溪水潺潺,穿越美丽的山川汇入大海,特写入海口海面融汇出的浪花景观过渡到航母起航。

拉、摇——太平洋国际饭店大门,一群朝气蓬勃的年轻人谈笑步入。

特写——各部门员工形象、接待服务。

风格:突出朝气、健康、活力、凝聚。

字幕:打造饭店航母,闪耀川西明珠。

画外音:太平洋国际饭店,具海洋之胸襟,坦诚团结;得海洋之气势,波澜壮阔;承海洋之精神,开拓不已,永无止境。海洋,是深邃的、是包容的、是多元的、是有凝聚力的。浩瀚太平洋的灵韵气质,映射着太平洋人的厚积薄发,诠释了“海纳百川,诚信经营”的价值理念。

第二篇　企业实力

画面:实景+动画

浩渺无涯的太平洋。一阵惊涛骇浪过后,航母全速前进,旗帜飘扬,见太平洋国际饭店的标识从海平面缓缓升起。

镜头切至实景,展现企业现状和综合实力。剪辑速度稍慢。

特写——前厅、餐饮、客房、康乐硬件设施。

画外音：饭店位于德阳经济开发区的旌湖河畔，德阳市珠江东路8号。东倚文化娱乐城、东湖山公园，北望市政府机关、市体育场，西傍风景秀丽的绵远河，交通便利、环境优雅。饭店拥有设施完善的标准房、行政房、豪华套房、总统套房共264间(套)。房间内布置精美，配备高新卫星接收器和Internet网络接口等高端设施。

饭店荟萃欧陆风情和中式典雅的各式餐厅、咖啡厅能让您品尝到来自海内外不同风味的美食，大堂吧现场钢琴演奏，更高雅，更享受！各种多功能的会议厅能满足不同的商务会议、主题宴会或团队活动的需求；再加上宽敞明亮的游泳池、设施齐全的健身中心、服务周到的桑拿按摩中心都能让劳累的您得到全身心的放松。无论您到城市里领略一番旌城的风情，还是想在美丽的旌湖畔漫步，太平洋国际饭店都是您的首选下榻之地！

第三篇　企业理念

画面：以实拍为主。

宽广的地域，一棵大树枝繁叶茂，立于土壤中，在阳光的照射下，更加绿意葱葱。画面切至企业内部，领导层开会决议的场景，突出领导层稳健理性的行事作风。

推、特写——会场、诸多管理会议、饭店主要领导讲话。

特效——贵宾下榻饭店、贵宾合影。

字幕：规矩勤织成方圆，理念铸就企业魂。

画外音：观念决定思路，思路决定出路。太平洋的领导层正是清晰敏锐地看到了这一点。他们深知：价值源于创造。秉着科创集团"艰苦奋斗、锲而不舍"的企业精神，"以人为本、实事求是"的管理方针，太平洋人始终以市场为导向，把顾客放在第一位。坚持以经济效益为中心，优化队伍，优化机制，优化经营，加强企业文化建设。通过持续不断地创造，为顾客创造价值，为企业创造效益，为员工创造平台，为社会创造财富，从而使全体太平洋人和社会大众生活得更有意义。

在品牌战略上，太平洋人持之以恒地塑造饭店品牌，通过品牌实现差异化，把产品价值提升为品牌价值，最终将饭店品牌打造成集团的核心竞争力。

第四篇　企业文化

画面：航母上训练有素的战斗编队。

切至企业内部，太平洋员工培训、学习、活动、实操等场景，重在展示其积极向上的精神风貌。

摇、拉、特写——部分培训、活动、聚会(其间插饭店三星堆雕塑)。

画外音：企业文化是企业的灵魂，是企业核心竞争力形成的基础。一个企业如果没有先进企业文化的统领，就难以保证其基业长青。太平洋的成功与其初步构建的企业文化是密不可分的。

现代企业的竞争，更多的已体现在企业文化层面的竞争。太平洋人认为："企业文化就是太平洋国际饭店的价值观和经营管理思想，以及在此指导下形成的具有太平洋特色的服务理念、规章制度和企业风气”。太平洋人认为，企业规章制度只能强制员工达到最低标准，而企业文化则能引导员工追求更高境界。

饭店要在激烈的市场竞争中永远立于不败之地，先进的太平洋文化的引领显得至关重要。与时俱进、吐故纳新、不断优化、永葆活力，是饭店企业文化持续发展的根本保证。三年的风雨坎坷，在集团创办人何俊明、饭店总经理何强的带领下，太平洋人一路走来，成就了今日之国际饭店。

字幕：魅力三星堆，温馨太平洋。

第五篇　企业蓝图

画面：实景＋三维动画＋特效

百花盛开、繁花似锦；大鹏展翅，凌空高飞。

切至太平洋国际饭店开业盛典、再切换到一张德阳市地图，随后变成全国地图，再到世界地图，同时在德阳坐标标出航母具象，向不同方向起飞战斗机，寓意太平洋走向全国、走向世界。

推、移、切、拉、特写——开业庆典剪彩、领导讲话、嘉宾、宴会、表演等。

画外音：开业大鹏举，东风起蓝图。太平洋国际饭店的盛大开业，给大家展现了她的专业和睿智，以及运筹帷幄的从容。正如太平洋人所言：自信的人，总是锲而不舍地挑战，有挑战才会有突破。我们有理由相信，太平洋国际饭店将开创德阳星级饭店的新华章！

字幕：一分耕耘，一分收获，太平洋人终于迎来了今天的累累硕果。

尾声

画面：实拍

通过采访员工、客户，侧面烘托太平洋国际饭店。

推、拉、特写——员工真情语录、表决心、寄希望。

画外音：理想，都是由人去实现。在这儿的每一个人，都在享受着追求理想的乐趣。

从业前开荒到成功开业，从饭店管理到社会服务，对于新时代的企业而言，既是一份沉甸甸的责任，又是一个需要不断探索的课题。唯如此，太平洋才有其存在和不断探索下去的理由；唯如此，我们才有了前行的目标和方向。

特写——太平洋全景、切至企业 Logo，画面定格。

字幕：太平洋国际饭店诚邀四海宾朋，期待您的光临！

（本文引自织梦 CMS 网，2017 年 1 月 2 日）

▲表格式公关宣传片脚本

文化绽放·定格顺德(节选)

欧丽婷

第一部分　宣传片概况

影片时长	500秒
主　题	顺德——一座有文化底蕴的现代城市
口　号	文化绽放·定格顺德
传播目标	1. 宣传顺德形象,尤其是人文方面的形象 2. 提高顺德在省内国内的辨识度与形象力 3. 增强顺德的魅力与吸引力 4. 提升整个顺德的人文精神 5. 加深顺德市民的认同感与归属感 6. 促进顺德各产业的发展,如招商引资、留住人才等
类　型	艺术性+现代性+创新性(以小见大,付诸情感需求)
风　格	节奏平缓、真情流露的写实记录,景、人、情三者融合,突出文化底蕴的厚重传承与人文情怀的温馨自然

第二部分　创意说明(略)

第三部分　宣传片框架(略)

第四部分　宣传片分镜头脚本

顺德城市形象宣传片文案分镜头脚本			
主题	顺德文化→顺德人→顺德形象	时长	500秒
功能	展现顺德文化魅力与底蕴,宣传顺德形象,对外塑造顺德印象,提高城市影响力。		
镜号	【景别·技巧】画面		配声

续表

片头		
1	【远中景·跟】穿过顺德特色的略为古老的小巷 【中景·定】一直到顺德特色旧民房前定住,门被缓缓推开 【中景·跟推】阳光撒入屋内,书桌上摆放着一本怀旧相册 【近景特写·推】相册封面被阳光照亮 【大特写·Logo 特效】封面印着"文化印记·定格顺德" 【特效】相册被徐徐翻开	【建议配乐】日出——纯音乐版(全片)
忆·岭南美		
2	【近景】相册第一页,4 张老照片有序排列,中间突出标题"忆·岭南美"(照片均关于顺德自然风光或名胜古迹,最好是陈旧色调) 【特写·推】自然拉近一张老照片,定格的画面为:一对母子在清晖园门外,正想步入园内	
3	【特效】老照片被放大最终变为全屏实景,字幕为老照片年份 【特效或远景】照片开始"播放",母子慢慢步入清晖园旧正门 【特效或远景·跟】以母子视角,一路展现清晖园岭南园林建筑变化美(色调也从陈旧色逐渐变明亮,反映时间在流逝)	【穿插】水流声、风声、雨声,营造一个真实的风景场面
4	【远景·摇推定】最终画面停留在清晖园一座亭子,此时为 2016 年,字幕为"2016 年清晖园" 【近景·定】景色相伴,亭子内一家老少在品茶,温馨乐融融 【远景·拉摇】自然过渡向上到天空的画面,又慢慢往下	
5	【远景】自然过渡到顺峰山公园风景以及最终老年人在公园前朝气蓬勃地跳舞,字幕为"顺峰山公园"	

续表

6	【远景·摇】自然过渡到逢简水乡风景以及最终人们在老树下乘凉(下棋),字幕为“逢简水乡”	
7	【远景·摇】自然过渡到顺德祠堂以及最终同一姓氏族人在祠堂前的合照,字幕为祠堂名字	
8	【特效】定格的最终画面变为照片,回归相册,拉远一定距离,4张老照片已变成现代彩色照片,画面分别为镜号5、6、7最后的画面	
承·南国艺		
9	【近景】相册第二页,3张老照片有序排列,中间突出标题“承·南国艺”(照片为陈旧色调的关于粤绣、粤剧、武术的老照片) 【特写·推】自然拉近一张老照片,定格的画面为:一顺德粤剧名伶正在经典舞台上唱粤剧	
10	【特效】老照片被放大,最终变为全屏实景,字幕为老照片年份 【特效或中景】照片开始“播放”,名伶演起了粤剧,左右两侧为乐队,正在伴奏。 【中景】名伶小碎步退场	【穿插】一小段花旦唱的粤曲作为现场声音
11	【中景】另一顺德粤剧小生上场,唱出一小段。此时其服饰较为精致,环境较之前的要现代(体现时间的流逝感) 【中景】小生退场	【穿插】一小段小生唱的粤曲作为现场声音
12	【中景】两个孩子穿着简单的服装上场对唱粤剧,旁边有一粤剧老师在旁指导,场景更为现代化,预示着此时为2016年,字幕为“粤剧”	
13	【中景·摇】镜头渐渐脱离舞台,自然过渡到悬挂着的一幅又一幅广绣作品 【中景】最后一幅作品吹起,看见的是刺绣的现场画面 【中景·推】拉近一老人正一针一线地教一顺德年轻姑娘广绣,字幕为“广绣”	

续表

14	【中景近景·摇推】镜头转向老人和姑娘的身后的电视，正播放旧时的顺德武术展示片段，并推近 【中景远景·拉】自然过渡，逐渐拉远电视，一群武术爱好者在认真整齐地练习着咏春拳(或其他武术)，当中还有外国人，字幕为“咏春拳”	【穿插】习武的声音
15	【特效】定格的最终画面变为照片，回归相册，拉远一定距离，3张老照片已变成现代彩色照片，画面分别为镜号12、13、14最后的画面	
品·凤城味		
16	【近景】相册第三页，5张老照片有序排列，上方突出标题“品·凤城味”(照片是顺德关于美食如双皮奶、陈村粉的老照片，可呈现制造过程) 【特写·推】自然拉近中间一张老照片，定格的画面为大良民信老铺门前旧照	
17	【特效】老照片被放大，最终变为全屏实景，字幕为老照片年份 【特效或中景】照片开始“播放”，民信老铺门前人来人往、进进出出，并且老铺也随时间在不断改变，一直到2016年	
18	【中景·跟】推门进入，店面人很多 【中景·跟】进入厨房，简单地拍摄双皮奶形成过程 【中景·跟】双皮奶被端出，孩子乐呵呵地吃上几口，字幕为“双皮奶”	【穿插】制作声音
19	【中景·跟】推门出去，自然过渡到黄但记，并简单拍摄陈村粉制作 【中景·跟】陈村粉被安放在桌上，一对情侣共享一盘，字幕为“陈村粉”	【穿插】制作声音

续表

20	【中景·跟】再次推门出去，自然过渡到制作均安蒸猪的地方，并简单拍摄均安蒸猪制作与分切 【中景·跟】切片的蒸猪分给村民，村民们满足地品尝着，字幕为“均安蒸猪”	【穿插】制作声音
21	【中景·跟摇】镜头自然转向，场景转换为一厨房，厨师正在忙碌地工作 【中景·跟推拉】简单拍摄鱼与鱼片的制作，炸牛奶的制作等（下锅、切片等）	【穿插】制作声音
22	【中景·跟】一碟菜被端上，桌上还有其他的特色顺德菜，转盘转动，大家族的人在幸福聚餐，字幕为“顺德菜”	【穿插】一家人聚餐声音
23	【特效】定格的最终画面变为照片，回归5张老照片已变成现代彩色照片，画面分别为镜号17、18、19、20、22最后的画面	
遇·水乡情		
24	【近景】相册第四页，4张老照片有序排列，下方突出标题“遇·水乡情”（照片关于顺德民俗如赛龙舟、观音开库、人龙舞、陈村迎春花会的老照片，可呈现制造过程） 【特写·推】自然拉近一张老照片，定格的画面为一条龙舟在水面上划行	
25	【特效】老照片被放大，最终变为全屏实景，字幕为老照片年份 【特效或中景】照片开始“播放”，龙舟在不断前行，两边风景在不断变化，色调也从陈旧变得清晰明亮，最终龙舟“驶入”2016年，观众在两边呐喊助威	【穿插】一小段龙舟说唱

续表

26	【中景】另一边岸上，又有另一条准备下水，下水前，一老人正为其点睛，周围满是村民欢呼雀跃 【中景·跟】龙舟在壮士们的搬抬下入水。 【特写】周围的群众，当中有外国人，在拍照，拍掌叫好。字幕为“赛龙舟”	【穿插】观众等的呐喊鼓掌声
27	【中景·拉】从特写的观众中拉远，自然过渡到观音开库的盛况中。 【中景·跟】展现顺德人参加观音开库，乃至观音信俗的各种仪式的画面，字幕为“人龙舞”	【穿插】现场声音
28	【中景或特效】自然过渡到人龙舞的场景，展现出人龙舞的气势与力量，字幕为“人龙舞”	【穿插】现场声音
29	【中景】自然过渡到陈村迎春花会的场面 【中景·跟】买花人群手拿喜庆挥春，捧着花在花卉世界里走着，处处洋溢着春节气氛。字幕为“陈村花会”	【穿插】现场声音
30	【特效】定格的最终画面变为照片，回归4张老照片已变成现代彩色照片，画面分别为镜号26、27、28、29最后的画面	
片尾		
31	【特效】相册盖上，怀旧相册已经变成了现代式相册	
32	【中景·跟】一微笑的小孩捧着相册，并把它小心翼翼地把其放在书架上 【中景到特写·推】相册侧面（厚度地方）写着“文化绽放·定格美丽顺德”，展开，全屏，结束	【穿插】小孩的话——“文化顺德，美丽顺德”

备注：配声中【穿插】指的是降低音量的在有背景音乐的情况下的穿插，可增添。

（本文引自顺德城市网，2016年5月25日，略有改动）

第六节　公关解说词

一、写作要点

(一)名称解释

解说词,是对有关对象进行解释说明的材料。

公关解说词,是在公关的现场、展览、宣传片中介绍相关组织、人物、事件、环境及其他情况的实物、画面、声音的一种文案。

(二)主要特征

1. 解说性。有关实物、画面、声音直接诉诸视听,但对公众来说只靠看和听是不够的,需要配以解说。这种文案具有科学性与形象性的优点,让公众对相关信息有一个比较全面深刻的认识,并产生情感上的共鸣。

2. 顺序性。这种文案是按照实地参观、展品陈列、镜头推移的顺序编写的,每个地点、展台、镜头既相对独立又前后衔接,层次安排显示出内在的联系性和外在的次第性,合乎公关工作和公众认识的规律。

(三)种类划分

1. 按性质分,有总体公关解说词、专题公关解说词。

2. 按对象分,有公关现场解说词、公关展览解说词、公关宣传片解说词等。

3. 按写法分,有实用体公关解说词、文艺体公关解说词。

4. 按发布次数分,有单次公关解说词、系列公关解说词。

5. 按形式分,有口头解说词、书面解说词等。

(四)基本结构

1. 标题

一般采用公文式单标题。主要写法:对象、文种,如《宝应县国税一分局办税服务厅解说词》;主题、对象、文种,如《〈托起大山的希望——中营乡民族中心学校〉解说词》。

系列公关解说词有总题和分题。如总题《将改革进行到底》,分题《时代之问》《引领经济发展新常态》《人民民主新境界》《维护社会公平正义》《延续中华文脉》《守住绿水青山》《强军之路》《党的自我革新》《人民的获得感》。

2. 称谓

用于现场、展览解说词。根据具体情况确定。

3. 问候语

用于现场、展览解说词,如“上午好”。

4. 正文

在内容上，根据实际情况确定。比如，名胜古迹、人物事迹等内容相对集中，围绕主题，从不同侧面加以解说；形态不同、画面各异的展品、图片等，相对独立，互为关联；宣传片配音以画面为主，解说词语与画面对应。

在结构上，前言勾勒概貌、有意设问、揭示主题、渲染气氛；主体或者按事情的发生、发展、结束的过程来讲解，或者以参观地点或者人物活动地点为序，或者把不同项目分成几类逐一说明，或者根据主题划分若干类资料；结尾有照应前言、总括全文、展望前景、抒写抱负等多种写法。

5. 致谢语

用于现场、展览解说词，如“谢谢各位”。

（五）注意事项

1. 切合对象。实物、画面、声音是公关解说词的依据。要忠实于解说对象，选择适当的表达方式、表现技法和具体词句，着力突显主要特征，不能失实、游离、浮泛。

2. 使用“民话”。绝大多数公关解说词是“说”给公众听的，应该说得顺口、听得入耳。这里的“民话”就是公众的语言，具有平白、生动等特点，易懂有趣。

二、范文阅读

▲公关现场解说词

庆祝中国人民解放军建军 90 周年阅兵解说词（节选）

一、陆上作战群

机动作战、立体攻防。陆上作战群率先通过检阅台。

【空中突击梯队】

空中突击梯队呼啸而至。10 架武装直升机率先开辟空中通道。8 架武装直升机掩护 18 架运输直升机，输送精锐力量，突入作战区域。

空中突击力量，具有快速机动、精确打击等优势，在未来战争中承担着重要使命。这次改革，空中突击旅首次进入人民军队序列，陆地猛虎插上了钢铁翅膀。

猎鹰盘旋，神兵天降。18 架运输直升机准确抵达各自战位，呈战斗队形快速降落。8 架武装直升机在翼侧实施支援掩护。突击队员一跃而出，如雄鹰扑地、似猛虎下山，冒着飞沙走石，向预定地域集结。

疾如风、快如电。年轻的士兵英勇无畏、敢于胜利，诠释了当代革命军人一往无前的血性胆气。

【坦克方队】

铁甲铿锵，铁阵生威。现在接受检阅的是坦克方队，领队为姚旺少将。22 辆坦克呈“箭”形布阵，象征着“陆战之王”勇往直前。作为我国自主研发的主战坦克，99A

坦克实现了火力、机动力、防护力和信息力的有效融合，体现了陆战装备的新水平。

【步战车方队】

浩荡而来的步战车方队，由04A履带式步战车和08式轮式步战车混合编成，领队为赵宇少将。作为机械化、信息化复合式发展的陆上作战代表性装备，两款新型步战车，标志着陆上机动攻防能力的整体跃升。

【自行火炮方队】

现在驶来的是自行火炮方队，由122自行榴弹炮、155自行加榴炮和300毫米远程火箭炮混合编成，领队为柳林少将。炮兵素有“战争之神”的美誉。伴随着现代化水平的提高，今天的中国炮兵火力更猛、精度更高、机动性更强。

【反坦克导弹方队】

紧随而来的是反坦克导弹方队，领队为黄桃益少将。受阅的红箭—10反坦克导弹，既能精确打击地面重要目标，又能抗击低空、低速目标，是我军目前装备的最新式反装甲武器。

改革重塑、力量优化。今天的陆上作战力量，正在由区域防卫型向全域作战型加快转变。

二、信息作战群

未来作战，信息制胜。即将接受检阅的是信息作战群。

【信息支援方队】

现在开过来的是信息支援方队，领队为李宗利少将。这支新型作战力量在国防和军队改革大潮中光荣诞生，正加快融入全军联合作战体系，在关键领域实现跨越发展。

【电子侦察方队】

紧随其后的是电子侦察方队，领队为易建设少将。受阅电子侦察车组，具有多种手段融合、机动部署灵活等特点，能够为掌握复杂电磁环境下战场主动权提供有效支撑。

【电子对抗方队】

现在通过的是电子对抗方队，由雷达干扰车和通信侦察干扰车组成，领队为吴亚非少将。电子对抗已经成为现代战争中的重要手段。新型电子装备列装部队，使我军电子对抗能力获得了长足发展。

【无人机方队】

无人机方队向检阅台驶来，领队为毛明荣少将。受阅机群由通信干扰无人机、雷达干扰无人机和反辐射无人机组成，能够对敌方指挥通信体系进行有效压制。

三、特种作战群

拔点夺要，战略破袭。作为精兵作战的缩影，特种作战群即将接受检阅。

【特种兵方队】

威风凛凛的特战尖兵乘坐全地形车疾驰而来，领队为张建刚少将。特种作战是现代战争的重要方式。我军特种兵近年频繁亮相国际赛场，在强强对抗中展示了中国军人的高超技能和旺盛斗志。

【特战装备方队】

现在接受检阅的是特战装备方队，由防护型突击车和轮式轻型侦察车组成，领队为吴爱民少将。特种装备助力特种作战，人与武器的最佳结合锻造敢打必胜的特战精兵。

四、防空反导作战群

盾坚矛利、护卫长空。防空反导作战群即将接受检阅。

【预警雷达方队】

首先开过来的是预警雷达方队，领队为孟宪章少将。受阅雷达装备具有高机动、高性能、高可靠的特点，作为国家空天安全的守望者，坚守在空防体系的战略前哨。

【地空导弹方队】

现在接受检阅的是地空导弹方队，领队为刘明豹少将。红旗—9B和红旗—22两型地空导弹，是我国自行研制的全天候、多通道、中远程新一代地空导弹，极大提高了信息化条件下防空反导能力。

【弹炮系统方队】

弹炮系统方队开过来了，由09式自行高炮、红旗—6弹炮导弹发射车和跟踪高炮车组成，领队为董玉江少将。弹炮系统是防空体系的重要一环，具有快速机动、火力密集等特点，是低空抗击、末端防御的有效手段。

五、海上作战群

纵横海天，走向深蓝。海上作战群接受检阅。

【海军陆战队方队】

陆战队方队出现在阅兵场上，领队为孔军少将。孔武有力的男兵，英姿飒爽的女兵，带来了大海的气魄，也把这支两栖作战力量的雄风带到了受阅现场。

【海军导弹第1方队】

海上作战第1方队由海红旗—9B舰空导弹和鹰击—12A舰舰导弹组成，领队为魏文徽少将。海红旗—9B主要担负舰艇区域防空任务，鹰击—12A主要担负大中型水面舰艇打击任务，两款新型导弹都是夺控制海权的重要装备。

【海军导弹第2方队】

海上作战第2方队随即而来，领队为刘子柱少将。受阅的鹰击—83K空舰导弹和鹰击—62A岸舰导弹，突防能力强、打击范围广、毁伤威力大，是海军反舰慑敌的中坚力量。

六、空中作战群

壮志凌云，搏击长空。空中作战群穿云破雾接受检阅，领队为夏维宴少将。

【预警指挥机梯队】

首先飞过来的是预警指挥机梯队。空警—2000预警机、空警—500预警机、运—8指通机和运—8干扰机，在8架歼—10B战机的护卫下，列阵长空，接受检阅。预警机、指通机等先进装备的列装，使我军预警和作战指挥控制范围有效拓展。

【轰炸机梯队】

轰炸机梯队飞过来了，由9架轰—6K编成3个三机楔队。轰—6K是我国自行研制的新型战略轰炸机，能够携带巡航导弹和空地导弹，具备远程奔袭、大区域巡逻、防区外打击等能力，是我军重要的空基远程打击力量。

【运输机梯队】

运输机梯队由1架运—20和2架运—9运输机组成。运—20是我国自主研发的新一代军用大型运输机，具有航程远、载重大、速度快等特点。运—9是我国国产中型战术运输机。大型运输机技术的突破，推动了我军远程投送能力的跨越式发展。

【加受油机梯队】

由轰油—6加油机、歼—10C战机组成的加受油机梯队飞临上空。空中加油续航，有效增强了航空兵远程机动、持续作战和战场生存能力，是空中联合作战和远程作战能力的重要体现，中国航空兵由此飞得更高更远！

【舰载机梯队】

7架歼—15编成舰载机梯队接受检阅。歼—15是我国自主研发的首型固定翼舰载多用途战斗机，也是航母编队核心作战打击力量。年轻的舰载机部队，把自信与自豪写在万里海天，把光荣与梦想带到阅兵现场。

【歼击机梯队】

由3架歼—20、5架歼—16、7架歼—11B组成的歼击机梯队呼啸而来。歼—20是我国自主研制的首型第四代超音速隐身战斗机，这是亮相珠海航展之后，首次以战斗姿态进行展示。

6架歼—11B发射红外干扰弹，构筑起空中格斗的防御屏障。

【空降兵方队】

威武的空降方队开过来了，领队为孙向东少将。快速机动、远程直达、纵深打击、以空制地，作为联合作战体系中的精锐力量，空降兵在这次改革重塑中得到了进一步加强。

七、综合保障群

现代战争保障先行，联合作战联合保障。综合保障群接受检阅。

【信息通信保障方队】

信息通信保障方队接受检阅，领队为杨毅少将。受阅装备具备全时通、全域通、全频通保障能力，使人民军队的“千里眼、顺风耳”更加耳聪目明。

【工程防化保障方队】

工程防化保障方队接受检阅，领队为李志忠少将。受阅的综合扫雷车、装甲工程车、轮式冲击桥和喷洒车，机动性能好，作业能力强，助推我军战场综合保障能力达到新高度。

【后勤保障方队】

现在通过检阅台的是后勤保障方队，领队为殷志红少将。作为联勤保障和战略战役支援保障的主体力量，新组建的联勤保障部队，正在按打仗要求加紧构建新一代后勤保障体系。

【装备保障方队】

由修理拆装车、装甲抢修车、装甲抢救车和坦克抢救牵引车组成的装备保障方队，领队为付文化少将。受阅装备环境适应性好，标志着我军一体化联合保障能力得到不断提升。

八、反恐维稳群

反恐精英，披坚执锐。即将通过检阅台的是反恐维稳战斗群。

【武警特警方队】

168名武警特战队员乘坐反恐突击车接受检阅，领队为徐平少将。武警特战方队由猎鹰突击队编成，是国家反恐力量的拳头部队，忠实履行着党和人民忠诚卫士的神圣职责。

九、战略打击群

核常兼备、全域慑战。战略打击群即将通过检阅台。

【火箭军部队方队】

由360名官兵组成的导弹部队方队首先接受检阅，领队为吴祚宝少将。这支力量是我国战略威慑的核心力量，是大国地位的战略支撑，是维护国家安全的重要基石。

【核常兼备导弹方队】

现在接受检阅的是核常兼备导弹方队，领队为赵秋领少将。东风浩荡，雷霆万钧。今天受阅的东风—26导弹，能够跨区域无依托机动发射，可实施快速核反击和常规中远程精确打击。

【常规导弹第1方队】

常规导弹第1方队开过来了，领队为兰吉银少将。接受检阅的东风—21丁导弹，是打击舰船目标的陆基弹道导弹，具有慑控范围广、突防能力强、寻跟目标准等特点。

【常规导弹第2方队】

常规导弹第2方队接受检阅，领队为张明国少将。受阅的东风—16改常规导弹，命中精度高、毁伤能力大、反应速度快，能够对敌要害目标实施精确打击。

【核导弹方队】

最后接受检阅的是核导弹方队，领队为潘吉慧少将。受阅的两型固体洲际战略核导弹，是我国大国地位、国防实力的显著标志，是震慑对手的王牌底牌。

大国长剑，威震苍穹。从核导弹、常规导弹到核常兼备导弹；从中程导弹到洲际导弹，展示了我国慑战并举的强大战略制衡能力，为共和国筑起坚不可摧的和平盾牌。

（本文引自中国军网，2017年8月1日，略有改动）

▲公关宣传片解说词

大城崛起——武汉形象宣传片解说词

撰稿人 黎笙

江汉关钟楼，和上海关一样，每天回荡着威斯敏斯特教堂的旋律，历数着她曾经的沧桑。

然而她那宏大的钟声却无法触摸大武汉的广袤。两江三镇的武汉，面积8494平方公里，印证了孙中山在《建国方略》中的预言：武汉应“略如纽约、伦敦之大”。

仅仅面积大当然不够，21世纪全球最看重的淡水资源，在武汉占了四分之一面积。一城秀水半城山，她所拥有的166个湖泊中，东湖摘取了亚洲最大的城中湖桂冠。来自卢森堡的国际著名赛车手克莱美·丹尼尔对记者感叹，沿东湖而行是他所经历的“最美赛道”。

拥有一千万人口的武汉，坐落在国之中心，犹如围棋棋盘上的“天元”，其地缘的重要性在于，这居中的棋子一变，势必带动全局走势。

而武汉从来是求新求变之地。

500年前汉水改道，汉口由此诞生。越350年，汉口跃升为中国对外通商的最大内陆口岸，可以说，码头和船舶组接了武汉变动不息的基因链。

一百多年前，主政湖广、促使武汉成为中国近代工业发祥地之一的张之洞，以汉口为起点修筑了贯通南北的京汉铁路，使“九省通衢”的地理优势实至名归。然而张之洞这位晚清重臣做梦都想不到，他的汉阳兵工厂“汉阳造”步枪，竟使三百年的清王朝倒台。1911年辛亥首义的一声枪响，把几千年君主专制的长夜打得仓皇而退，民主共和的启明星从武昌城头升起。

有两句著名词作抒写了一位青年在1927年的苦闷，“烟雨莽苍苍，龟蛇锁大江”。29年后，1956年他旧地重游，却欣然命笔：“一桥飞架南北，天堑变通途”。对武汉情有独钟的毛泽东，用诗句为武汉的昨日与今朝标注了沧桑巨变的刻度。

以加速度求新求变的武汉，改革开放 30 多年来，已有十几座造型各异的桥梁飞架长江、汉水之上，把三镇紧密连成一体。新建成的地铁，将由两条快速增加到多条，构成地下交通网络。那句“紧走慢走走不出汉口”的老话将从生活中被删除。

而新词语联翩而出，“中国车都”，云集了标致雪铁龙、日产、本田、通用等国际汽车品牌，不论哪种发动机，从车都驶出的都是“中国速度”！

“武汉光谷”，代表中国光电子科研和生产最高水平，她的光纤光缆生产规模全球第一。

当光谷与硅谷联姻，武汉与芝加哥携手，便好事成双地成为“双谷双城”；建设长江经济带的国家战略，又把武汉推上有着全球影响力的中国新棋局。

国家战略考量着人才优势。武汉的高等学府数量和在校大学生人数均名列全国乃至世界第一。80 多所大学，130 万在校大学生，把“惟楚有材”的传统美誉发挥到极致。

难得的“天时地利人和”！

“天元”的地域优势犹如酵母发酵，以武汉为圆心，在高铁时代 4 小时走 1000 公里为半径，其覆盖面可达全国 10 亿人口和 90％的经济总量。这种聚合反应所释放的能量将无可限量。

无怪乎美国著名杂志《外交政策》预评 2025 年全球最具活力城市，武汉名列全球第十一位，与第十位东京、第十二位洛杉矶齐名。

武汉的城市活力，用一句通俗的话解释，便是“每天不一样！”

“每天不一样”这种生生不息的变化，磨砺出武汉人的“处变不惊”的胸怀，他们热情善良、豪爽豁达、重信守义、坚忍执着。自古传说的大禹治水、伯牙摔琴、木兰从军无不源远流长地印证着武汉人的优秀品格。

新时代的传奇不断涌现。那位替车祸中丧生的哥哥还债的“信义兄弟”孙东林，对天哭喊着哥哥时，也把司马迁“楚人重然诺”的断语，从《史记》的竹简上哭回到今天的大爱人间。当“然诺”面对法网夺冠赛的中国国旗时，便杀出李娜的凛然之风；每次发力便有一声断喝，这位武汉姑娘向世界喊出的，正是“敢为人先，追求卓越”的强烈心声！

如今，恰逢武汉成为中国中部崛起的龙头城市时，盘龙城势必带着 3500 年的武汉记忆，腾空而起，一飞冲天！

而从“知音”的故乡出发，一曲古琴曲《流水》搭乘着美国探索者一号飞行器遨游苍穹，召唤着八方的朋友——中国的世界的乃至天外的知音。

武汉，每天不一样！

（本文引自长江网，2014 年 11 月 21 日）

第七章　公关广告文案

第一节　公关广告文案概述

一、写作要点

（一）名称解释

“广告”一词，源于拉丁语 Advertere，有引人注意和起诱导作用的意思，目的在于使人周知。现代广告有广义和狭义之分。广义的广告，是指任何有目的的大众性传播活动，包括商业广告、公关广告。狭义的广告仅指商业广告或者公关广告，本章所述的是公关广告。

公关广告文案，是组织通过媒体向公众广泛宣传，从而展示良好形象的文案总称。

（二）主要特征

1. 宣传性。这类文案是一种目的性很强的宣传。与商业广告文案在较短时间内直接劝诱以推销商品或者提供服务相比，公关广告的功利性不强，它通过长期、间接的宣传让公众了解组织并产生好感，以树立良好的组织形象。

2. 审美性。从一定意义上说，这类文案也是一种艺术创作。它根据媒体的特点，调动艺术手段，精心制作，从而产生审美效应。

3. 集合性。这类文案传递丰富信息，利用各种媒体，使用不同文体及文种，运用多种表达方式和表现手法，具有多样风格，既采众家之长，又呈一己特色。

（三）种类划分

1. 按范围分，有国际公关广告文案、国家公关广告文案、地方公关广告文案、行业广告文案、组织公关广告。

2. 按性质分，有总体公关广告文案、专题公关广告文案。

3. 按内容分，有形象广告文案、观念广告文案、响应广告文案、公益广告文案等。

4. 按诉求策略分，有理性诉求公关广告文案、情感诉求公关广告文案、情理结合诉求公关广告文案。

5. 按文体分，有实用体公关广告文案、文艺体公关广告文案。

6. 按写法分，有概述式公关广告文案、分述式公关广告文案、表格式公关广告文案、图示式公关广告文案、综合式公关广告文案。

7. 按构成分，有单篇公关广告文案、集锦公关广告文案。

8. 按发布者数量分，有单一组织公关广告文案、联合公关广告文案。

9. 按发布次数分，有单次公关广告文案、系列公关广告文案。

10. 按传播渠道与信息载体分，有文字公关广告文案、图表公关广告文案、电声公关广告文案、音像公关广告文案、网络公关广告文案、手机公关广告文案、户外公关广告文案等。

（四）基本结构

1. 标题

单标题：主要有六种写法：一是公文式，如《“卓别林”被骗记》；二是名称式，如《健康中国2030年规划纲要》；三是主题式，如《悠游齐鲁 好客山东》；四是事由式，如《古丽的中国梦》；五是提问式，如《你了解益生菌吗？》；六是组合式，如《绿色生活》之《节能篇》《废宝篇》等。

双标题。有两种：一是引题和正题，如《国家助学贷款 播种希望 成就梦想》；二是正题和副题，如《珠海横琴新区热烈祝贺澳门回归十五周年 横琴—澳门 守望相助 携手共进》。

有时不拟标题。

2. 正文

在内容上，各种公关广告文案都有侧重点，比如树立形象、表达观念、做出响应、投身公益；每篇公关广告文案也有特定的立意和选材；不同的媒体及篇幅的长短，在内容取舍上也显出明显的差异。

在结构上，完整的公关广告文案有三个部分。一是前言。交代缘由、概述内容、提出问题、发表声明等，有时不设此项。二是主体。层次安排有时间顺序、逻辑顺序、情感顺序等。三是结尾。强调主题、展望未来、表示祝愿、做出敦促，也可以不单设结尾。

在写法上有两种。一是实用体。按照表达方式的不同，分为叙述体，侧重叙述，如叙事体、新闻体；描写体，进行形象化描写，或者浓墨重彩，或者白描传神，使人如临其境；论述体，注重理性分析，用确凿的论据来阐述道理，逻辑严密；说明体，以说明为主要方式，如问答体、表格体；抒情体，营造一种浓烈的情感氛围，与公众进行心灵的沟通。二是文艺体。按照文体的不同特点，可分为诗歌体，用格律诗、自由诗、散文诗，想象丰富，韵律和谐，诗意盎然；散文体，叙事与抒情结合，文字优美，意境深邃；小说体，又称故事体，以人物为中心，情节性强；戏剧体，以人物台词为基本表现手段，集中反映矛盾冲突，如广播短剧、戏剧小品，有感染力；曲艺体，通过相声、快板、评书等方式，轻松幽默，别具一格；歌曲体，以歌曲为主要形式，声情并茂、优美动听；楹联体，简洁、典雅，可用于多种媒体；图画体，生动逼真，颇有表现力。以上各种写法，因文而异，经常交叉使用。

3. 随文

随文，又称附文，是向公众说明组织名称以及相关附加信息的文字。与商业广告文案具体说明组织的名称、地址、邮编、网址及邮箱、电话号码、传真号码、联系人，便于消费者联系不同，公关广告文案只需在标题或者正文注明组织的名称，或者只在某一位置显示组织的标识。有时不设此项。

4. 广告词

广告词，又称广告语，是组织从长远利益出发，在一定时期内反复使用树立形象的标志性词语，具有特征鲜明、简短易记的特点，要突出个性、短小精悍、生动形象、朗朗上口。广告词没有固定的位置，可以灵活安排。

以上是一则公关广告文案结构的完整项目，在写作时根据实际需要有所取舍。

（五）注意事项

1. 正确导向。《中国公共关系职业道德准则》规定：“公共关系工作者在公共关系活动中，应当力求真实、准确、公正和对公众负责。”这是公关广告文案的基本原则。要坚持正确的导向，保证组织的目标、精神与党和国家的方针政策、时代主流、公众利益高度一致。

2. 针对性强。要把握组织的宗旨以及本次宣传的主题和重点，着力突显特色；了解公众的范围和意愿，采取恰当的宣传策略；根据各种媒体的特点，收到最佳效果。

3. 独具一格。公关广告文案的写作，不能墨守成规，应该勇于创造。要注重创意，确立和表现新颖的主题；根据宣传的目的，恰当灵活地使用不同手法，刻意求新；语言在准确、简明、通俗的前提下力求生动形象。

二、范文阅读

▲公关广告电视

常回家看看 时长：00’15”

分镜	镜号	景别	技巧	画面内容	音乐	音响	长度(秒)
	1	近景—特写	推	初生时，父母满怀喜悦托起初生的婴儿	温馨的背景音乐	婴儿啼哭音和父母笑声	3”

续表

	2	中景	固定镜头	上学时,父母亲手为子女背书包		妈(爸)给你把书包背好	3”
	3	特写—大全	拉	结婚时,父母将女儿的手交给新郎	婚礼进行曲	婚礼环境音	3”
	4	中景	固定镜头	工作时,父母向出门的子女招手		环境音	3”
	5	落板	固定镜头	闪白后淡出字幕:你多久没有和父母牵手	温馨背景音乐		3”

（本文引自北京中视同赢国际广告有限公司网）

▲公关广告楹联

溯五千年史迹,四大发明,九章算术振先声,仰天工开物,神农尝草,筑拱桥,拓运河,掏滩修堰,长城共铸。灿灿乎！烁今震古数家珍,展经纶频吐凤;

沐八百里春风,一星遨宇,两弹凌云凭自力,看峡坝截流,雪域通途,输西气,调南水,探月载人,香稻杂交。煌煌矣！求实创新添国誉,兴科技竞腾龙。

——中国工程院

（本文引自中国楹联学会网,2008 年 7 月 1 日）

▲公关广告歌曲

康美之恋

作词 童年

一条路海角天涯,
两颗心相依相伴。
风吹不走誓言,

雨打不湿浪漫。
意济苍生苦与痛，
情牵天下喜与乐。

一条路千山万水，
两颗心无怨无悔。
风吹不走誓言，
雨打不湿浪漫。
意济苍生苦与痛，
情牵天下喜与乐。

明月清风相思，
丽日百草也多情。
两颗心长相伴，
你我写下爱的神话。

明月清风相思，
丽日百草也多情。
康美情长相恋，
你我写下爱的神话。

——广东康美药业股份有限公司

（本文引自 360 百科）

▲公关广告漫画

图 7-1　搁浅

图 7-2　沙海拾珍

（本文引自新华网，2017 年 6 月 22 日）

第二节　形象广告文案

一、写作要点

(一)名称解释

形象广告文案,是介绍组织概况以树立良好形象的一种文案。

从适用范围看,这种文案不仅用于国际组织和国内各类组织,也用于国家、地方、行业的形象传播。

(二)主要特征

1. 概貌性。从功能上看,这种文案把有关基本状况展示给公众,是加强组织与公众沟通的一个有效方式。

2. 描述性。从方法上看,这种文案通过描摹述说为组织造型,从而立体化地呈现在公众面前,有很强的可感性。

(三)种类划分

1. 按性质分,有总体形象广告文案、专题形象广告文案。

2. 按内容分,有识别广告文案、实力广告文案、解说广告文案、释疑广告文案等。

3. 按文体分,有实用体形象广告文案、文艺体形象广告文案。

4. 按写法分,有概述式形象广告文案、分述式形象广告文案、图示式形象广告文案、综合式形象广告文案。

5. 按发布次数分,有单次形象广告文案、系列形象广告文案。

(四)基本结构

1. 标题

大多是单标题。主要写法:主题式,如《山西:转型综改大舞台 创新发展谱新篇》;事由式,如《走向洋口港》;组合式,如中国国家形象宣传片《人物篇》《角度篇》。

有时拟双标题。有两种:引题和正题,如《日出先照 黄海明珠 阔步迈向国家级一流开发区的日照经济技术开发区》;正题和副题,如《群雄楼厦耸云霄 碧海蓝天任飞翔——苏州碧海有限公司》。

2. 正文

在内容上,总体形象广告文案综合述说组织各方面的基本情况,如名称、沿革、实力、成效、文化建设、发展目标等。专题形象广告文案有所侧重。其中,识别广告文案集中介绍导入 CIS 的理念、行为、视觉识别;实力广告文案着重写现有规模、经营范围、高新技术、员工素质、突出成效、所获荣誉;解说广告文案就公众尚未了解的情况加以说明；释疑广告文案对公众的疑虑或者误解予以解答。

在结构上，前言、主体、结尾的安排可酌定。大多采用简介体、证书体、新闻体、标语体、问答体、论证体、图画体等写法，有时制作形象宣传片，要根据表达主题需要、事项性质、媒体特点等选择。

3. 随文

写哪些项目以及如何写，要根据实际情况来考虑。

4. 广告词

写法多样，位置灵活。

（五）注意事项

1. 形神兼备。制作形象广告文案，既要勾勒组织的标识、规模、效益等外在表现，又要突出组织的宗旨、理念等内在特点，把两者巧妙地融为一体。

2. 详略适宜。在剪裁、表达上要根据主次、新旧等因素处理详略。一般说来，组织的主要特征和核心内容宜详，一般情况宜略；新理念、新项目、新成果宜详，以往工作宜略。

二、范文阅读

▲识别广告

图 7-3 中国工商银行

图 7-4 中国建设银行

▲实力广告

鲁能集团形象片文案

（画面以鲁能足球切入）在中国有一个家喻户晓的品牌（字幕：山东鲁能泰山队，中超联赛冠军 足协杯冠军）他带给人们的是激情、沸腾、呐喊，他给人们的印象是团队、拼搏、力量、勇敢。

这就是鲁能。这个品牌的所有者就是——鲁能集团。

鲁能集团是一家以房地产为核心业务的大型企业集团。依托强大的资本和品牌平台,鲁能集团站在城市运营发展的高度,将价值和梦想融入住宅地产和商业地产开发,倡导品味生活。

建筑是凝结在大地上的音符,鲁能集团以跃动心灵的篇章赋予生活更丰满的质感和价值期许。

历经数载,鲁能集团在中国多个重点中心城市和资源条件优越地区布局(字幕:北京、三亚、海口、重庆、济南、大连),开发了优山美地、鲁能领秀城、鲁能星城、海蓝椰风、海蓝福源等知名产品。

在北京,鲁能以恢宏体量和领先理念让生活诗意栖居。

优山美地,"中国北京中央别墅区代表之作",美轮美奂,如歌如画;

拉格斯小镇,紧紧把握京城中东部"两城两带多中心"的发展脉络,以京城第一生态别墅大盘,奢想文化大宅意境;

顺义新城,未来北京东部发展带上的复合中心(字幕:政治、文化、商务、商业中心),以滨水、生态、宜居为蓝本擘画,创造生活新梦想。

在重庆,以国际智慧和当地人居特色相融,邂逅生活的无限美好。

鲁能星城,跨渝北、江北、北部新区三区,汇聚七万人口,堪称城中之城;

鲁能茶园,重庆南岸茶园新区风景绝佳的核心地带,特有的中式别墅社区,是鲁能入渝十年跨江巨制。

在济南,以得天独厚的山体资源、深厚底蕴的人文气质,缔结国际人居生态城。鲁能领秀城,400 万平方米,可容纳十万人居住。

在海口,于繁华与海景之中寻找生活的最佳结合点。海蓝椰风、海蓝福源,集海岸线、海湾、半岛等稀缺资源于一身,是中国最美的海景休闲地产。

在三亚,用美丽创造度假与生活的完美平衡。三亚湾新城位居海岸线核心地段,紧依"椰梦长廊";美丽 MALL、高尔夫与游艇别墅相得益彰,尽显国际一流的主题文化休闲区魅力。

在大连、在宜宾……鲁能以一个个镶嵌于大地之上的杰作,用心构建生活的美好未来。

(此处以镜头语言形成圆润过渡)

鲁能商业地产以国际视野整合优势资源,携手国际著名酒店管理公司(画面:洲际、万豪、温德姆的 Logo),运营多家五星级酒店,以优质的服务赞美生活。

山海天酒店,位于三亚大东海国家旅游风景区,以浓郁的热带海岛度假风情礼遇四海宾朋。

皇冠假日酒店,地处济南泉城广场商业区,坐拥豪华,闹中取静。

东尊华美达酒店，五岳独尊的泰山脚下，泰安首家五星级国际酒店。

在商业零售行业，鲁能集团拥有自主品牌“贵和”，以持续优化的商业平台，汇聚人气，缔造价值。（字幕：贵和购物中心，国际化、高品位的大型商业中心，消费潮流的引领者）

天高广袤，敏思践行，鲁能集团以不断创新的理念勉力前行，秉承国际化运作思路，鼎力引进国际知名品牌（画面：澳大利亚威秀集团和新加坡悦榕集团的 Logo 等），着重开发领先潮流的大型商业综合体、度假村项目，探索建立鲁能度假休闲自主品牌，提高商业地产品质，让价值与梦想璀璨出万般可能。

鲁能集团，循环经济、低碳生活的倡导者。以环保、先进技术，涉足新能源、矿产开发新领域。

从新疆天山脚下（字幕：新疆）到内蒙古大草原（字幕：内蒙古），从丝绸之路（字幕：甘肃酒泉）到“海上三峡”（字幕：江苏东台）、燕赵之地（字幕：河北张家口），鲁能集团在风资源条件富集的地区，运营、建设多个风力发电场，投资运营风电总容量 40 多万千瓦。（字幕：清洁能源，点亮未来生活）

鲁能，在山西，拥有中国最大的使用国产矿石生产氧化铝的企业（字幕：鲁能晋北铝工业基地——山西省忻州市），是亚洲第三大氧化铝生产基地。（字幕：环境行为被评为绿色环保级）在山东菏泽运营两座现代化煤矿。（字幕：郭屯煤矿、彭庄煤矿）

当时光映照企业持续跨越的历程，鲁能没有忘记感恩和回馈。（字幕：累计纳税 230 亿元）

这一切努力都是让更多的人分享生活的喜悦，共同创造和谐与美好。（字幕：累计捐资公益事业 1.8 亿元）

引领全新时尚生活理念，与世界顶尖品牌资源在研发、设计、技术、管理等领域展开多层面合作，缔结最精致的产品与服务。

这就是鲁能集团。

配音要求：

1. 语速节奏明快，要动感，富有现代化气息；

2. 语气庄重大方，声音对文字的美化要自然，不要有吹嘘的感觉；

3. 语音不要高亢，重音不要落在比如“大型”“现代化”“高度”等形容词上。

（本文引自三亿文库）

▲解说广告

图 7-5　南京江北新区

图 7-6　华侨经济文化合作试验区

▲释疑广告

△中美史克全新奉献。

新康泰克抗感冒，再出击，更出色。

国家药监局验证通过新康泰克，新配方，不含 PPA，OK！确认无误！

新康泰克还是早一粒，晚一粒。远离感冒困扰。——新康泰克广告

△食品事业是良心的事业——南京冠生园食品厂有限公司新广告

△消费者的安全与健康高于一切——双汇集团新广告

第三节　观念广告文案

一、写作要点

（一）名称解释

观念广告文案，又称意见广告文案、创意广告文案，是组织通过提倡或者灌输某种观念，试图引导或者转变公众的看法，影响公众态度和行为的一种文案。

（二）主要特征

1. 观念性。这种文案侧重于宣传国家、地方、行业、组织精神或者对某些社会问题提出看法，旨在通过建立或者改变观念来扩大影响力，从而促进社会的进步。

2. 哲理性。这种文案既对所属成员具有的共同态度、思想境界和理想追求加以高度概括，又对突出的社会问题提出精辟见解，蕴含丰富的哲理，让公众受到启迪。

（三）种类划分

1. 按对象分，有国家、地方、行业、组织精神广告文案，社会问题广告文案。

2. 按性质分，有总体观念广告文案、专题观念广告文案。

3. 按内容分，有道德观念广告文案、法制观念广告文案、科学观念广告文案、文化观念广告文案、消费观念广告文案等。

4. 按文体分，有实用体观念广告文案、文艺体观念广告文案。

5. 按发布次数分，有单次观念广告文案、系列观念广告文案。

（四）基本结构

1. 标题

一般是单标题。主要写法：主题式，如《商海领航德为先》；事由式，如《“红地毯服务”的承诺》。如有必要，也可以用公文式、名称式、组合式。

有时拟双标题，如《人情消费，消得人憔悴——莫让畸形的“人情消费”泛滥》。

2. 正文

在内容上，国家、地方、行业、组织精神广告文案向公众传播国家、地方、行业、组织精神，包括管理哲学、价值观念、道德规范、行为准则等，或者综合叙写，或者分项说明，或者集中阐述某一方面；社会问题广告文案针对当前社会潮流中某种倾向、某个热点问题表明态度，或者持肯定意见大力支持，或者阐释实质和重点予以强调，或者指出不足纠正偏颇。

在结构上，前言、主体、结尾根据实际情况来安排，大多采用简介体、新闻体、论证体、散文体、标语体、图画体等写法。

3. 随文

根据需要确定有关项目和位置。

4. 广告词

一般用赞扬式、承诺式、劝勉式、描写式、抒情式等写法。

（五）注意事项

1. 贵在创意。一篇观念广告文案成功与否取决于主题是否新颖深刻。因此，要基于时代特征和自身宗旨提炼非同凡响的主题，提出新理念，解决新问题，引领新潮流。

2. 妙用技法。表现观念的技法很多，比如警言令人警醒、设问和反问促人深思、对比效果鲜明、排比气势遒劲、点睛显示要义，要恰当运用。

二、范文阅读

▲国家、地方、行业、组织精神广告

图 7-7　社会主义核心价值观广告

图 7-8　北京精神广告

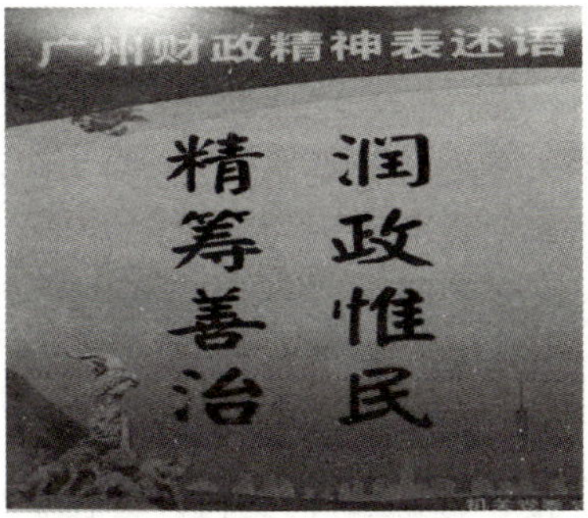

图 7-9　广州财政精神广告

图 7-10　西安工业大学校训广告

▲社会问题广告

韩辰支招:三大误区 整形千万别盲目

整形知识的普及,使其日渐变成一种时尚,被津津乐道。整形美容虽流行,一味追寻存在着很大的误区,而最明显的三大整形误区,一定要注意。

误区一:整形求职

成人之际,人生迈入新篇章,学生族为了能顺利地找一份好工作,给面试官留下好的印象,在对自己的形象感到不满的同时,利用长假时间进行一番改造,颜值加分后,自信也增添不少。他们认为:在招聘时,在一个同等学力条件下,变美后的自己更能占据优势,得到更大的就业机会。

韩辰提醒:想要通过整形来改变命运,是要付出一定努力的。光有容貌而没有内涵势必无法得到肯定，努力拼搏和综合实力才是长驻的根基，爱美者应正确看待整形、理智选择整形，不要盲目为了工作而整形，也不要觉得一旦整形就一定可以找到一份好工作，毕竟多数岗位着重的还是个人能力。

误区二：要整就整成“明星相”

整形碰到过最多的情况就是爱美的女性拿着各种明星照片给医生看要求整成这个明星的下巴，那个明星的眼睛，范冰冰、周迅、金泰熙等中韩明星成了众多爱美者的整形范本，固执地更是要求全脸都整成和喜欢的明星一个样子。

韩辰提醒：我们不能完全改变每个人对美的看法，明星固然好看，但每个人的体质、骨骼、脸型、甚至肤质都存在差异，硬性照搬只会适得其反。应根据个人实际情况，由专业的医生做出判断并设计出具有个人特色的整形方案，展现独特的个人魅力。

误区三：整到满意为止

一年内开过一次双眼皮感觉眼皮不够宽，开第二次，平行双眼皮，又太普通了，算了还是换成欧式双眼皮吧。

开外眼角最多 3～5 毫米，开完以后，不满意还要开，大得夸张的眼睛就会像某些动物的眼睛，毫无美感可言。

把鼻子垫高，勾勒出立体的效果，这是很多人整形时的要求。可是亚洲人的鼻梁本身就不高，鼻梁做得太高，其后果就是把自己弄成阿凡达。

嘴唇水润有弹性很性感，但如果用玻尿酸打得嘟起来，一条唇纹都没有，那就像鱼嘴，因为只有鱼的嘴巴才是光溜溜，没有一条唇纹。

不论男女，都热衷于锥子脸，一次不成，第二次，然后第 N 次……

韩辰提醒：爱美是人之常情没错，但过度贪图整形，短时间内同时进行多项整形，超出医学美容安全范围，视觉上超出正常审美，更甚者容易出现更大创伤以及副作用，刀动的越多效果未尝越好，医学美容也应适可而止，多聆听他人建议，不忙于求美。

（本文引自韩辰整形医院网，2016 年 6 月 30 日）

第四节　响应广告文案

一、写作要点

（一）名称解释

响应广告文案，是组织响应重要方针政策、重大事件以及对目标公众表示祝贺、谢忱、歉意等的一种文案。

（二）主要特征

1. 响应性。这种文案体现组织与社会各界的关联性和共同性，表明组织认真贯彻党和国家的方针政策，致力于服务社会，不断加强同业之间的友好合作，积极参与公众生活。

2. 时效性。形象、观念、公益三种广告文案大多注重长远发展，而响应广告文案除此之外还考虑近期目标，往往针对最新信息及时做出反应，并采取有关措施，以收到预期效果。

（三）种类划分

1. 按内容分，有响应重要方针政策广告文案、响应重大事件广告文案、祝贺广告文案、鸣谢广告文案、致歉广告文案等。

2. 按文体分，有实用体响应广告文案、文艺体响应广告文案。

3. 按写法分，有概述式响应广告文案、分述式响应广告文案、表格式响应广告文案、图示式响应广告文案、综合式响应广告文案。

4. 按发布次数分，有单次响应广告文案、系列响应广告文案。

（四）基本结构

1. 标题

一般是单标题。主要写法：主题式，如《贯彻“十三五”规划 全面建成小康社会》；事由式，如《隆鑫集团承建保障性住房怡然居》。如有必要，可以用公文式、组合式等。

有时拟双标题，如《思源 交融 创新 热烈祝贺北京交通大学120周年华诞》。

2. 正文

在内容上，根据特定的对象安排。大体说来，响应重要方针政策广告文案，对党和国家出台的某项方针政策（如全面建设小康社会、脱贫攻坚、国家助学贷款），交代缘由和事项，表明贯彻的态度；响应重大事件广告文案，就最近发生的国内外大事（如2015年纪念抗战胜利70周年阅兵、2016年G20杭州峰会、2022年北京—张家口冬季奥林匹克运动会），叙写事件的性质及影响，表示支持或者协助；祝贺广告文案，在庆典（如元旦、春节、中秋节、国庆节、厂庆、店庆、校庆等节日、纪念日，某组织组建、取得突出成绩、获得重要奖励，某项工程开工及竣工）时以组织的名义或者以同业者的身份阐明缘由、事项并表示贺喜；鸣谢广告文案，说明上级机关、合作者、其他公众对本组织给予的指导、协作、支持并表示衷心的感谢；致歉广告文案，说明有关原因并致以诚挚的歉意。

在结构上，完整的格式包括前言、主体、结尾，有时只写主体；写法有新闻体、描摹体、抒情体、标语体、散文体、楹联体等。

3. 随文

具体安排酌定。联名祝贺广告要列出所有祝贺者名单并标明“同贺”及“排名不分先后”的字样。

4. 广告词

大多用赞扬式、承诺式、抒情式、鼓动式等。

（五）注意事项

1. 明确表态。响应广告文案的核心在于组织对有关信息所持的态度，也就是组织的立场和观点。表态务必旗帜鲜明，不可模棱两可。

2. 融入情感。响应广告文案离不开情感诉求，从价值上看有使命感、成就感、超越感、自豪感、尊佩感、友善感、愉悦感等多种，抒写要真实自然、亲切感人。

二、范文阅读

▲响应重要方针政策广告

图 7-11　国家开发银行“一带一路”广告

图 7-12　凯迪农业供给侧改革广告

▲响应重大事件广告

图 7-13　“两学一做”广告

图 7-14　万事利杭州 G20 峰会广告

▲祝贺广告

图 7-15　海航集团祝贺香港回归祖国二十周年广告

图 7-16　祝贺金丰公社成立广告

▲致谢广告

图 7-17　公司鸣谢广告

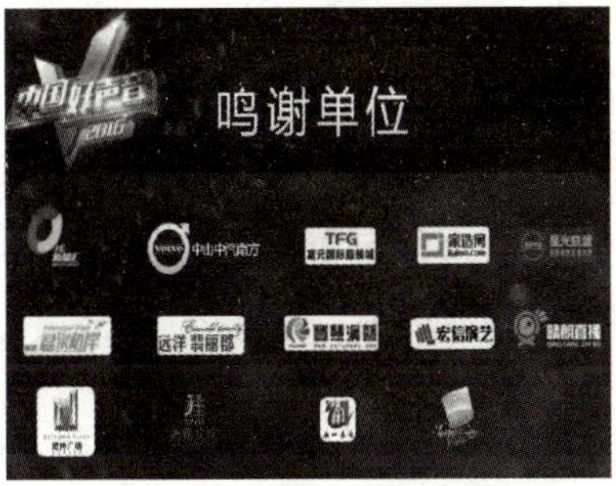

图 7-18　电视台鸣谢广告

第五节　公益广告文案

一、写作要点

（一）名称解释

公益，是公共利益的简称。公益广告，有时称为服务广告。《公益广告促进和管理暂行办法》规定："公益广告，是指传播社会主义核心价值观，倡导良好道德风尚，促进公民文明素质和社会文明程度提高，维护国家和社会公共利益的非营利性广告。"

公益广告文案，是组织为宣传和促进公益事业编写的一种文案。

（二）主要特征

1. 公益性。这种文案的最显著特点在于公益。它是纯粹公众服务性的，充分体现组织对公益事业的关心和支持，在提供公众服务的同时也提高组织在公众心目中的知名度和美誉度。

2. 人本性。此处“人本”特指以人为本。这种文案充分体现了以人为本的理念，从解决公众最关心、最直接、最现实的利益问题入手，以进一步提高公众的物质生活与精神生活水平。

3. 教育性。这种文案针对社会普遍存在而且备受关注的问题，利用广告特有的宣传优势，倡导社会主义精神文明，产生政治、经济、法律等手段所不及的教育效应。

（三）种类划分

1. 按范围分，有公益主题广告文案、公益活动广告文案等。

2. 按内容分，有倡导型公益广告文案、关爱型公益广告文案、规劝型公益广告文案、警示型公益广告文案、讽刺型公益广告文案等。

3. 按文体分，有实用体公益广告文案、文艺体公益广告文案。

4. 按写法分，有概述式公益广告文案、分述式公益广告文案、表格式公益广告文案、图示式公益广告文案、综合式公益广告文案。

5. 按发布次数分，有单次公益广告文案、系列公益广告文案。

（四）基本结构

1. 标题

大多是单标题。主要写法：公文式，如《水滴奇遇记》；对象式，如《环保卫士》；主题式，如《诚信，人生的第一张车票》；事由式，如《声音与和谐》；提问式，如《公众权利岂能交易？》；组合式，如《沙漠化》之《鱼篇》《世界篇》《城市篇》。

有时用双标题。如《交通安全——斑马线前请让行》。

2. 正文

在内容上，公益主题广告文案适用范围广泛，涉及廉政、社会公德、扶贫、环保、计划生育、交通安全、公共卫生、全民健身、关心残疾人等，阐述有关重要意义、主要原则、解决方法；公益活动广告文案包括修建公益设施、慈善事业、救灾赈灾等，交代活动的意义、项目、时间、地点、过程、方式等。

在结构上，是否安排前言、主体、结尾，酌定；有时只是一段话、一句话。公益广告没有比较固定的写法，要灵活选用。

3. 随文

公益主题广告文案一般只写组织的名称或者标识，公益活动广告文案有时把联系方式放在随文。

4. 广告词

使用赞扬式、承诺式、描写式、抒情式、警言式、幽默式等写法。

（五）注意事项

1. 保证质量。要做到价值导向正确，符合国家法律法规和社会主义道德规范要求；体现国家和社会公共利益；语言文字使用规范；艺术表现形式得当，文化品位良好。

2. 重在说服。要从人、社会、自然三个方面选取一些重点或者热点问题，深入剖析事理，强化情感渗透，让公众产生共鸣。

二、范文阅读

▲廉政广告

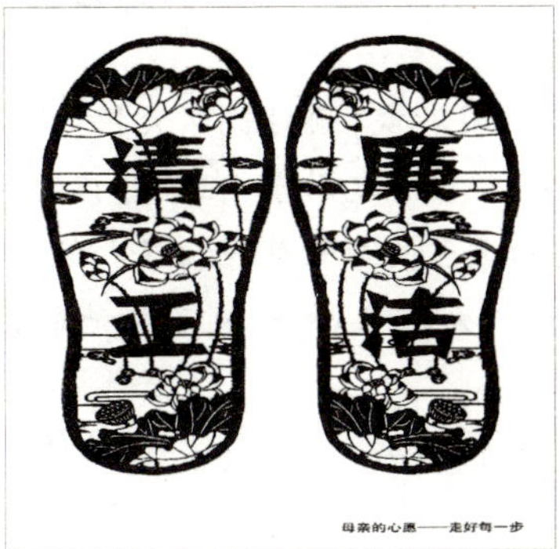

图 7-19 “母亲的心愿”

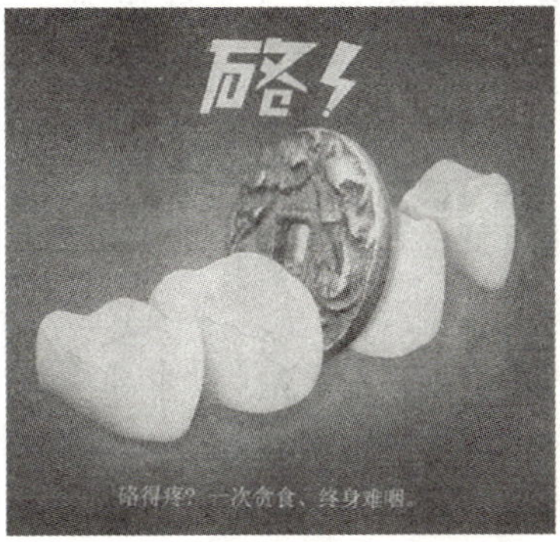

图 7-20 “硌”

▲健康养生广告

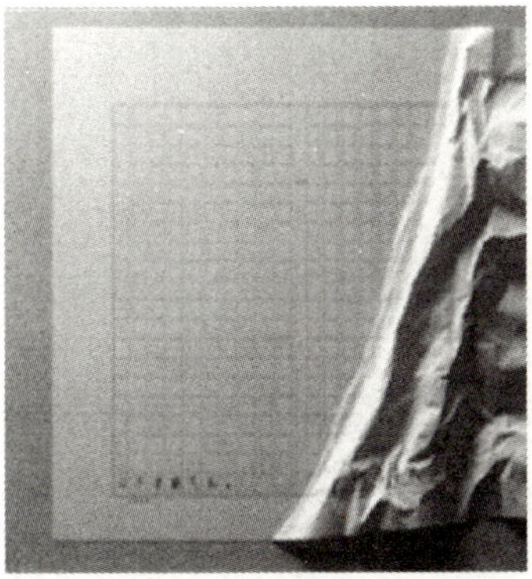

图 7-21 “心平才能气和”

图 7-22 “预防肥胖”

▲关爱儿童广告

开发孩子的想象力，你够格吗？

一所小学的课堂上，女老师正在上绘画课。“今天，你们想到什么，就可以画什么。”老师计划用一种完全开放的形式，来培养孩子们的创作、想象能力。于是，各种造型独特、色彩艳丽的昆虫、动物跃然纸上。

但老师发现，有一个小男孩的画风却有些异常：他用黑色画笔，把白色的画纸全部涂黑，而且一张接着一张，非常专注。其他同学都放学了，空荡荡的教室里，小男孩依然埋头涂黑，“沙沙”作响的画笔声让老师们面面相觑。夜幕降临，家里的台灯下，小男孩“沙沙”的作画声一刻没有停息。年轻的父母以为孩子得了什么病，忧心忡忡。

医生问小男孩在画什么，小男孩根本无暇应答，只顾一张接着一张地“沙沙”涂黑……终于，小男孩被送进了医院。白发苍苍的老专家被请了出来，他坐着轮椅，和一大群医生一道给孩子会诊，但依然不得其解。白色的病房里，小男孩创作完成的黑色纸片已经铺了满满一地，但他依然没有任何“辍笔”的迹象……

细心的女老师在小男孩的课桌里发现了一盒拼图游戏，顿时恍然大悟：莫非小男孩创作的是一件拼图作品？于是，老师、家长和医生、护士一起动手，在体育馆的地板上将一张张黑纸片拼接起来。渐渐地，一个活泼可爱的黑色的形象展现在了人们的眼前。

谁也没有想到，小男孩创作的是一只硕大无比的大鲸鱼，他一刻不停地画出的无数张黑色画面，正是为了拼出自己想象中的大鲸鱼。

鲸鱼硕大的身体上，打出了该片的广告语：“如何鼓励一个孩子？你必须发挥自己的想象力。”

（本文引自百度文库）

▲保护知识产权广告

西游记（防盗版新编）

八戒：（气喘吁吁）大师兄！我弄来一张碟片，里边有个大个子妖怪，好像本事不小，就是看不清它的套路，话也说得断断续续，听不清楚。大师兄你给看看……

悟空：（不耐烦地）俺才懒得理你。

唐僧：悟空，你就给看看吧！万一我等碰上了，也好有备无患。

悟空：行行行，师傅，待俺老孙看看……

（放录音）断续的效果 5 秒左右

悟空：呸呸呸！你个呆子！哪里是什么妖怪，分明是盗版的《变形金刚》。

八戒：盗版的？

悟空：你看看，都变形啦！（音乐西游记）

唐僧：（混响效果）保护知识产权，任重道远！

（本文引自百度文库）

第八章　公关新闻文案

第一节　公关新闻文案概述

一、写作要点

（一）名称解释

长期以来，关于新闻的定义有活动说、事实说、信息说、手段说等多种说法，这里把前两种说法融合，新闻是经过媒体报道的新近发生、发现或者变动着的具有新闻价值的事实。

公关新闻文案，有广义和狭义之分。广义的公关新闻文案是报道新近发生、发现或者变动着的具有新闻价值的公关事实，狭义的公关新闻文案仅指消息。本章所述的是广义公关新闻文案。

（二）主要特征

1. 真实性。这类文案用事实说话，这些事实不仅是公关工作中确实存在的，而且合乎客观规律，因而它是一种本质的真实。

2. 新颖性。这类文案反映新近的公关事实，比如新情况、新见解、新经验、新问题、新趋势，使公众从中获得新信息和新启发。

（三）种类划分

1. 按范围分，有国际公关新闻文案、国内公关新闻文案。

2. 按事实与解释的构成比例分，有纯公关新闻文案、解释性公关新闻文案。

3. 按新闻与事件的关系分，有事件性公关新闻文案、非事件性公关新闻文案。

4. 按事实发生的状态分，有突发性公关新闻文案、持续性公关新闻文案、定期性公关新闻文案等。

5. 按事实的感应特征分，有硬公关新闻文案、软公关新闻文案。

6. 按稿件来源分，有公关新闻通稿文案、自编公关新闻文案等。

7. 按文种分，有公关消息、公关通讯、公关专访、公关采访札记、公关特稿、公关评论、公关信函、公关公报等。

8. 按篇幅分，有长篇公关新闻文案、中篇公关新闻文案、短篇公关新闻文案、微型公关新闻文案。

9. 按构成分，有单篇公关新闻文案、集锦公关新闻文案。

10. 按发布次数分，有单次公关新闻文案、系列公关新闻文案。

11. 按传播渠道与信息载体分，有文字公关新闻文案、图表公关新闻文案、电声公关新闻文案、音像公关新闻文案、网络公关新闻文案、手机公关短信文案、户外公关新闻文案等。

(四)基本结构

1. 标题

从类型上看，有三种：一是引题，又称肩题、眉题，交代背景、揭示意义、烘托气氛，以引出正题；二是正题，又称主题、母题，概括主题或者基本事实；三是副题，又称辅题、子题，补充说明信息的来源、依据或者次要的事实。

从形式上看，有三种。一是单标题。主要写法：公文式，如《正定翻身记》；对象式，如《公仆之歌》；主题式，如《利益面前，干部退一步》；事由式，如《长江经济带航运联盟成立》；提问式，如《简政放权下级部门如何接得住》。二是双标题。主要写法：引题和正题，如《靠制度创新根治欠薪顽疾 邯郸在全国首创“闭合清欠”》；正题和副题，如《“这个采购方案，我有不同看法！”——陕钢实行职工民主监督评价会制度二三事》。三是多行标题。用于重要、较长的公关新闻文案，如《具有完全自主知识产权高铁驶来“复兴号” 速度更快 寿命更长 空间更大 能耗更低》。

系列公关新闻文案有总题和分题或者事由和分题。总题，如《城市工匠的坚守与革新》，分题，如《冲压工人老戚的“一字经”》《不变的热情让企业越变越好》《“最后的”与“最新的”制胶工》《生产车间里的“黑白配”》等。

2. 消息头

这是公关新闻文案的标志，分为讯、电两类。“讯”即通过邮寄或者书面递交形式传递的消息，从自身的新闻渠道所获得的本埠消息写“本报(或者‘刊’‘网’)讯”，从外埠寄来的稿件还标明发布消息的时间和地点，如“本报北京×月××日讯”。“电”即通过电报、电传、电话等形式传递的稿件，一般由版权、地点、时间、电构成，如“新华社上海×月××日电”。转发其他媒体稿件前加“据”等字样，如“据新华社香港×月××日电”。此外，广播电台、电视台的消息头常写“本台消息”“本台记者报道”等。有时不设此项。

3. 署名

写在标题正下方、消息头后、正文后。

4. 正文

在内容上，公关涉及时政、经济、科教、文体、政法、军事、外事、娱乐等多方面，每篇公关新闻有特定的主题和材料，同时也根据篇幅的长短进行取舍。

在结构上，每个文种的正文层次安排及写法各有特点。比如，公关消息、公关专访有惯用的程式，公关通讯、公关评论相对灵活。

5. 附录

如有必要，可以加表格、图片等。

（五）注意事项

1. 有新闻价值。对公关而言，新闻价值就是公关事实本身所具有的能够满足公众的需求，包括真实性、时效性等不变要素和重要性、显著性、接近性、趣味性等可变要素。确有新闻价值，而且努力提升新闻价值，写出来才有意义。

2. 选最佳角度。怎么写也有技巧性，其中角度十分重要。应该根据特定的内容进行正反、纵横、点面、大小等要素的比较分析，最后确定一个最佳角度，以收到预期效果。

二、范文阅读

▲报纸公关新闻

中共中央、国务院决定
河北雄安新区设立

这是以习近平同志为核心的党中央做出的一项重大的历史性战略选择，是继深圳经济特区和上海浦东新区之后又一具有全国意义的新区，是千年大计、国家大事

新华社北京4月1日电　日前，中共中央、国务院印发通知，决定设立河北雄安新区。这是以习近平同志为核心的党中央做出的一项重大的历史性战略选择，是继深圳经济特区和上海浦东新区之后又一具有全国意义的新区，是千年大计、国家大事。

雄安新区规划范围涉及河北省雄县、容城、安新3县及周边部分区域，地处北京、天津、保定腹地，区位优势明显、交通便捷通畅、生态环境优良、资源环境承载能力较强，现有开发程度较低，发展空间充裕，具备高起点高标准开发建设的基本条件。雄安新区规划建设以特定区域为起步区先行开发，起步区面积约100平方公里，中期发展区面积约200平方公里，远期控制区面积约2000平方公里。

设立雄安新区，是以习近平同志为核心的党中央深入推进京津冀协同发展做出的一项重大决策部署，对于集中疏解北京非首都功能，探索人口经济密集地区优化开发新模式，调整优化京津冀城市布局和空间结构，培育创新驱动发展新引擎，具有重大现实意义和深远历史意义。

党的十八大以来，中共中央总书记、国家主席、中央军委主席习近平多次深入北京、天津、河北考察调研，多次主持召开中央政治局常委会会议、中央政治局会议，研

究决定和部署实施京津冀协同发展战略。习近平明确指示，要重点打造北京非首都功能疏解集中承载地，在河北适合地段规划建设一座以新发展理念引领的现代新型城区。今年2月23日，习近平专程到河北省安新县进行实地考察，主持召开河北雄安新区规划建设工作座谈会。习近平强调，规划建设雄安新区，要在党中央领导下，坚持稳中求进工作总基调，牢固树立和贯彻落实新发展理念，适应把握引领经济发展新常态，以推进供给侧结构性改革为主线，坚持世界眼光、国际标准、中国特色、高点定位，坚持生态优先、绿色发展，坚持以人民为中心、注重保障和改善民生，坚持保护弘扬中华优秀传统文化、延续历史文脉，建设绿色生态宜居新城区、创新驱动发展引领区、协调发展示范区、开放发展先行区，努力打造贯彻落实新发展理念的创新发展示范区。

习近平指出，规划建设雄安新区要突出七个方面的重点任务。一是建设绿色智慧新城，建成国际一流、绿色、现代、智慧城市。二是打造优美生态环境，构建蓝绿交织、清新明亮、水城共融的生态城市。三是发展高端高新产业，积极吸纳和集聚创新要素资源，培育新动能。四是提供优质公共服务，建设优质公共设施，创建城市管理新样板。五是构建快捷高效交通网，打造绿色交通体系。六是推进体制机制改革，发挥市场在资源配置中的决定性作用和更好发挥政府作用，激发市场活力。七是扩大全方位对外开放，打造扩大开放新高地和对外合作新平台。

党中央、国务院通知要求，各地区各部门要认真落实习近平重要指示，按照党中央、国务院决策部署，统一思想、提高认识，切实增强“四个意识”，共同推进雄安新区规划建设发展各项工作。河北省要积极主动作为，加强组织领导，履行主体责任。坚持先谋后动、规划引领，用最先进的理念和国际一流的水准进行城市设计，建设标杆工程，打造城市建设的典范。要保持历史耐心，尊重城市建设规律，合理把握开发节奏。要加强对雄安新区与周边区域的统一规划管控，避免城市规模过度扩张，促进与周边城市融合发展。各有关方面要按照职能分工，密切合作，勇于创新，扎实工作，共同推进雄安新区规划建设，为实现“两个一百年”奋斗目标和中华民族伟大复兴的中国梦作出新的更大贡献。

（本文引自《人民日报》，2017年4月2日）

▲广播公关新闻

尾砂中提炼出大产业

赣州是全国重点有色金属基地之一，素有“稀土王国”的美誉。然而，稀土开采产生的尾砂、废水污染曾长期困扰着赣州各稀土矿区。发展与环境保护的矛盾，倒逼当地另辟蹊径，引入资源综合利用项目，对尾砂、废水再提炼，不仅保护了环境，还回收了流失的宝贵稀土资源，有效促进了赣州的经济支柱产业良性发展。请听江西台记者周围、彭世翔，通讯员李兴满发来的报道:《尾砂中提炼出大产业》。

几十年的稀土开采，给赣州留下了一座座沟壑纵横，尾砂淤积的废弃矿山。破坏的植被、流失的水土、板结的土壤、污染的水质曾经随处可见。龙南县足洞矿区是其中的典型区域。

然而，昨天(12月3日)，记者来到这里采访时，却发现废弃的稀土尾砂已经成为各原料公司争抢的“香饽饽”。经过激烈竞争，龙南县南裕稀土资源综合利用有限责任公司获得当地黄沙、关西、足洞矿区的尾砂库的处理权，公司董事长钟化云告诉记者，他们的两项稀土资源综合利用研究成果已获得国家发明专利，年综合处理稀土污水达720万吨、稀土尾砂15万吨，回收流失的稀土250吨:(出录音)我们通过打沙船，先把淤泥和沙提取出来，然后再把它分离。分离以后，这个沙可用作建筑用沙，剩下的淤泥回收起来，再把它储存，以后可用来做陶瓷材料。(止)

看准了赣州稀土尾砂中富含有高岭土的原料优势，江西石湾环球陶瓷有限公司果断落户赣州市寻乌县，公司总经理助理曾勇慎告诉记者，利用稀土尾砂中的高岭土作为陶瓷生产原料，企业可降低20%的生产成本，一条生产线每个月可以节省300多万元。丰富的稀土尾砂资源又让公司决定追加投资，生产线从原来的1条增加到6条:(出录音)赣州地区本身的陶瓷厂就比较少，需要陶瓷的量也很大，这边的材料都符合我们的使用，本身赣南稀土尾矿量特别大，储量特别多。我们一直也注重资源的再利用。(止)

赣州市利用废弃稀土尾砂发展陶瓷工业产业项目，年处理稀土废料能力超过5万吨，可回收稀土氧化物超过1万吨，各稀土矿区周边环境也大为改善。寻乌县环境监察大队大队长邱成竹:(出录音)利用废弃矿山稀土尾砂做建材，做陶瓷，消除了废弃矿山遗留下来的影响。(止)

作为全国唯一的稀土综合开发利用试点城市，赣州市积极落实稀土废弃物资源综合利用税收优惠政策，为稀土资源综合利用项目争取资金扶持，按照“谁投入、谁开发，谁治理、谁受益”的原则，鼓励企业、单位和个人开发治理稀土尾砂、废水。赣州矿业公司副总经理夏小秋:(出录音)稀土资源综合利用项目，国家有资金支持，我们正在不断争取，报的几个方案，都批复下来了，市里也通过税收优惠等方式积极扶持。目前，赣州稀土销售额位居全国第一，稀土产业已成为全市最重要的支柱产业，同时，稀土尾砂再利用，衍生出的产业今年为赣州创造综合经济效益10亿5千万元。(止)

(本文引自江西广播电视台、赣州人民广播电台，2013年12月4日)

▲电视公关新闻

超强农民:1＝190

杨国栋　李永和　李鑫

黑龙江省克山县仁发现代农业农机专业合作社规模经营,连片种植,发挥出大农机优势,合作社一个农民的工作量,相当于190名中国普通农民做的农活儿。

今天,仁发现代农业农机专业合作社红灯高挂,1222户社员选出的43位代表正在参加一年一度的社员代表大会,并领取2012年红利。上午十点,院子里鞭炮齐鸣,分红仪式开始了。

【现场:仁发现代农业农机专业合作社理事长李凤玉:"张军,3300元!"】

【同期:仁发现代农业农机专业合作社社员张军:"特好了,今年啊,一手没伸就挣了3万多块,打工我还挣了2万块。"】

【同期:仁发现代农业农机专业合作社社员王新村:"入社后呢,像今年,我一亩地分了700多块,效益差距非常大,效益非常好。"】

仁发现代农业农机专业合作社是2010年由种粮大户李凤玉领办创立的,当时总投资2000万元,7名农民占四成,其余六成由国家和省政府以下摆农机形式给予补贴。合作社打算把农户分散的土地进行集中连片经营,但是大多数农民对合作社这一新生事物不托底,第一年没有农民带着土地入社,合作社只能租赁农民的耕地。

【同期:仁发现代农业农机专业合作社理事长李凤玉:农民对土地流转的账算不清,我们是怎么破解的?就是到各家各户给农民算细账。】

仁发现代农业农机专业合作社推出了"保底加分红"政策,在与农民签订的合同里白纸黑字地写明:不管收成如何,每亩耕地一年最低分给农民350元,超出部分另外分红。农民一看有账算了,纷纷用土地折资入股。2012年,入社农户达到1222户,耕地面积达3万多亩。这时,大农机有了用武之地,种、管、收全程机械化,外加大型喷灌设备和高产种植技术,农作物获得了大丰收。玉米和马铃薯总产量超过同等地块2000多万斤,相当于增加了两万亩耕地。

【现场:仁发现代农业农机专业合作社理事长李凤玉:"2012年我们的总收入达到55940167元,实现总盈余27585684元,亩效益759元。"(鼓掌)】

2012年,仁发现代农业农机专业合作社的32名农民,平均每人耕作和管理的耕地将近1000亩,而同样耕种这些地,全省平均需要50个人,放在全国,这个数字将变成190人。合作社超强的效率,超高的效益,搅热了旁听农民的心绪。

【同期:克山县河南乡农民刘双义:"看到今年发钱发分红的场面挺壮观,我挺眼馋。"】

今天,总共有813户农民签约加入仁发现代农业农机专业合作社。今年,仁发现代农业农机专业合作社的耕地面积达到了5万亩。

【同期：黑龙江省农机局局长郑联邦：未来全省要力争用5～8年的时间，建设2000个大型农机专业合作社，届时覆盖全省粮食主产区的1.2亿亩耕地，提前实现粮食生产全程机械化作业的目标。】

【同期：黑龙江省社会科学院研究员王占国：意味着将有500多万的农业从业人员从土地上解放出来，为城镇化建设、建成小康社会创造条件。】

（本文引自黑龙江电视台，2013年2月8日，略有改动）

第二节 公关消息

一、写作要点

（一）名称解释

公关消息，是用概述方式和简明文字及时报道新近公关事实的一种文案。

（二）主要特征

1. 快捷性。这种文案有极强的时限性，采写、编辑、发出都突出一个“快”字，这样能使公关信息“保鲜”，体现新闻价值。

2. 精悍性。这种文案是一种精练的新闻形式，它主题集中、表达直接、语言简明、篇幅短小，显得简便灵活。

（三）种类划分

1. 按内容分，有动态公关消息、综合公关消息、经验公关消息（又称典型公关报道）、述评公关消息（又称公关述评新闻）等。

2. 按结构分，有倒金字塔式公关消息、时序结构式公关消息、逻辑结构式公关消息等。

3. 按篇幅分，有长公关消息、短公关消息、简明公关消息。

4. 按构成分，有单篇公关消息、集锦公关消息。

5. 按发布次数分，有单次公关消息、系列公关消息。

（四）基本结构

1. 标题

单标题。主要写法：主题式，如《孟津政府大院没“围墙”》；事由式，如《2016中国公共关系发展大会在杭州举行》《CIPRA发布2017年中国公关传播行业财富40强排行榜》；提问式，如《科技成果转化谁说了算》。至于公文式、对象式，酌定。

双标题。有两种：引题和正题，如《103家中央部门公开2016年度决算“三公”经费又降了》；正题和副题，如《伊宁市推动建立各民族互相嵌入式居住结构 小区建

了生活房 民汉共居乐融融》。

多行标题。如《北京携手张家口获得2022年冬奥会举办权 中国再次拥抱奥运 习近平致信申办冬奥会代表团表示热烈祝贺》。

系列公关消息有总题和分题或者事由和分题。如总题《聚焦重大民生工程系列综述》，分题《加快推进清洁取暖 让民心更暖天更蓝》《推进农村能源革命 治好农业面源污染》《建立长效机制 保障百姓“住有所居”》《守护好13亿人“舌尖上的安全”》。

2. 消息头

这是公关消息必有的项目，写法酌定。

3. 署名

位置有标题正下方、消息头后、正文后三种。在消息头后或者正文后署名，多用圆括号括入。

4. 正文

在内容上，动态公关消息多是一事一报，要考虑新闻5个“W”、1个“H”六要素，即Who(何人)、What(何事)、When(何时)、Where(何地)、Why(何因)、How(如何)，同时由于报道的对象及内容不同在叙写时有所侧重；综合公关消息覆盖面较广，对过程较长的重要事实、同一主题的各个方面作报道；经验公关消息叙写经验的思想基础、社会环境、创造过程、具体做法、突出效果；述评公关消息通过对事实的点评表达作者的观点。

在结构上，有四项：一是导语，即公关消息的第一段或者第一句话，用简洁的文字交代最重要、最新鲜的事实及其意义，写法有叙述式、描写式、评论式、提问式、比较式、引语式、结论式等；二是主体，即承接导语，阐述导语所揭示的主题或者回答导语提出的问题，具体叙述事实，层次安排有时间顺序、逻辑顺序等；三是结尾，又称结语，写法有评论式、总结式、希望式、引用式、补充式等，有时不单设结尾；四是背景，即信息产生的历史、环境条件及其他相关资料，有对比性背景、说明性背景、注释性背景，背景的位置比较灵活。

5. 附录

根据实际需要处理。

(五)注意事项

1. 敏锐捕捉。要写出好的公关消息，必须练就一双慧眼，善于捕捉蕴藏在公关工作中有新闻价值的事实。这与较高的理论修养、较深的采访技能、较强的观察和思维能力是分不开的。

2. 善于表达。公关消息的表达直截了当、高度概括，不追求蕴藉繁丰；以叙述、说明为主，偶用描写、议论、抒情也是点到为止。

二、范文阅读

▲动态公关消息

2017“一带一路”年度汉字正式发布

“驼铃悠悠传千古，丝路合作谱新篇。”2017年4月20日上午，由中国公共关系协会、陕西省文化厅、陕西省教育厅、陕西省旅游局与渭南市人民政府主办，特邀中国青年报社协办的2017“一带一路”年度汉字发布仪式，在文字始祖“仓颉”的故乡陕西白水盛大开幕。

2017“一带一路”年度汉字发布仪式作为“字说中国 节传文脉”大型传统文化传播系列活动之一，旨在贯彻落实中共中央办公厅、国务院办公厅《关于实施中华优秀传统文化传承发展工程的意见》的精神。该活动自2016年开展以来，引起社会各界的广大反响，并于每年的谷雨节在字圣仓颉的故乡——陕西白水正式发布“一带一路”年度汉字，旨在从中华优秀传统文化中汲取丰富营养，增强国家文化软实力，齐心合力实现伟大复兴中国梦。

作为“一带一路”起点的陕西白水孕育着伟大的仓颉精神和仓颉文化，仓颉造字晋万古，开启了中华汉字的源头；杜康酿酒最香甘，以赤诚匠心开启工匠精神铸就醇香，凝聚着优秀传统文化和工匠技艺的传承与坚守。为了追溯字圣仓颉的功德，更好地传承中国优秀传统文化，奠定国家建设“四个自信”的坚实基础，为实现中国梦凝心聚力，主办方在成功举办2016“一带一路”年度汉字发布仪式的基础上，紧紧围绕2017“一带一路”战略新格局，正式发布2017“一带一路”年度汉字。活动现场聚集了来自海内外从事汉字、“一带一路”和优秀传统文化研究的知名专家学者、留学生代表，以及来自海内外学术界、企业界、文化界和新闻界的代表。

发布仪式结合白水谷雨祭祀仓颉的传统民族习俗，采用传统仪礼祭奠字圣仓颉的千年功德，为传承和弘扬中华优秀传统文化拉开序幕。随后，在对2017“一带一路”年度汉字发布背景及推介过程的阐释中，邀请2008奥运国标及国礼唐诗篆写者、中国国际文化艺术交流促进会首席艺术顾问、中国大篆文化研究院院长、中国著名大篆书法家窦德胜先生现场挥写2017“一带一路”年度汉字——“融”字。书写所用卷轴尺寸为：6.5米×4.4米，寓意：“一带一路”沿途已经超过65个国家，总人口超过44亿人，“一带一路”是世界各国人民互利共赢的“融和”之路。本次活动首创由数百位青少年代表和著名书法家现场共同书写年度汉字，以传承仓颉文化、弘扬仓颉精神。现场由来自美国、法国、韩国、土耳其、巴基斯坦、卢旺达、哈萨克斯坦等“一带一路”沿途优秀的留学生代表，还有来自白水当地的优秀中小学生代表，构成“2017”方阵共同书写年度汉字以传承仓颉文化、弘扬仓颉精神，寓意文化传承从青少年抓起，青少年是“一带一路”建设和文化传承的骨干力量。同时，舞台上表演现代舞《墨风唐韵》,将书法与舞蹈结合,现代与古典相融,用现代舞蹈形式演绎传统文化的古韵精髓,通过全民书写和专家演绎,追溯仓颉功德、传承丝路精神、弘扬传统文化。最后,数百位学生共同展示所书写的“融”字将发布活动推向高潮,寓意“一带一路”是融和之路,“一带一路”是融通之路,“一带一路”年度汉字发布仪式将凝心聚力,弘扬仓颉精神,共创融和丝路!

活动期间,还举行了“2017‘中华汉字’学术研讨会”。主办方邀请了“一带一路”和“汉字文化”研究领域的知名专家学者,以“丝路文明——汉字与文化旅游开发”为主题,围绕“汉字与白水形象”“丝路文明与区域发展”“仓颉文化与旅游开发”“打造‘中国字都’与形象传播”四个专题,解读“一带一路”与“中华汉字”的意义,提升白水形象和文化旅游产业的价值。来自政府有关部门、高校、研究机构、媒体等单位代表和专家学者出席本次研讨会。

(本文引自中国公共关系协会网,2017 年 4 月 21 日)

▲综合公关消息

大风大雨无大灾

——2016 年全国防汛工作综述

本报记者 陈晨

51 次强降雨过程,雨量、雨强、雨区笼罩范围均为 1998 年以来最多;29 个省份 473 条河流发生超警以上洪水;长江流域发生 1998 年以来最大洪水,中下游干流全线及洞庭湖、鄱阳湖持续超警 12～29 天;海河等北方河流发生多年以来罕见的暴雨洪水;强台风多次登陆,华南、东南等地反复遭受袭击……

与之形成对比,据统计,截至 11 月 25 日,与 2000 年以来同期均值相比,因洪涝灾害所致的农作物受灾面积、受灾人口、死亡人口、倒塌房屋分别减少 14%、27%、49%、57%。

大风大雨而无大灾。2016 年,哪些防汛措施保证了如此成效?

预测预警赢得防汛主动权

5 月 9 日,闽江富屯溪、建溪出现超保证水位洪水,水文部门曾于 8 日 14 时做出顺昌洋口水文站、建瓯七里街水文站、南平市区延福门水位站最高水位预报,为沿河商户及时避险、转移财物提供了充足时间。

国家防总秘书长、水利部副部长刘宁曾指出,据专家学者统计,水文预报如果能够提前半天到一天,可以减少灾害损失 1/5～1/3。

2016 年汛期,正是一个个准确的预报信息,为防汛赢得了主动权。

“目前,我们可以在 20 分钟内收集全国 9 万多处水文报汛站的实时信息,2 小时内制作发布全国 170 多条主要江河、2300 多个河道及水库湖泊的洪水预报。”水利部水文情报预报中心主任刘志雨告诉记者。

“十二五”期间，我国水文监测预报能力大大加强，目前全国共有各类水文测站99575处，是“十一五”末期的2.4倍，初步形成覆盖江河湖库、布局合理、观测项目齐全、整体功能较为强大的水文站网体系，实现了对基本水文情势的有效控制。

以防为主的思路不仅体现在预报上，更体现在及早预警和及时转移上。据国家防办新闻发言人张家团介绍，今年汛期，各地利用县级山洪灾害监测预警平台，累计发布预警4.9万多次，启动预警广播近9万次，累计转移受山洪灾害威胁群众约540多万人，有效避免了人员伤亡。

工程体系打造防汛“硬”牌

据统计，截至2015年年底，全国累计对6万余座水库进行了除险加固。2000—2015年，年均溃坝由除险加固前的75.15座降为4.63座，水库安全状况明显改善。

水库大坝构成防洪的“铁将军”，坚固堤防铸就防洪的“水上长城”。在全国各地，由南而北，自东向西，应对洪涝的工程防御之“网”正织得越来越密。

在长江流域，已基本形成以堤防为基础，以三峡水库为骨干，其他干支流水库、蓄滞洪区、河道整治工程相配套的防汛抗旱工程体系。长江流域在干支流上已建成水库5万多座，总库容3500多亿立方米。

在黄河流域，以干支流水库、堤防和河道整治工程、蓄滞洪区工程为主体的“上拦下排、两岸分滞”的防洪工程体系基本形成，扭转了历史上黄河下游频繁决口改道的险恶局面。

在淮河流域，随着19项骨干工程和进一步治淮的建设，逐步改变了缺乏控制、行洪不畅、出海无路的局面。

在海河流域，按照“上蓄、中疏、下排、适当地滞”的治理方针，形成了各河系分区防守、分流入海的防洪格局。

在珠江流域，“广东第一堤”北江大堤经全面加固达标后与飞来峡水利枢纽、潖江滞洪区以及芦苞涌、西南涌分洪河道共同组成的防洪工程体系。

科学调度发挥防灾减灾效益

许多武汉人至今仍记得7月初那场几乎不间断的强降雨。长江中下游干流全线超警，长江水利委员会对三峡水库下达调度令，从7月6日09时起，减少出库下泄流量，从原来的31000立方米每秒，减少至25000立方米每秒。科学调度，使得三峡水库尽全力挡住上游来的江水，不让下游的情况继续恶化。

张家团表示，通过科学研判，适时调度水库、水电站等工程，提前预泄水量，发挥水库拦洪削峰作用；运用河道行洪时差，有效避免干支流或上下游洪峰叠加，可以发挥水利工程的防灾减灾效益。

拦、分、蓄、滞、排并举，蓄、引、提、调、节共用，伴随着水利工程体系的不断完善，我国调度洪水的能力不断提升,精细化调度、联合调度越来越多。长江流域“上控、下泄、保中畅”,黄河流域“上控、中防、下调”,淮河流域“蓄泄兼筹、上下游兼顾”,海河流域“分区防守,分流入海”,珠江流域“堤库结合,以泄为主,泄蓄兼施”……今年,各大流域按照调度原则,因地制宜制定了详尽的汛期调度方案。

洪水安然俯首,江河复归平静。在2016年的抗洪战斗中,人们看到的不仅是对生命的尊重和敬畏,是国家治理体系和治理能力的提升,更是崛起的中国力量。

(本文引自《光明日报》,2016年12月22日)

▲经验公关消息

贫寒不失尊严 诚信贵于黄金
盐池县扶贫贷款零违约

沙新 连小芳 王玉平

本报讯 盐池县青山乡古峰庄村村民罗刚,几天前在农行顺利办结了30万元的贷款手续。由于罗刚替自己的贷款联保户汪某偿还了3万元贷款,盐池农行感其诚信,将罗刚的贷款额度从5万元提高到30万元。去年,盐池县用于滩羊养殖的扶贫贷款25.4亿元,2.4万农户还款无一人逾期违约。

“现在,盐池县哪个滩羊养殖户的信用不值几十万元?”罗刚以自己的故事佐证。2009年以来,通过两轮三户联保,罗刚先后贷款34万元,圈里的滩羊从200多只扩大到1200只,6年赚了几十万元。2014年11月24日是罗刚等三户联保第二轮贷款还贷的最后期限,联保户汪某因家庭变故无力偿还3万元贷款,11月22日,罗刚替汪某还了贷款,维护自己和汪某比金子还珍贵的诚信。“这样的客户,今后需要多少,咱们就放贷支持多少!”盐池农行决定给罗刚发放30万元贷款。“30万元能买400只羊,一年出栏三茬,就能赚六七万元,比替人还的3万元贷款多,不吃亏。”憨厚的罗刚这样算账。

互助资金和信贷资金捆绑贷款连续多年零违约,是盐池县又一诚信传奇。2006年,盐池县启动贫困村互助资金,8年累计为89个贫困村发放互助资金借款1.44亿元,无一笔逾期违约。互助资金把贫困群众“等救济睡着吃”的观念变为“靠双手干着吃”,贫困村互助社也成为金融机构诚信客户的摇篮,农民普遍树立了“好借好还,再借不难”的诚信意识。“乡亲们不再认为扶贫贷款是救济款可以赖着不还,而是想方设法用贷款养羊赚钱,活得有面子有尊严。”王乐井乡曾记畔村村支书朱玉国说。2012年,盐池农村信用联社与贫困村互助社捆绑推出“千村信贷”,形成“凡在互助社借款违约者不得在信用社贷款,凡在信用社贷款违约者不得在互助社借款”的诚信机制,破解了因不讲诚信导致金融部门“难贷款”、农民“贷款难”的困局。

诚信为国家级贫困县盐池带来“农民脱贫、产业发展、银行获利”的多赢效应。目前，盐池县仅 1.44 亿元互助资金就撬动信贷资金 3.36 亿元，受益群众 6.7 万人，贫困户受益面达 60%。这些用于发展滩羊养殖等特色产业贷款的增收比为 1∶1.5；盐池县滩羊饲养量从禁牧前的 86 万只增长到 300 万只，滩羊养殖收入占农民纯收入的 60%；优质的信贷环境吸引宁夏商业银行、建行等金融机构纷纷抢滩盐池。

（本文引自《宁夏日报》，2015 年 2 月 4 日）

▲述评公关消息

转基因博弈背后的国家利益较量

杨晶 李皎 高祥 牟维宁

新华社昨晚发布消息，中国农业部批准发放 3 个转基因大豆进口安全证书，加上已经批准的 5 个品种，目前已有 8 种转基因大豆可以向中国输入，转基因农作物进口进一步放开。消息一出，引发民众极大争议，更让旷日持久的转基因优劣之争再度激化。由食品安全引发的争议下，潜藏着哪些利益暗流？转基因作物获准入华，对中国农业影响几多？请听本台新闻述评《转基因博弈背后的国家利益较量》。

此次农业部再度为新品种转基因大豆"开绿灯"，业内外众说纷纭。黑龙江大豆协会副秘书长王小语、中国农业大学食品学院副教授朱毅等业界、学界众多专家针锋相对，以"转基因食品是否致癌"为焦点，"挺转基因"与"反转基因"两派掀起新一轮激烈论战。

【王小语：通过分析报告，我们最终得出的结论——国内肿瘤发病可能与转基因大豆油的消费是高度相关的！】

【朱毅：如果说你去实地调查，进行科学比对，都会发现，全部都是谣言！对转基因不利的所谓的科学论文都是不可信的，无一例外！】

转基因食品到底安全不安全？自 15 年前转基因作物进入国门起，争论从未停止，至今尚无定论。但转基因作物进口造成的影响，却不仅仅停留在生物技术安全层面。来自中国海关的数字表明，争议不断的 15 年间，转基因作物进口数量屡创新高。以量多且消费面广的大豆为例，去年我国进口大豆数量比 15 年前增加 52 倍，其中绝大部分是转基因产品。

【韩长赋：从大豆原产地国变成了世界第一大豆进口国。大豆进口增长速度，很多人都始料未及、估计不足。坦率地讲，我搞农业这些年，我知道会增长，但是增长这么快，我也是没想到。】

在提到"洋大豆"进口量激增时，农业部部长韩长赋话语中频频出现"始料未及""没想到"等字眼。据国际权威经纪公司福四通调查，目前中国进口大豆占全球大豆出口总量的 70%……但随之而来的，产量大、成本低的进口转基因大豆源源不断涌入国门，国产大豆由于成本价格竞争劣势，空间被挤压殆尽，主产区黑龙江大豆种植面积6年下降近一半。著名农业专家刘中堂指出，中国大豆对外依存度早已突破预警红线，市场定价权已旁落国外巨头手中，众多以大豆为原料的加工企业生产自主权不断沦丧，中国非转基因大豆产业正遭遇空前危机！

【刘中堂：(大豆)价格逐渐往上涨，着急要买，中国也没有，就得上国外去，签高价的合同。市场马上就散出来，说是美国大豆、南美大豆又丰收了，价格要下调。咱们的企业就承受不了了……】

据统计，由于货源和产能限制，国内九成非转基因大豆加工企业已亏损停产，随之被外资低价兼并。大型大豆压榨企业，除九三粮油集团外，全部被世界四大粮商融资或兼并……对此，国内农产品贸易专家王培志忧心忡忡。他表示，转基因大豆是一个符号，代表着中国农产品在国际竞争中的劣势，背后折射的是国家利益正遭受严重威胁。

【王培志：大豆是表现出最早的受到产业损害的行业。如果一个一个产品被外资所控制，那我们最后整个农业产业都会受到严重损害。农业是国民经济基础，那就会动摇。】

业内专家分析，非转基因农产品之困，有进口依存度过高、进口与国产价格倒挂、市场体系建设滞后、价格不稳定等诸多原因，从国家战略角度，国内市场防范国际市场冲击的准备，目前还远远不够。中国工程院院士、中国农业科学院副院长吴孔明强调，如何维护转基因博弈中的国家利益，是比探讨转基因技术本身安全与否更重要的当务之急。

【吴孔明：到目前为止，从国际上和国内看，技术是不是安全没有定论，这是从科学层面上说。但社会层面上，实际上是关系到我们国家的社会安全，关系到我们这个饭碗端在谁的手里的非常核心的问题……】

截至目前，我国发放农业转基因生物安全证书已达82个，准许进口转基因作物涵盖大豆、玉米、油菜等多个领域。业内人士担忧，一旦中国大范围开放转基因作物市场，凭借资金和渠道优势，外国公司将利用产品先发优势彻底占领中国市场，中国农业将沦落为为外国资本打工的境地。吴孔明呼吁，在端稳主粮饭碗的同时，要探索出一条“敏感农产品”发展规划，避免引发多米诺骨牌效应，使大豆的今天成为玉米等其他农产品的明天。

【吴孔明：欧洲人口跟它的土地是平衡的，完全可以不进口；美洲是世界最大的粮仓，就是出口。我们中国人多地少，随着我们的城市化进程，(粮食)缺口越来越大……】

加入WTO后，中国经济开放度越来越高，必须学会在国际规则中寻找出路，通过国有资本市场化运作，重新掌握市场话语权。国务院发展研究中心副主任韩俊建议，从政策扶持入手，创新中国农业发展新体制，建立现代化、市场化产业链，建立种植者、加工者的利益攸关区。

【韩俊：最大的问题是现在农民种粮，他赚不了多少钱；同时地方政府把发展粮食看成是一种负担，对财政收入没什么贡献，抓粮食就意味着奉献。积极性不高的话，粮食怎么可以稳住呢？这是最大的一个隐忧……我们可以改进的政策空间仍然是很大的，需要采取一些综合性措施。】

国家大豆工程技术研究中心总农艺师龚振平则从产业升级角度提出建议。他以大豆为例建议，要想避免高科技名义下的国际资本垄断，中国农产品应清晰产业规划、整体布局，利用绿色、有机、天然优势，保住份额、占领市场。

【龚振平：无论从农业补贴和从生产规模，都不具备人家的优势。我们怎么规划好我们的市场？必须差异化竞争！我们的大豆优点在哪儿？是油用和食用兼用！从食品加工这块，我们大豆是非转基因的，那这是绿色之一吧？就完全能消费掉我们黑龙江省产的这部分大豆，这样我们的企业就能振兴起来。】

就在今天，"中国批准转基因大豆进口"消息传出后，全球转基因种子巨头孟山都股价上涨4.53%。自1997年美国实施国家植物基因组计划以来，孟山都等多家美国公司投入巨额资金进行研发，主宰了世界转基因种子市场。反观我国转基因研究，没有统一组织管理，还处于"散兵游勇"阶段，一些研究机构甚至已被国际巨头"招安"。教育部大豆生物学重点实验室副主任张淑珍认为，抛开安全性等因素，转基因被公认为当下最尖端的农业技术，不能把它视为洪水猛兽，而应迅速掌握。一旦丢掉这个阵地，将意味着彻底失去农业安全主动权。

【张淑珍：作为技术储备，我们不能落后于发达国家……】

值得关注的是，在网络有关转基因讨论中，着眼国家利益的反思逐渐增多，越来越多民众把目光从"健康安全"转向"粮食主权"。同时，以"中国粮仓"黑龙江为代表的国内农业主产区，正纷纷酝酿出台相应措施，调整农业结构、提升土地产能、改良种植品种，努力扭转本土农业被国外转基因作物蚕食局面。龙广评论员、农业经济专家刘小宁指出，在转基因博弈这场没有硝烟的战争中，对粮食安全和国家利益的考量时刻不能放松！

【刘小宁：进口转基因大豆这种冲击，为我们敲响了警钟。我们必须有清醒认识：在转基因之争问题上，国家利益高于一切！必须采取有针对性的对策，趋利避害，维护国家的整体利益，确保我们国家的粮食安全，确保13亿人的粮食安全。我们一刻都不能放松，一刻都不能动摇，应该长抓不懈！】

（本文引自黑龙江人民广播电台，2013年6月14日）

第三节　公关通讯

一、写作要点

(一)名称解释

公关通讯,是以叙述、描写为主要表达方式,具体、生动地报道公关方面人物、事件、风貌、工作的一种文案。

(二)主要特征

1. 翔实性。在内容上,公关通讯和公关消息一样要求确凿无误,但它比较详尽地叙写人物思想和行为的变化、事件的发展、风貌的表现、工作进程及成效,显得更加丰富。

2. 形象性。在表达上,公关消息直接述说,而公关通讯可以综合运用表达方式和表现技法,并且使用文学语言来刻画人物、描述事件、展示风貌、介绍工作,以增强报道效果。

(三)种类划分

1. 按内容分,有公关人物通讯、公关事件通讯、公关风貌通讯(又称公关概貌通讯)、公关工作通讯等。

2. 按表现形式分,有常规形式公关通讯、特殊形式公关通讯。

3. 按篇幅分,有长篇公关通讯、中篇公关通讯、短篇公关通讯、小公关通讯。

4. 按构成分,有单篇公关通讯、集锦公关通讯。

5. 按发布次数分,有单次公关通讯、系列公关通讯。

(四)基本结构

1. 标题

单标题。主要写法:公文式,如《小山村变形记》;对象式,如《老红军和他的三个兵》;主题式,如《青海新能源有“锂”走遍天下》;事由式,如《一粒种子的世界较量》;提问式,如《为何金门供水总差“最后一公里”》。

双标题。有两种:引题和正题,如《浙江省浦江县创新信访工作机制 干部多下访 群众少上访》;正题和副题,如《今年花开别样红——江苏省公共关系协会第三届理事会第四次会议纪实》。

标题中常写“记”“小记”“印记”“侧记”“散记”“新记”“记游”“访问记”“追记”“纪事”“纪实”“纪略”“纪行”“故事”“印象”“见闻”“目击”“亲历” “巡礼”“探访”“踏访”“寻访”“走笔”“走进”“扫描”“掠影”“一瞥”“拾零”“拾趣”等词语。如《一水激活万水流——吉林省“河湖连通”工程走笔》。

系列公关通讯有总题和分题或者事由和分题。如总题《长空奇缘——两岸退役飞行员首次同飞蓝天》，分题《昔日对手，情萦蓝天》《梦在长空，共续情缘》《梦想成真，同飞长空》《缘在蓝天，壮志凌云》《同心筑梦，携手远航》。

2. 署名

一般写在标题正下方，有时写在消息头前或者正文后。

3. 正文

在内容上，不同的公关通讯各有侧重点。例如，公关人物通讯着重写先进个人的性格特征和典型事迹；公关事件通讯记述事件发生、发展、结果的过程并揭示典型意义；公关风貌通讯突出国际、国家、地方、行业、组织的新气象、新面貌；公关工作通讯总结某地、某组织的典型经验或者找出带有倾向性的问题。

在结构上，公关人物通讯的前言以肖像或者场面描写、所得荣誉、人物简介、人物简评等起笔，主体或者把人物成长的过程划分几个阶段逐一叙说，或者抓住最主要的某些阶段重点介绍，或者聚焦于某项工作、某种任务、某一事件、某个场景按时间顺序、逻辑顺序安排，或者将各个故事、若干认识、几个侧面、多个人物并列描述，结尾赞誉人物、指出警戒、补充说明；公关事件通讯的前言概述事由及背景、交代结局、描写最精彩的场面，主体根据需要安排纵式、横式、纵横式层次，结尾指出结局、加以评价、补充说明；公关风貌通讯的前言交代概况、总述特征、描写景物、说明背景、引出典故、介绍行程，主体或者按事物沿革，或者依访问的过程，或者以采访地点、对象的变换，或者写并排的相关事物以及表现、特征，或者分同一事物的若干侧面，或者用截然不同的对比，或者循作者的认识、情感的变化来安排，结尾写法比较灵活，有时不单设结尾；公关工作通讯的前言交代背景、说明概况及成效、指出问题及性质，主体或者写工作的进程，或者分过程、做法、成效以及情况、成效等模块，或者按经验、成效、启示以及经验、成效的顺序，或者侧重写几种做法、几条经验，或者依循问题、原因、影响、对策以及问题、原因、对策具体说明，结尾揭示主题、归纳成效、展望前景、提出下一步打算或者解决问题的对策，有时不单设结尾。

此外，有时根据需要设消息头、列附录。

（五）注意事项

1. 善抓典型。公关通讯的写作目的在于树立典型，促进公关工作，所以要善于发现那些有个性特征和普遍意义的典型人物、事件、风貌、经验、问题，予以具体反映。

2. 妙用笔法。公关通讯的笔法十分灵活，应该不拘一格，合理地借鉴散文、报告文学、影视、广播等表现技法，进行立体描述和细节刻画，以增强感染力。

二、范文阅读

▲公关事件通讯

MERS广东狙击战

南方日报记者 曹斯 刘光明宝 李秀婷 王彪

广东速度

4小时找到患者,7天找齐“密接”

5月26日,金先生从韩国乘航班抵达香港。下午3时,他乘坐大巴经深圳到惠州。

出门前,金先生已感不适,曾到韩国当地医院就诊,开了解热镇痛药。此前,他曾陪护住院的父亲,与韩国首例MERS病例共处同一病房2小时。

作为一种新发传染病,MERS 2012年首次在沙特出现,之后多个国家陆续出现疫情。中国周边的韩国近几个月还出现死亡病例。研究证实,MERS病原体和2003年震惊世界的SARS同属冠状病毒,临床表现颇相似,死亡率近40%,但感染率比SARS低,一度被称为“类SARS”。

早在5月23日,广东省疾病预防控制中心副主任宋铁就在社交平台转发了一则韩国出现MERS病例的消息,并点评:“韩国有了,中国呢?这是必然中的偶然,还是偶然中的必然?”

没想到,4天后的27日晚,他就接到了通报电话——来自韩国的MERS疑似病例进入惠州,21日已出现不适,25日的体温为38.7℃。

一挂电话,他与中心公共卫生应急部专家钟豪杰火速赶往惠州,途中就开始搜集患者信息。

金先生很可能没想到,他到广东出差这看似平常的举动,会像多米诺骨牌般引起连锁反应:国家卫生计生委、国家疾病预防控制中心的领导、专家专门奔赴惠州指导;广东省委省政府紧急部署,全力做好防控与救治工作;省、市卫生计生部门组织疾控专家迅速展开风险评估、监测,召集医疗专家指导救治……

5月28日凌晨2时许,距通报仅4小时,疾控专家就根据线索顺利在酒店找到金先生,将他送往惠州市中心人民医院隔离。

5月29日,经层层检测,金先生被确诊为中国首例输入性MERS病例,这让搜寻密切接触者的工作越发紧迫。

专家剥茧抽丝,根据与金先生接触的时间、频率、距离、方式、通风状况等,依照空气动力学等理论判断风险高低,最终锁定了78名密切接触者。

然而,由于金先生曾在香港坐大巴经深圳到惠州,期间乘客未进行身份登记,也缺少视频监控,进入城区又分散下车,搜寻工作如“大海捞针”。

一刻延误意味着多一分风险。广东启动全面搜索：5月29日，广东乃至全国的各大媒体、相关政府部门网站、微信公众号齐刷刷地发布寻找密切接触者的信息；广东省疾病预防控制中心安排人24小时值守热线，不让任何人成“漏网之鱼”；广东热心群众积极传递信息，不少密切接触者主动联系；公安部门迅速介入，在6月2日下午得到4名大巴乘客的线索，为搜寻工作再撕开一道口……

如侦探般，专家将调查对象的记忆线索一条条“拼凑”，绘制出密切接触者“网络”，最终在6月4日将78名密切接触者全部找到，其中在广东境内的有75名。

这一天，距广东接到疫情通报仅7天。

广东温度

钟南山领衔救治，医护勇敢请战

很快，一张国家、省、市三级立体防治网就构筑起来。

前后共6批“国字号”及省内的专家组到惠州参与救治和防控。三级医疗卫生部门组建的专家队伍共同制定治疗方案。广东临床专家还在惠州市中心人民医院驻点。

这些镜头令人难忘：

MERS没有特效药，只能对症治疗。79岁的中国抗击SARS领军人物、中国工程院院士钟南山一大早赶到惠州会诊，商定治疗计划，不断根据患者病情动态指导调整方案。

公共卫生应急专家钟豪杰冒着被感染的风险，采集了第一份MERS病毒样本。12年前，也是他采集了第一份SARS病毒样本。广东省疾病预防控制中心实验室灯火通明，检验人员不分昼夜，随时检测。

惠州市中心人民医院医生护士主动请缨，全力救治。首班护士李春梅有5年感染科经验，经历过甲流、H7N9禽流感等疫情，无惧挑战，连续几天没回家，只能通过电话寄托对5岁女儿的思念。

金先生下榻酒店的员工金雄杰不畏风险，义务承担韩语翻译，走进隔离病房与患者沟通，尽管妻子已怀孕近9个月……

处于疫情“风暴眼”，惠州市投入800万元购置检测、防护设备和物资，经绿色通道直接送达病房，医院救治能力全面升级。省卫生计生委调拨来300套防护服、150个防护眼罩、4个消毒喷雾器，确保医护人员“零感染”。

“在入院的第一天因为害怕及孤独，我感到非常苦恼，想着能不能战胜病魔？”在出院时，金先生：“每天早上醒来到晚上入睡，医护人员一直守护在身边，给我无限关怀和希望，教会我有利于呼吸的方式和康复运动……”

一个月死里逃生，“广东温度”让金先生终生难忘。

广东透明度

权威部门及时辟谣，社会公众从容理性

5月30日，一则消息突然在微信上“病毒式”传播：“隔离治疗韩国MERS患者的惠州市中心人民医院已经把ICU封科，接诊的救护车司机出现发烧疑似被传染……”

对12年前的SARS记忆犹新的人们，面对新型病毒，难免担忧。

权威声音在此刻显得尤为重要。

当天，省卫生计生委在充分调查核实的基础上站了出来，证实消息是谣言。

钟南山等重量级专家也明确发出“病毒大规模人传人的可能性不大，公众无须过于担忧”的声音，再“定风波”。

公众很快平静下来，生活井然有序。

信息公开，被认为是SARS留下的最重要“遗产”之一。SARS过后，政府信息公开条例实施，“打开天窗说亮话”成为常态，并催生了新闻发言人制度。

在广东省疾病预防控制中心主任张永慧看来，谣言止于智者，更止于公开。广东每天公布疫情相关信息，可消除流言引发的恐慌，稳定社会情绪，更利于在政府、公众中树立起强烈的传染病防控意识，促进具体措施落实，建立更坚固的公共卫生体系。

广东的“透明度”，让公众更加从容理性，越来越多网友祝福患者早日康复，并纷纷为广东医务人员“点赞”。

6月26日，金先生迎来了出院的日子。世界卫生组织专家评价，中国卫生部门的迅速行动减少了中国发生更大疫情的风险。

捷报传来，但疫情输入风险仍存，这次MERS“狙击战”只是“逗号”，而非“句号”。国家卫生计生委研判称，由于中国与韩国、中东地区人员往来较多，特别是目前韩国疫情暴发，MERS输入中国的风险显著增加。

“近年来，广东一直是传染病防控的主战场。”钟南山说，从SARS到甲流、H7N9禽流感、登革热，再到如今的MERS，传染病对人类的挑战千变万化，广东乃至中国的应对越来越科学有序，信息公开越来越透明，疾病防控越来越有力，救治经验越来越丰富，社会大众越来越理性。广东已筑起坚实的“防疫大堤”，将更有底气守好中国南大门。

（本文引自《南方日报》，2015年6月27日）

▲公关工作通讯

“三只松鼠”的成功“三级跳”

金昌龙 戴卿

从品牌创立到实现月度销售额突破1.6亿元，需要多长时间？国内电商翘

楚——安徽三只松鼠电子商务公司给出答案:23 个月。700 个日日夜夜,这个后起之秀在电商林立的互联网攻城略地、迅猛崛起,一次又一次地跳出资金、渠道、管理的重重路障。发展的背后,写下的是一串串骄人的数字,留下的是互联网时代中国电商的成长样板和成功之道。

第一跳:大胆设想跳出资金困境

和众多创业者遭遇的境况相同,资金问题曾是“三只松鼠”创始人、CEO 章燎原迫切需要解决的难题。早在“三只松鼠”品牌创立之前,章燎原就与中国最大的风险投资机构 IDG 资本有过“邂逅”。当然,这份“邂逅”是由章燎原创造出来的。他很早就注册了博客和微博,通过网络发表了大量关于电子商务的文章,逐渐吸引了 IDG 资本合伙人的关注。几经磋商,2011 年的那个冬天,章燎原在北京用 10 页 PPT 终于换来了 150 万美元的融资,2012 年 4 月,正式协议签订。

创业初期的道路总是遍布荆棘,“三只松鼠”亦是如此。2012 年 6 月 19 日,第一位顾客在广东诞生,“三只松鼠”正式上线。创业开始的 100 万元自有资金在上线之后已消耗殆尽。之前争取到的 IDG 资本 150 万美元投资属于外资,须经过层层严格审批,还没有到账,当时公司账户余额仅剩 8000 元……

投资会不会中途取消?公司能不能坚持到资金的注入?那段坚守之难让章燎原至今记忆犹新,而这份漫长的等待最终在当年 7 月,以“三只松鼠”成功融资告终。有了第一次的合作基础,那之后,“三只松鼠”又获得了今日资本、IDG 资本的两轮投资共计 2500 多万美元。时至今日,“三只松鼠”市值超过 10 亿元人民币。

第二跳:有舍有得跳出渠道危机

1 月是坚果销售的传统旺季,2014 年 1 月 8 日偶遇腊八节,“三只松鼠”当天销售额高达 2000 多万元,之后继续以每天 1000 多万元的增速持续增长。而国内大部分快递 1 月 24 日之后因春节将停止收发件,即使“三只松鼠”每天发货量达 1000 多万元,22 日之后仍将有 3000 多万元的货物被积压。

更大的危机是,19 日起,从芜湖到北京、广州的物流干线停运,本来有效分流发货压力的北京仓、广州仓 20 日已无货可发,所有订单发货一下集中到芜湖总部。与此同时,积压的十万货单带来了顾客的各种投诉,公司苦心经营获得的声誉眼看就要毁于一旦。

在章燎原略见局促的办公室,一幅写有“舍得”二字的书法尤为抢眼。这一次,章燎原就在“舍”与“得”之间做出了抉择。面对顾客的质疑与怒火,他决定,21 日零点之前产生的订单,如果年前不能到货,“三只松鼠”将提供订单金额 30% 的赔偿。也正是这一决定,让大部分网购者体谅了“三只松鼠”的无奈,感受到了他们真诚的歉意。

事后统计,“三只松鼠”1 月销售总额达 1.6 亿元。而章燎原的决定让“三只松鼠"付出了 81 万元，这 81 万元让"三只松鼠"平稳度过了危机，更重要的是换回了顾客的信任，提升了企业核心竞争力。数据显示，截至 2014 年 6 月，天猫每销售 3 袋坚果，其中就有一袋是"三只松鼠"品牌。

"电子商务的危险在于众多的不可预见性。品牌塑造、食品安全、发货渠道等其中任何一个环节出错都有可能给公司的发展带来危机。"这次危机也促使了"三只松鼠""311 工程"的诞生：即三天生产一个亿的货，一天能发一个亿的货单。"三只松鼠 2014 年全年销售目标超 10 亿元。目前在全国拥有 4 个物流分仓，年底将增加至 6 个，2015 年预计将建设物流分仓超过 10 个。"为实现这一目标，章燎原依托全程信息化系统，建立起了全国供应链基地＋物流中心模式，做到了产品到用户不超过 20 天的产品周期。

第三跳：宽严相济跳出管理怪圈

章燎原坚信，互联网打破了时间和地域的限制，电商领域的品牌只有第一、没有第二。为此，他提倡互联网思维，高度关注消费者的用户体验。"我们建立了一整套可追溯系统，每袋产品都有二维码，顾客一扫便知道该产品从原材料场地、加工、包装到最后收货 30 个点的所有信息。顾客的满意度能直接决定我们员工的薪酬待遇。"此外，"三只松鼠"还投资 300 万元建立了国家级食品检测中心，确保每项产品都能实现全检测。

企业不断做大过程中，往往会带来效率低下、反应迟缓等一系列管理问题，有着国企工作经历的章燎原对此了然于胸。他将每个部门分成若干小组，最佳人数为 7 人，重点加强对这些小组长的管理，有效避免了大团队的僵化，提高了灵活性。"我们要打造 100 个小 BOSS。"在章燎原看来，每一个小组长就是"三只松鼠"的小 BOSS，充分激发他们的主观能动性，能获得事半功倍的效果。

从创业的第一天开始，章燎原就立志与年轻人为伍，"三只松鼠"的运营团队平均年龄 23.5 岁，大多为 80、90 后。"这些年轻人，特别是 90 后的一代人，对他们的管理应该无为而治，创造环境给他们以存在感，为他们搭建实现自我价值的平台。"

在"三只松鼠"内部，还有着独属于自己的松鼠梦。每一个员工的个人梦想便是松鼠梦的支点。"松鼠梦必须接地气，要能被员工所认同。相信我们的梦想，请留下；不相信，可以离开。"每一次危机到来，每一只"松鼠"都会义无反顾地冲到前面，而每一次危机之后，公司都有一轮"论功行赏"，在章燎原看来，这是企业对员工的一种尊重。

"在未来的 3～5 年时间，我们要在全国建立 3 个工厂、20 个物流中心、4 个食品品牌，并在发展中逐步形成'三只松鼠'在行业内营销、技术、资金、产业链四强优势；到 2020 年实现销售 100 亿元，实现真正意义上的松鼠集团规模化发展。在不远的将来，我们还将登陆境外市场。"谈及公司未来，章燎原思路清晰而充满自信。

（本文引自《芜湖日报》，2014 年 8 月 11 日）

第四节　公关专访

一、写作要点

（一）名称解释

专访，是记者对有关人士的专门采访，请其就专门性的问题进行解答。

公关专访，是采访者请事先选好的具有一定新闻性和代表性的国际组织和国家、地方、行业、组织以及人物就公关问题进行访谈，以记录访谈过程为主并且穿插相关背景材料的一种文案。

（二）主要特征

1. 访谈性。从形式上看，这种文案是采访者和采访对象之间的对话，具有明显的口述特征。话题围绕一个主题，内容在问答的过程中次第展开。在交互的问答中，话题不仅始终在双方的兴趣范围之内，而且双方有较多的相互讨论和情感交流。

2. 记言性。这种文案以记言为主，靠访谈实录谋篇。主要是记录采访者和采访对象之间的对话，其中以采访对象的话语为中心，采访者只提出问题、做适当的插话或者进行不违背采访对象原意的转述。

（三）种类划分

1. 按对象分，有组织公关专访、个人公关专访等。

2. 按内容分，有公关人物专访、公关事件专访、公关科学专访、公关问题专访等。

3. 按侧重点分，有观点公关专访、信息公关专访、个性公关专访等。

4. 按写法分，有问答式公关专访、散文式公关专访、自述式公关专访等。

5. 按构成分，有单篇公关专访、集锦公关专访。

6. 按发布次数分，有单次公关专访、系列公关专访。

（四）基本结构

1. 标题

单标题。主要写法：公文式，如《团中央负责人就共青团改革答记者问》；对象式，如《大师：梁思成》；主题式，如《丝路 · 艺象：艺术为媒 品丝路文化盛宴》；事由式，如《解码砥砺奋进新国企的五个关键词》；提问式，如《科技创新如何服务文创产业？》；综合式，如《专访吴敬琏：改革核心是建立统一开放、竞争有序市场体系》。

双标题。有两种：引题和正题，如《国防大学教授接受〈人民日报〉专访 部队全面停止有偿服务具有深远意义》；正题和副题，如《苹果的五大挑战——中国媒体首次对话苹果公司 CEO》。

多行标题。如《本报专访国家质检总局特种设备安全监察局有关负责人 电梯吞人悲剧如何不再重演 生产安装严把关,保养间隔十五天,应急救援定预案,每年都要搞演练》。

标题中常用"访""专访""访谈""访谈录""答记者""答记者问""作答""对话""谈""畅谈""聊""记""解读""解析"等词语,如《人民网 2017 全国两会代表委员访谈录》。

系列专访有总题和分题或者事由和分题。如总题《"当代鲁班"的中国梦——职教"天津模式"助推中国经济转型升级网络访谈》,分题《国礼鲁班锁的故事》《天津职业教育的特色之路》《"天津模式"先行先试》《职业教育助力"中国梦"》。

2. 署名

一般在标题正下方写采访者姓名,有时把署名放在正文后。

3. 正文

在内容上,公关人物专访在叙写有关公关人物的具体表现、个性特点、典型事例、兴趣爱好的同时还突出思想品质;公关事件专访说明重要、成果、感人、揭露、突发等各类公关事件的性质、原因、过程、结果、影响;公关科学专访针对公关工作中涉及科学的新闻事件,在普及科学知识的基础上阐明主张;公关问题专访就公关工作中亟待解决的重要问题表明态度。

在结构上,一般由前言、主体、结尾组成。

前言。简介专访的时间、地点、背景、事由或者采访对象的基本情况和主要观点,引起公众的兴趣,写法有概述式、引语式、描述式、悬念式、问答式等。常用"×××接受了××××× 的专访(或者'采访'),就××××××回答了记者提问""×××就××××××回答了记者提问""×××采访了×××""×××专访×××"等提起下文。

主体。这里说明两点。一是写法:问答式,即由采访者提问和采访对象回答两个部分构成;散文式,即采访者根据采访的需要取舍问答的内容,并灵活运用描写、议论、抒情等表达方式,穿插叙述访问的情景、过程,或者勾画采访对象的形象、性格等;自述式,即前后穿插简短说明作背景链接,集中记录采访对象的口述,不写采访者现场所提问的内容。二是形式:直述式,实录经过整理后的采访过程,以记者提问、采访对象回答的形式对话;转述式,以采访者的语言叙述,适用于压缩篇幅或者采访对象是知情人不是当事人等情形;综合式,既有直接问答,也有间接述议。

结尾。大多由采访者对访谈作小结和必要的点评,对采访对象表示感谢,或者采访对象强调主题、做出预测、提出对策;有时补充交代采访对象的情况,描绘一个难忘的小镜头,对采访中涉及的专业术语加注释。可以不单设结尾。

此外,是否设消息头、附录,酌定。

（五）注意事项

1. 做好准备。精心选择对象，根据写作目的选定采访对象，访前收集并且研究话题以及采访对象的情况。

2. 再现现场。公关专访多是现场采访，整个对话过程是在一个特定的时间和空间内进行的，有特定的话题、人物及谈话氛围，要观察细致，再现真实传神。

二、范文阅读

▲问答式公关专访

阿斯塔纳世博会中国馆："梦剧场"打造文化交流新符号（节选）

主持人：各位网友大家好，这里是人民网视频访谈。在今天的节目我们非常荣幸地邀请到了两位重量级嘉宾，他们是：中影集团董事长、党委书记焦宏奋。

焦宏奋：大家好。

主持人：另外一位是阿斯塔纳世博会中国馆主题片主演颜丹晨。

颜丹晨：人民网网友大家好。

主持人：我们知道今年世博会是在哈萨克斯坦举行，本届世博会中国馆围绕着绿色能源、绿色丝路的主题，而且也是吸引了大量的游客前去参观。

焦宏奋：中国馆里面的能源梦剧场作为中国馆一个主要的内容，也是这次中国馆世博会的主题，中影集团联合中展公司共同承担了中国馆的建设。中影集团主要负责影厅的音视频系统的设计、集成，主题影片的拍摄制作，以及后期运营的保障工作。具体工作由中影集团华龙公司联合相关单位共同完成。未来能源梦剧场整个占地有230平方米，设计了90个座位。放映系统采取了三台高亮度的工程投影机，将3D立体画面无缝对接在影厅高4.64米、弧长21.67米的横向近180度的弧形银幕上……同时我们在银幕的边上，上面还加了一个直径1.5米的LED球，作为辅助显示装置，和主银幕相互呼应……

主持人：您刚刚提到了主题影片，能不能给我们介绍一下影片的创作团队，以及影片是怎么用短短7分钟传递中国的形象？

焦宏奋：……要给所有看短片的人能达到对能源的了解。包括古代能源，我们从水、风、电，传统的能源到未来能源这样整个的能源发展的过程来展示。通过这种讲故事的方式，通过电影的高技术的使用，把能源表达更加影视化，更加大众化。

主持人：颜老师，您是主题片的主演，能不能和我们分享一下您当时在拍主题片的时候一些有趣的故事？

颜丹晨：……这是一个命题的电影，短短7分钟，怎么去展示这个是很关键的……特别好玩的是，头一天探班的时候我把家里狗狗"颜小仙儿"带过去了……我们剧情有一个穿越的过程，前面是远古的时候，一直到现代化的展示。我在做一个瑜伽动作，回头一看，我们家“颜小仙儿”摇头晃脑地过来了，跟我一起有一个互动，我再这么一点，整个房间因为核聚变清洁能源让生活变得更美好……

主持人：不经意之间让整个片子的主题升华了，不仅仅局限于人类，是地球的所有生物。

颜丹晨：是地球这样一个大的概念。

主持人：您对哈萨克斯坦今年的世博会，印象是什么？

颜丹晨：……世博会是一个集科技、经贸、文化为主题的像嘉年华的形式，未来的趋势就是在每一个国家的场馆里面，会有一个主题的秀，这回主题的元素和理念就是“未来能源、绿色丝路”，这是我们中国馆的主题……

主持人：中国馆哪一个设计或者哪一个点给你留下最深刻的印象？

颜丹晨：除了电影之外，中国馆有三个亮点。除了电影就是高铁的模拟操作，还有就是我们的人造小太阳，就是我刚才说的，已经从核裂变升级到核聚变的人造小太阳，2050年左右我们的科学家就可以基本实现了……

主持人：……下面的问题是问焦董事长的，中影集团第三次承担世博会当中的中国馆影视工作。今年世博会和以往的相比，中影呈现了哪些突破和创新？以及您是如何评价世博会平台为中国的影视乃至文化产业的发展创造的契机？

焦宏奋：作为电影工作者，我们能参与世博会，世界各国参与的大平台，应该说，我们很自豪地参与这项工作……这次主要是3D，从制作的角度，来突出中国电影和中国社会发展的水平。这次从我们的理念展示，包括我们的技术表现，包括现场的影视视听效果，都还是非常好的。

颜丹晨：看到剧情里我女儿找到了凤凰鸟，从天上下来的时候，你能听到所有的人都是很惊叹，都是特别震撼，凤凰鸟直接朝你过来，引领你走的感觉，特别好。

主持人：我觉得凤凰鸟也是国家、民族的符号象征。可能就是在其他的国家当中，他们可能不知道凤凰是一个什么样的生物。

颜丹晨：我们这一届中国馆的吉祥物就是凤凰鸟，所以，就跟我们整个影片的主题都特别贴切。大家看完电影之后，买一只凤凰鸟，做一个纪念，就觉得不虚此行。

主持人：中国馆的人气应该是最高的吧？

颜丹晨：好多人排队。

主持人：您两位去的时候会排队吗？

焦宏奋：也要排队。

主持人：当时去的时候有没有游客认出您来要合照？

颜丹晨：有。突然觉得不远万里的地方碰到了粉丝，那种感觉很开心。然后他说，我看过你的《花季雨季》，我说又是一个看着我戏长大的？

焦宏奋：当时我们放这部片子的时候，中国驻哈萨克斯坦大使张大使认识我们演员。他也期待颜丹晨到现场去，到中国馆去，看看她表演的这个角色受到观众欢迎的程度。

主持人：受到全世界观众的欢迎，那个时候可能心里会特别自豪。

颜丹晨：张大使说，这一回是开启了影视演员通过“一带一路”走向世界舞台。而且他也讲了，只有文化强大了，才能真正让世界看到我们中国盛世的到来。我觉得这一点也说得特别好。

主持人：体现了习总书记所说的文化自信。我们也知道，在此次世博会期间，2017 年哈萨克斯坦中国电影展也在阿斯塔纳开幕了，焦董事长能不能再跟我们介绍一下这次活动的相关情况，以及我们也了解到有六部中国影片是在这个中国电影展参展了。

焦宏奋：……这次我们选取了六部影片……特别是这次电影展邀请成龙先生亲临电影展开幕式的现场……整个电影展体现了中哈两国文化交流很受欢迎……

主持人：……颜老师前几天也到人民网来了，参加上合丝路马拉松的活动，您作为形象大使，怎么看待这个活动？能否介绍一下这个系列赛的基本情况？

颜丹晨：……马拉松崇尚的是那种坚持，在运动当中体会到的那种愉悦感。而且上合马拉松现在是升级到了系列赛，不仅仅是在某一个地方，不仅仅局限于某一个地方，而是沿着“一带一路”走的……

主持人：世博会开幕前夕，以冼星海为原型的故事片《音乐家》在阿斯塔纳开机了，能不能和我们网友介绍一下，为什么会选择冼星海这样一个主题？

焦宏奋：2013 年 9 月，刚才讲了，我们习总书记在阿斯塔纳提出“丝绸之路经济带”的同时，也讲到了冼星海这个故事。……冼星海当时到了苏联，四十年代，后来也到了哈萨克斯坦的阿拉木图，由于战争的原因，他后来没有回到国内，就流落到阿拉木图。在阿拉木图，他作为音乐家，虽然生活很窘迫，但仍然用音乐感动了哈萨克斯坦的人民……特别是 6 月 8 号，习总书记和纳扎尔巴耶夫总统，共同见证了中哈两国合拍电影这样一个协议的签字仪式……

主持人：目前这部电影的拍摄情况是什么样的？

焦宏奋：……在创作方面，由中国演员胡军演冼星海，来自新疆的西尔扎提做导演，哈方配了哈萨克斯坦优秀的电影工作者，中哈两国共同投资拍摄《音乐家》这部电影。

主持人：我相信这部电影应该会让两国人民之间的情感联系得更加紧密。

焦宏奋：一定会的，而且是音乐鼓舞中华民族，也鼓舞哈萨克斯坦人民。

主持人：音乐或者电影这样的艺术是没有国界的，是会被全世界人民认可的。最后问题问焦董事长，中影集团在未来围绕“一带一路”倡议还会开展哪些国际合作和交流？

焦宏奋：……我们作为电影人，在国家新闻出版广电总局领导下，一是积极参与

“一带一路”影视桥的建设，通过广播、电影、电视、出版来加强人文交流；二是我们更多地参与国家世博会这样的项目，通过这样的大平台展示中国的综合实力和中国人民的友好；另外，我们积极推动世界各国的电影合拍。只有这种深度的交流，才能使我们的心灵真正达到沟通，起到友好使者的作用。

主持人：今天非常欢迎两位做客人民网，感谢各位网友的收看，下期节目再见！

（本文引自人民网，2017 年 7 月 13 日，略有改动）

▲散文式公关专访

寻找的真意
——访中央电视台高级编辑冯雪松

陈娜

作为一名优秀的纪录片导演，冯雪松与中国新闻史学界的结缘始于一个关于寻找的故事。他用十六年的时间，把一个匿影在战火硝烟中的生命重新点亮，并用他灵魂深处的温度复苏了一段尘封的历史，弥补了一份家国的记忆。

方大曾，这位短暂活跃并离奇消失在 20 世纪 30 年代的战地记者，因为冯雪松的钩沉辑佚，从散佚的历史碎片中重现出了生命的光彩……

两部纪录片，一部专著，一间纪念室，一个公益系列校园行……这位从大草原走出来的经历过中国纪录片最好时代的电视人，自一次“偶然的相遇”开始，从此为寻找方大曾付出了不同寻常的心血……

“寻找小方，最初是缘于兴趣”

“我对方大曾的寻找，到今天已经是第十六个年头了。作为一个纪录片工作者，你最原始的动机可能就是你的兴趣。我在刚接触小方话题的时候，也是从一种兴趣开始的。”

1999 年，时任中央电视台社教中心专题部《美术星空》栏目编导的冯雪松，在办公室里收到了一份由时任中国摄影出版社副社长的陈申先生发来的传真，内容是希望合作推广一本关于抗战初期战地摄影记者方大曾的书籍。这是冯雪松生平第一次听到“方大曾”的名字，不想竟从此结缘……冯雪松开始了以《寻找方大曾》为主题的纪录片拍摄，并因选题受到重视而于 2000 年先后推出两版纪录片。一年后，该片获得了第十五届全国电视文艺星光奖。

“纪录片播出之后，我总有种意犹未尽的感觉……我慢慢感觉到，我们做这件事情，不单单是对一个家庭情感的交代了，而是在弥补一段国家的记忆，弥补我们曾经缺失的一段历史……”

“我一点一滴把小方的碎片拼接了起来”

2002 年，冯雪松被中央电视台派驻澳门记者站工作，而寻找方大曾的情结却并未因为时空的变换而消退。“在我拍摄完纪录片后的十年里，可以说，我都在有意无意地继续搜集查阅方大曾的踪迹……我一点一滴把小方的碎片拼接了起来……其中最引发我兴趣的，就是他在那些文章里究竟写了什么？也就是对第一手资料的求证。”冯雪松继续说，“除了寻找资料之外，我也做过一些积极的推广……2012 年的时候，因为是方大曾百年，我邀请了陈申老师和方大曾的外甥张在璇先生，联系央视网做了一期纪念访谈《一个时代的倒影——寻找方大曾》。毕竟小方一百岁了，我们想用这种方式祭奠一下。但特别遗憾的是，在整整一个小时的访谈中，没有一个网友来跟我们互动……”

令冯雪松没有想到的是，这段踽踽独行的寻找之旅却因为一本书稿的邀约而洞开了一个新的局面。“2013 年，在陈申老师的推荐下，上海锦绣文章出版社找到我为方大曾写一本书，打算在 2015 年纪念抗战胜利 70 周年这个节点推出……我想用‘纸上纪录片’的方式，把小方呈现给读者。”

……然而，《方大曾：消失与重现》一书的问世带给冯雪松的是始料未及的惊喜，“这本书出版以后，就像集束炸弹一样引爆了多年埋下的炸点，寻找方大曾这件事不仅开始为人所知，并且引发了大家的兴趣和共鸣”。

……冯雪松在 2015 年 2 月 18 日拜访了中国新闻史学会会长方汉奇教授……“方老师说，当时许多文字记者并不具备摄影条件，方大曾绝对是第一人。不仅如此，方老师还专门给我写了几段话，对方大曾的作品以及对我的研究进行了评价，认为这是对中国新闻事业史研究和中国战地摄影史研究的一大贡献……”

“2015 年 6 月 29 日，《大公报》召开‘一份报纸的抗战’论坛，邀请我去香港做主旨演讲，我在大会上认识了中国新闻史学会现任会长陈昌凤老师，因为此前方汉奇老师的引介，大家一见如故。我就跟她提起来想做‘方大曾事迹公益校园行’，很快就得到了陈老师的支持。后来，她不仅为我的校园行设想出谋划策，并且为我写了一篇书评《两代记者穿越时空的对话》，发表在了 2015 年 11 月 10 日的《人民日报》上。就是这次跟陈昌凤老师的相识，让我和中国新闻史学界有了更进一步的接触。2016 年 12 月 5 日，在北京大学新闻与传播学院和北京大学新闻学研究会的组织下，我们在北京做了一个‘方大曾及抗战报人学术研讨会’……”

“2015 年 3 月份‘两会’期间，全国人大代表、全国政协代表又从不同的角度在大会上提案，我的同事海霞将《方大曾：消失与重现》这本书带到了会场，澳门日报社社长陆波还向大会提出，希望中宣部、中国记协以官方名义纪念方大曾。”冯雪松继续聊，“2016 年 4 月份，我到保定去做一个活动，正好遇上保定市市长马誉峰，因为小方最后是在保定失踪的，我就把这本书送给他，我说到现在为止，我们寻找方大曾这么多年，他的灵魂还没有家，你看能不能在保定给他安个家。没想到马誉峰市长在看完我的这本书后跟我说，‘就把小方留在保定’。所以 4 月份，很快就正式确定在保定市方志馆里设了一间方大曾纪念室,直到7月份最终正式落成”。

“就在我做方大曾纪念室的时候,有一天我接到中国记协打来的电话,说他们想做一个关于方大曾的纪念座谈会,我说你们需要什么资料我全力提供,只要是对小方宣传有好处的我都支持。2015年5月25日,中国记协邀请我召开了一个‘冯雪松追踪采写方大曾事迹座谈会’……这次座谈会的召开可以说是十五年来寻找方大曾受到官方认可的一个重要标志”,冯雪松不胜感喟。

“……在我的整个职业生涯当中,小方这件事是最值得我骄傲的……这不仅仅是我个人的爱好,这也是中央电视台传统的延续,体现的是一个媒体和一个媒体人的责任。”

“寻找小方是在弥补一段家国记忆”

“小方带给我的影响是很大的。对我来说,他是一个非常通透、非常正直的人,充满阳光,充满正能量。他这25年可能就是注定要给我们一个人生的范本,他生命的意义可能就是要给我们提供一种参照而存在”,冯雪松意味深长。

“我觉得人的精神是可以穿越时代的,小方给我很重要的影响就是他的价值观……在民族危亡、国家有难的时候,他抛却党派的政见之分,以中华儿女的姿态展现出了他的价值。而从他拍摄的照片来讲,他从对素不相识的劳动人民的关注,到后来走向战场去拍战地的残酷场面,这对于一个单纯的人来讲,他已经足够高尚了……”

“从容、淡定、沉稳、饱含情怀,像小方这样的人,即便是透明的,也是像水晶一样,在没有光线的时候它是那么的普通,而一旦光线来临,他会那么夺目,对着阳光的时候,他就能够发出七彩,这就是一块玻璃和一块水晶的区别……”冯雪松直抒真情。

“直到今天,寻找方大曾的事业依然在路上,我越找越觉得他就像是我的家人……我们可以说是在替小方的家人寻找,可以说是在为我们的内心寻找,可以说是替我们的民族和国家在寻找,甚至可以说是替人类去寻找。寻找他的传奇所幻化的一种象征,寻找他带给我们精神深处的那些启示……”冯雪松直言。

“寻找方大曾是需要我们这个社会去参与的,我不过是其中的一个代表。为什么我要做‘公益校园行’,就是希望更多的年轻人能够参与进来……这样的话,我们就能真正把寻找变成追随,这也就是我们寻找方大曾的意义。”冯雪松说。

时至今日,冯雪松的名字已经与方大曾交织在了一起,他甚至并不否认内心深处那份对小方或隐或现的移情以及冥冥之中对小方的感知与触碰。他用不断寻找的方式无限接近着他的自我召唤以及精神归宿,正如他自己所说的,“小方早已化作了一种象征、一种启示,让我们能真实地感受到他鲜活的存在”。凡所珍惜者必心怀敬畏,冯雪松对方大曾存留在这世上点滴光影的珍惜,他用不舍初衷的追随向生命所表达的敬意,他对民族与国家的历史记忆那些无私的担当与敬畏,这一切,便是他超越时空去苦苦寻找的真意。

(本文引自人民网,2016年4月21日,略有改动)

第九章　公关礼仪文案

第一节　公关礼仪文案概述

一、写作要点

（一）名称解释

在我国，礼仪有两层含义：一是礼节和仪式；二是人们约定俗成的行为规范。公关礼仪，是有关组织以及人员在公关工作中用来表现律己敬人的规范。

公关礼仪文案，是有关组织以及人员在公关工作中使用的表示礼仪、具有惯用格式的文案总称。

（二）主要特征

1. 交际性。公关工作需要沟通，也就是大量的社会交际与人际交往。公关礼仪文案为交际而作，比如邀约送别、庆贺哀挽、鸣谢致歉、荐举婉辞、设立变更、赞颂纪念等各种事务，从而保证交际正常有序地运行。

2. 规范性。礼仪是内在道德标准与外在行为尺度的统一，有一整套明文规定或者约定俗成的标准，要求公关礼仪文案涉及的人、事、景、物以及作者的观点、情感等内容合乎礼仪规范，文种、用纸、格式、语言等形式有比较固定的模式。

（三）种类划分

1. 按范围分，有国内公关礼仪文案、涉外公关礼仪文案。

2. 按性质分，有总体公关礼仪文案、专题公关礼仪文案。

3. 按内容分，有邀约礼仪文案、迎送礼仪文案、喜庆礼仪文案、答谢礼仪文案、致歉礼仪文案、请托礼仪文案、劝勉礼仪文案、慰问礼仪文案、哀悼礼仪文案等。

4. 按文体分，有实用体公关礼仪文案、文艺体公关礼仪文案。

5. 按写法分，有概述式公关礼仪文案、分述式公关礼仪文案、表格式公关礼仪文案、图示式公关礼仪文案、综合式公关礼仪文案。

6. 按构成分，有单篇公关礼仪文案、集锦公关礼仪文案。

7. 按发布者数量分，有单一组织公关礼仪文案、联合公关礼仪文案。

8. 按发布次数分，有单次公关礼仪文案、系列公关礼仪文案。

9. 按传播渠道与信息载体分，有文字公关礼仪文案、图表公关礼仪文案、电声公关礼仪文案、音像公关礼仪文案、网络公关礼仪文案、手机公关礼仪文案、户外公关礼仪文案等。

（四）基本结构

1. 主要项目

（1）标题

单标题。主要有五种写法：一是公文式，如《李克强在2017年夏季达沃斯论坛致辞》《贺电》；二是对象式，如《一位倡导国际和平的伟人》；三是主题式，如《致敬，辛勤奉献的劳动者！》；四是事由式，如《作家的勇气和责任心》；五是提问式，如《谁为"形象工程"买单？》。

双标题。多是正题和副题，如《永葆共产党人的奋斗精神——热烈庆祝中国共产党成立九十六周年》《永远的莎士比亚——在莎士比亚纪念日的讲话》。

有的不拟标题，如电报、楹联。

（2）正文

在内容上，有两个特点：一是主题鲜明，每个文案围绕邀约、迎送、祝贺、劝勉、鸣谢、致歉等特定主题叙写；二是事项具体，大多直言其事，事毕篇终，必要时就事析理或者缘事咏怀。

在结构上，内容多，可由前言、主体、结尾组成，内容少，可以分前言、主体两个部分或者不设首尾。具体写法以概述式、分述式为主。

2. 辅助项目

（1）编号

用于统一编发的同一主题的公关礼仪文案，一般写在标题的正下方。

（2）编写说明或者题记

如有必要，在正文前或者标题下面用简洁的文字交代写作的背景、主题、事由，有时引用名言。

（3）称谓

多用于函件、电报、演讲词。

（4）问候语

根据文种和语境安排，可以不设此项。

（5）祝颂语

多用于函件、电报、演讲词。

（6）署名

多数公关礼仪文案需要署名，标注组织、部门、集体名称以及个人姓名。

(7)印章

以组织或者部门名义呈送、招贴，加盖组织或者部门印章；以组织负责人名义发，加盖组织负责人签名章。

(8)成文日期

标出具体的年月日。

(9)地点

用于电报、重要的演讲词。

(10)附言

函件、请柬有时加附言，补充有关事项。

(11)附录

包括有关名单、回执、统计表、统计图等。

(12)封面和封底

酌定。

(五)注意事项

1. 尚礼。继承和弘扬我国传统礼仪文化，掌握和遵守当代礼仪规范，把公关礼仪文案作为记录礼仪活动的工具、体现礼仪文化的范例。

2. 合体。在把准实用体与文艺体区别的前提下，辨清各个文种在内容与形式上的特点，量体裁衣，处理适当。

二、范文阅读

▲公关礼仪通讯

胜利的号角　和平的宣示
——习近平主席检阅胜利日阅兵受阅部队侧记

岁月的指针，指向2015年9月3日。北京，天阔云舒，旗帜飞扬。

上午10时20分许，高亢嘹亮的检阅号角响起，红旗牌检阅车驶出天安门，习近平主席站在检阅车中央，向着受阅部队驶去。

这是新中国成立以来首次以纪念中国人民抗日战争暨世界反法西斯战争胜利为主题举行阅兵；这是习近平主席第一次在天安门广场检阅共和国武装力量。

特殊的时空节点，唤起深沉的历史记忆。70年前的今天，中华民族以伤亡3500万军民的惨重代价，打败了穷凶极恶的日本军国主义侵略者，赢得了近代以来反抗外敌入侵的第一次完全胜利。70年后的今天，抗战的歌声仍然回荡在这片浸润着英烈鲜血的热土上，胜利的豪情依然洋溢在亿万军民的胸间。

此刻，东长安街上，三军肃立，铁甲生辉；华北地区8个机场上空，陆海空军近

200 架战鹰起飞编队，列阵蓝天……

检阅车驶过金水桥，阅兵总指挥、北京军区司令员宋普选驱车上前报告："主席同志，受阅部队准备完毕，请您检阅！"

"开始！"

随着一声令下，千人军乐团奏响激昂的《检阅进行曲》。迎着金色的阳光，习主席乘检阅车向东驶去……

"同志们好——""首长好！"

"同志们辛苦了——""为人民服务！"

习主席的亲切问候和受阅官兵的响亮回答，汇聚成历史与现实的交响。

从九一八事变奋起抗击揭开世界反法西斯战争序幕，到七七事变全国抗战开辟东方主战场，历经 14 年艰苦卓绝的浴血奋战，中华民族为最终战胜法西斯作出不可磨灭的历史贡献。

"风在吼，马在叫，黄河在咆哮，黄河在咆哮……"民族危亡关头，中国共产党高擎全民族抗战旗帜，不畏艰险、砥柱中流，支撑起救亡图存的希望。八路军、新四军、东北抗联、华南游击队，党领导的一支支抗日武装奔赴疆场，用血肉之躯筑起保卫家乡、保卫祖国的钢铁长城。

方阵巍巍，战旗猎猎。70 面鲜红的荣誉旗帜，像一束束燃烧的火炬，激励着英模部队官兵弘扬抗战精神、永葆传统本色，争做"四有"新一代革命军人。"狼牙山五壮士"、"平型关大战突击连"、百团大战"白刃格斗英雄连"、夜袭阳明堡"战斗模范连"……每一个番号都传承着历久弥新的英雄精神，每一面旗帜都传颂着荡气回肠的英雄壮歌。先烈回眸应笑慰，擎旗自有后来人。演兵场上真打实备，战备执勤枕戈待旦，科研战线拼搏攻关，救灾现场出生入死……今天，赓续红色基因的人民子弟兵用实际行动，向党和人民交上合格的答卷……

"同志们好——""首长好！"

"同志们辛苦了——""为人民服务！"

习主席的亲切问候和受阅官兵的响亮回答，传递着统帅与将士心心相印的深情。

习主席从一个个方队前经过，受阅官兵向三军统帅行注目礼。从将军领队到普通士兵，心潮澎湃、倍感自豪。

将士们不会忘记，在戈壁大漠的发射基地，在冰天雪地的边防哨所，在炮声隆隆的演兵场……习主席问候和交谈最多的是士兵，握手最多的是士兵，关心最多的还是士兵。

冷暖牵挂，甘苦萦怀，习主席的深情关爱，激发起广大官兵铁心跟党走的坚定意志。列阵长安街，一张张朝气蓬勃的面孔，写满忠诚与坚毅。今天，他们以威武的英姿、雄壮的阵容，接受祖国和人民检阅。

“同志们好——”“首长好！”

“同志们辛苦了——”“为人民服务！”

习主席的亲切问候和受阅官兵的响亮回答，彰显了捍卫和平的铁血担当。

一辆辆坦克披坚执锐，一门门火炮昂首挺立，一枚枚导弹直指苍穹……涂装着各色迷彩的现代化装备在阳光下熠熠生辉。500 多台国产主战装备，编组成地面突击、防空反导、海上攻击、战略打击、信息支援、后装保障 6 大模块，其中 84% 为首次公开亮相。

昔日靠小米加步枪打败敌人的人民军队，已发展成为诸军兵种合成、具有一定现代化水平并加快向信息化迈进的强大军队。人民军队是和平之师，始终是维护世界和平的坚定力量。

“同志们好——”“首长好！”

“同志们辛苦了——”“为人民服务！”

习主席的亲切问候和受阅官兵的响亮回答，凝聚起强国强军的磅礴力量。

对民族复兴的憧憬向往，对富国强军的孜孜追求，贯穿了中国近现代史的章章节节。今天，这个中华民族梦寐以求的目标，无数仁人志士前赴后继为之奋斗的理想，正前所未有地走近我们。

前事不忘，后事之师。抗战历史昭示，没有一个巩固国防，没有一支强大军队，实现中国梦就没有保障。站在实现中华民族伟大复兴中国梦的战略高度，习主席鲜明提出党在新形势下的强军目标，要求按照“四个全面”战略布局，加快推进国防和军队现代化建设。

从主持制定重大军事方略到亲自指挥重大军事行动，从推动新形势下政治建军到强力正风肃纪，从领导深化国防和军队改革到推进依法治军从严治军……党的十八大以来，习主席引领人民军队开启了强军兴军的新征程。全军官兵牢记强军目标、投身强军实践，整顿、备战、改革、规划各项工作有序推进，走过了 88 年辉煌历程的人民军队在新的历史起点上再出发……

走进历史是为了走向未来，纪念胜利是为了永远胜利。

10 时 30 分许，当习主席乘检阅车驶回天安门，受阅将士齐声高呼：“听党指挥、能打胜仗、作风优良……”

这，是人民军队维护和平的宣誓！

这，是中华民族走向新胜利的坚定决心！

（新华社记者曹智、李宣良　《解放军报》记者王士彬、安普忠）

（本文引自新华网，2015 年 9 月 3 日）

▲公关礼仪散文诗

赞歌献给内蒙古

——为庆祝内蒙古自治区成立 70 周年而作

刘少华

草原是英雄上马的地方。守望北疆，策马放歌，民族团结，美丽发展，祝福祖国。这就是大草原的生活，这就是内蒙古的性格。

历史在此铭记，豪情在此诉说。一九四七年五月的曙光，在民族区域自治红色摇篮——乌兰浩特洮儿河畔喷薄而出，草原上升起不落的太阳。

回首四望，兴安杜鹃，万紫千红。七十年的征程，七十年的奋进，七十年的守望，七十年的辉煌！

一切吉祥都在草原降临，一切美好都在草原汇合，一切真情都在草原凝聚，一切希望都在草原闪烁。昨天多少金色的岁月，明天多少春天的开拓。什么是草原，什么是眷恋？其实，多彩的草原之恋，就是一首诗、一支歌、一条弯弯流淌的母亲河！

看吧，风雨马兰花开，大雁长空传情。壮美的内蒙古，正由芳姿的绚丽化作力量的雄浑。她的气质与气度，给人情怀的丰饶、精神的高扬！

让我们走进蓝天白云的故乡，驰骋万马奔腾的边疆，欢舞民族团结的家园，高奏绿色交响的天边乐章。这就是八面来风的大草原，这就是吉祥开放的祖国正北方。啊，英雄的内蒙古，我们为你起舞奔放，我们为你豪迈荣光！

这里有绿浪簇拥的芬芳，这里有熬了又熬的奶茶香。这里有哈达飘荡的情义厚，这里有守望相助的坚强如钢。这就是鸿雁流连的内蒙古，这就是献给母亲的幸福安康。啊，节日的内蒙古，我们为你举杯相约，我们为你策马铿锵！

（本文引自内蒙古新闻网，2017 年 7 月 5 日）

▲公关礼仪歌词

一恋万年

——2014 中国湖南国际旅游节主题歌

作词：孔令军

每一缕阳光的相约
都明媚绽放的笑脸
每一次心动的花开
都喜悦美丽的遇见
每一条走过的路边
都有你摇曳的娇艳
每一缕山风的轻抚

都是你深情的臂弯
是不是前世的缘定
眷恋今生的温柔
是不是岁月的尽头
有你我一万年的守候
每一条走过的路边
都有你摇曳的娇艳
每一缕山风的轻抚
都是你深情的臂弯
就在这花开的季节
相聚美丽的锦绣
就在那岁月的尽头
是你我
一万年的牵手
就在这多情的崀山
许下永恒的誓言
就让这传世的浪漫
红尘相伴一恋万年
红尘相伴一恋万年

（本文引自酷我音乐）

▲公关礼仪短信

首届“感念师恩”祝福短信获奖作品选

△有一个信念矢志不渝，有一份情怀大爱无痕，有一种境界忘我奉献，有一盏明灯照亮人生，有一段记忆挥之不去，有一声问候心底流出：老师，节日快乐！

△厚德，示学生做人之本；积学，授学生求知之根；励志，激学生奋起之威；敦行，化心中教育之道。值教师节之际，天下桃李祝老师们节日愉快！

△春天，您掬取天池之水，作养料润泽万千桃李。还来不及驻足欣赏金秋累累的硕果，那冬日的雪就不知何时漫过了您的头顶。老师，您辛苦了！

△绿叶离鲜花最近，种子离希望最近，天空离理想最近，流星离心愿最近，学生离老师最近，老师离太阳最近！

△菊桂争艳馥满园，桃李缤纷展新颜。传道授业连广宇，化雨春风润心田。良语忠言千百遍，璞玉紫檀细琢研。饮水思源谢师恩，盼君康乐是吾愿。

△《青玉案·感师恩》金风玉露秋未已，教师节，情怎寄。感念恩师呕心血，三尺

杏坛，一支粉笔，谁会恩师意。谆谆教诲今犹记，动情往事尚依稀。今朝正逢佳节时，昔日学子，恭祝恩师：天下尽桃李！

△上联：育英才、七尺讲台、口若悬河、侃侃千言传真谛

下联：树风范、三寸秀笔、纸似枫叶、洋洋万语落华章

横批：潇洒人生

（本文引自中国教育和科研计算机网，2010年9月16日）

第二节 邀请礼仪文案

一、写作要点

（一）名称解释

邀请礼仪文案，又称邀约礼仪文案，是在约请有关组织、部门或者人员时使用的一种文案。

这种文案主要有邀请函、邀请电、请柬。邀请函，又称邀请书、邀约书，是一种约请性函件；邀请电与邀请函的功能、内容、结构相近，但以电报的形式发出。请柬，又称请帖、柬帖、简帖、邀请卡，是约请性的郑重而短小的一种帖子。

（二）主要特征

1. 邀请性。这种文案属于正式的邀请，允许并期盼客方来访或者参加有关会议、活动，礼节性很强。

2. 反馈性。这种文案发出之后，被邀请人大多回函、回电，告知是应邀而往还是婉言谢绝。

（三）种类划分

1. 按对象分，有确定对象邀请礼仪文案、非确定对象邀请礼仪文案。

2. 按内容分，有访问邀请礼仪文案、会议邀请礼仪文案、会谈邀请礼仪文案、讲学邀请礼仪文案、考察邀请礼仪文案、演出邀请礼仪文案、展览邀请礼仪文案、比赛邀请礼仪文案、宴会邀请礼仪文案、其他活动邀请礼仪文案。

3. 按文种分，有邀请函、邀请电、请柬等。

4. 按文字书写分，有横式邀请礼仪文案、竖式邀请礼仪文案（如有的请柬竖排）。

5. 按形式分，有单页式邀请礼仪文案、折叠式邀请礼仪文案。

（四）基本结构

1. 标题

大多使用单标题，主要写法：作者、事由、文种，如《佳木斯大学2017届毕业生供

需洽谈会邀请函》;作者、事由,如《NEPSI 诚邀全国展商参展全球最大石油展会 CIPPE》;对象、文种,如《2017 海峡两岸(山东)创业创富项目博览会暨中小企业展洽会邀请函》;事由、文种,如《关于参加 3·15 大型公益活动的邀请函》;文种,如《请柬》。

邀请电一般不拟标题。

2. 称谓

如有确定对象,直接写明组织或者部门名称;写个人姓名,还要使用敬称。如无确定对象,多写统称。在请柬中被邀请的是夫妇,把两个人姓名上下并列书写。

3. 问候语

给个人的邀请函、邀请电有时设此项。

4. 正文

在内容上,根据访问、会议、会谈、讲学、考察、演出、展览、比赛、宴会等事由以及相应的规格确定,邀请函比较详细,邀请电比较简略,请柬只需写明时间、地点、事由。

在结构上,邀请函前言交代缘由,主体说明时间、地点、具体内容、食宿安排、费用、交通路线与工具及运营班次、联系方式等,结尾用祈使句“敬请光临”“敬请届时出席”;邀请电写明因何故、邀请何人、于何时、在何地、做何事,有时概述彼此之间的交往与友谊,结尾使用期望语;请柬用“兹”“谨”起笔,接着简述内容,最后以“恭候(或者‘恭请’‘敬请’)光临(或者‘莅临’‘届时出席’)”等作结。写法以概述式为主,如内容较多可以概述式与分述式结合。

5. 祝颂语或者致谢语

酌定。如无必要不设此项。

6. 署名

大多写组织或者部门的全称或者规范化简称,有时个人签名。以夫妇名义发出的请柬,把两个人姓名上下并列书写。请柬署名后经常写“敬邀”“同敬邀”“敬约”“同敬约”“谨呈”“谨启”等词语。

7. 成文日期

写明年月日。

8. 印章

以组织或者部门名义发出的邀请函和请柬,要加盖印章;以组织负责人名义发出的邀请函和请柬,标明职务并且加盖签名章。

9. 附言

多用于请柬。交代签到、着装、就座、人数限制、入场券或者签到卡、提交资料、准备发言或者节目、携带或者禁带物品、领取礼品等特别提示的事项,如“内附入场券×张”。有时把联系人的姓名和电话号码放在附言。

10. 回执

有些邀请函附有回执，由收函人填好寄回。

此外，有的邀请电把发往地点置于电文左上方；折叠式请柬还设封面和封底。

（五）注意事项

1. 抓住时机。要根据特定的背景与目的，考虑被邀请人的情况和意愿，不能随意而定。因此，要抓住适当时机发出邀请。

2. 语言贴切。用语要热情而委婉，既引起对方的兴趣又给对方留有余地。比如，“函约”“函邀”“电约”“电邀”“奉约”“奉邀”等让对方感受到盛情，“您如果感兴趣”或者“您认为适当的时候”让对方有灵活安排的可能性。

二、范文阅读

▲邀请函

致宋庆龄

庆龄先生：

重庆违教，忽近四年。仰望之诚，与日俱积。兹者全国革命胜利在即，建设大计，亟待商筹，特派邓颖超同志趋前致候，专诚欢迎先生北上。敬希命驾莅平，以便就近请教，至祈勿却为盼！专此。敬颂

大安！

毛泽东

一九四九年六月十九日

（本文引自《毛泽东书信选集》，中央文献出版社，2003 年版）

▲会谈邀请电和复电

延安

毛泽东先生勋鉴：

未养电诵悉，承派周恩来先生来渝洽商，至为欣慰。惟目前各种重要问题，均待与先生面商，时机切迫，仍盼先生能与周恩来先生惠然偕临，则重要问题，方得迅速解决，国家前途实利赖之。兹已准备飞机迎迓，特再驰电速驾。

蒋中正梗

一九四五年八月二十三日

蒋介石先生勋鉴：

梗电诵悉，甚感盛意，鄙人极愿与先生会见，商讨和平建国大计。俟飞机到，恩来同志立即赴渝晋谒。弟亦准备随即赴渝。晤教有期，特此奉复。

毛泽东敬

一九四五年八月二十四日

（本文引自新浪网，2009 年 2 月 21 日）

▲体育比赛观摩请柬

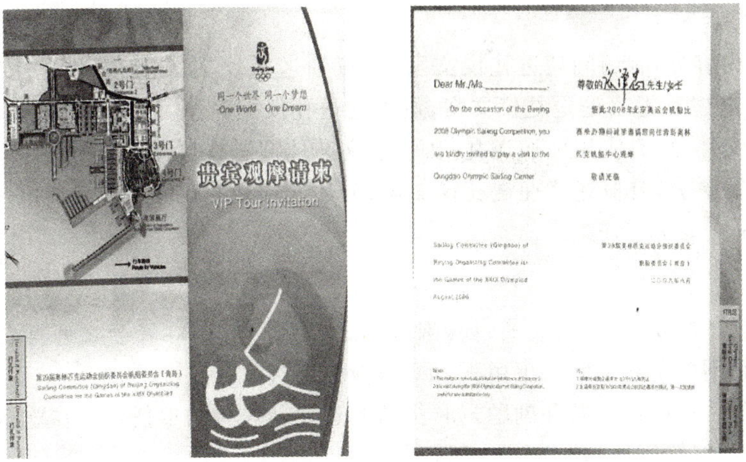

图 9-1 折叠式请柬

第三节 迎送礼仪文案

一、写作要点

（一）名称解释

迎送礼仪文案，是在迎接和送别礼仪活动时使用的一种文案。

这种文案主要有欢迎词、相逢诗（散文、楹联、歌曲）、告别词、欢送词、送别诗（散文、楹联、歌曲）、题词等。欢迎词，是在迎接宾客、新成员、与会代表的仪式上，主人对其光临或者加入表示热烈欢迎的致辞；相逢诗（散文、楹联、歌曲），是表达相见情感的诗歌、散文、楹联、歌曲；告别词，是宾客、内部成员离别之前所做的致辞；欢送词，是在送别宾客、内部成员、与会代表的仪式上，主人对其离去表示热情欢送的致辞；送别诗（散文、楹联、歌曲），是抒发离别之情的诗歌、散文、楹联、歌曲；题词，多用于送别时题写表示纪念或者勉励的文字。

（二）主要特征

1. 礼遇性。迎来送往是公关实务之一，已有特定的礼仪规范或者习俗。在迎送仪式上致辞或者采取题赠、刊载等方式，让对方感受到主人的尊敬。

2. 盛意性。这种文案适合抒发情感，或者直抒胸臆，或者缘事、寓理、借景咏怀，表达作者真挚与浓厚的情感。

（三）种类划分

1. 按内容分，有访问迎送礼仪文案、会议迎送礼仪文案、会谈迎送礼仪文案、讲学迎送礼仪文案、考察迎送礼仪文案、员工迎送礼仪文案、其他活动迎送礼仪文案等。

2. 按文体分，有实用体迎送礼仪文案、文艺体迎送礼仪文案。

3. 按写法分，有概述式迎送礼仪文案、分述式迎送礼仪文案等。

（四）基本结构

1. 标题

单标题。主要写法：公文式，如《国家主席习近平在G20峰会欢迎宴会上致辞》；主题式，如《不要抛弃学问》；事由式，如《毕业赠言》。

双标题。一般是正题和副题，如《担负起建设新农村的重任——在欢送第三批高校毕业生到村（社区）任职大会上的讲话》。

即兴而作的迎送礼仪文案可以不拟题，楹联等文种不设标题。

2. 称谓

根据语境和文种确定，演讲词多有称谓。

3. 问候语

多用于演讲词。

4. 正文

在内容上，根据文体及文种特点以及每次迎送特定的情形来安排。基本要素是时间、地点、人物、事项、原因、结果。或者较完整地叙写迎送的过程，或者截取某一场景集中描摹，或者勾勒一个轮廓，或者只写终局，或者侧重于释理抒怀。

在结构上，表现在以下两点。一是实用体有惯用的模式。例如，欢迎词前言对宾客的光临、新成员的加入、与会代表的到来等表示欢迎，主体交代宾客来访的背景、意义、作用，回顾双方交往的历史、友谊以及合作的成果，赞颂宾客的业绩和品德，然后说明面临的形势，表示加强合作、完成任务的信心，或者说明评价新成员的特长及其他优点，概要介绍本地、本组织的情况，或者写会议的意义、主题、指导思想、其他有关情况，结尾向宾客、新成员、会议及与会代表表示祝愿，有时对来宾再次表示欢迎；欢送词前言对宾客、内部成员、与会代表的离去表示欢送，主体回顾欢聚的美好时光，评价彼此之间的友谊、合作的意义以及所取得的成绩，表明发展友好关系所持的原则、立场，委婉地指出一些分歧和消除分歧的办法，邀请宾客再次来访，或者写内部成员将要参加活动的重要意义，预测其成果，评价即将调离人员的人品、特长及贡献，表示对友谊的珍惜，或者对会议的意义和成效予以高度评价，对各位代表的贡献表示感谢，表达依依惜别的心情，结尾大多表示祝愿。二是文艺体不拘一格。例如，散文形散神凝，按照时间、逻辑、情感的顺序安排层次；诗歌富于想象，跳跃性强；楹联体现正对、反对、串对的内在联系，歌词运用诗歌的技法显志咏怀。

5. 祝颂语或者致谢语

祝颂语酌定，致谢语多用于演讲词。

6. 署名

一般写在标题正下方，有时置于正文后。

7. 成文日期

演讲词、诗歌、散文等有时设此项。

8. 地点

用于重要的演讲词。

（五）注意事项

1. 言之有物。这种文案的主要毛病是客套话太多，显得空泛，很难收到预期效果。因此，要针对特定的语境，力求具体明确。

2. 把准尺寸。评价要切合实际，不能任意拔高。如果与对方的意见相左，要坚持求同存异的原则，尽量不谈或者少谈分歧，有时恰当使用模糊语言。

二、范文阅读

▲开学典礼致辞

在清华大学2016级研究生开学典礼上的讲话

邱　勇

亲爱的同学们、老师们：

今天，7800多名研究生新同学共聚清华园，开启你们人生新的篇章。在这里，我代表全校师生员工，对你们的到来表示热烈的欢迎！

每一级研究生新生都会为清华带来不一样的气息，为清华注入新的活力。你们这一级有来自全球96个国家和地区的768名留学生，是历年人数最多的。这次开学典礼我们第一次安排了同声传译，但我希望所有留学生同学在清华这段时间里，中文水平也能得到提高。I sincerely hope that at the commencement ceremony, we can communicate directly in Mandarin Chinese（我真诚希望毕业典礼时，我们可以直接用中文交流）。今天，苏世民书院和全球创新学院的第一批同学也和大家一起入学，越来越国际化的清华将为你们挥洒激情、放飞梦想提供更加广阔的舞台。

跨文化的国际交流对年轻人的成长具有特别重要的意义。你们之中的裘捷中同学本科在清华计算机系学习，在学校"星火计划"的支持下，大三暑假赴美国康奈尔大学计算机系研修，在图灵奖得主约翰·霍普克洛夫特(John Hopcroft)教授的指导下，他完成了复杂网络中群组的行为模式研究，与霍普克洛夫特教授合作撰写的论文，被第25届国际万维网大会接收。他还是清华超算团队的队长，2015年他和他的队友在世界上第一次成功包揽了三大国际超算赛事的冠军。苏世民书院的新生约翰·桑顿(John Thornton)同学，毕业于美国哈佛大学历史系，他14岁时曾在北京生活过一年，他把这段经历写成了一本小说《美丽的国家》，并以中英文两种语言发行，他独特的写作视角让人耳目一新，向世界展示了一个不一样的中国。他在书中写道："少年时期，我生活过的这个复杂但美丽的国家，将是我永远无法忘怀的记忆。"我很高兴桑顿再次来到中国，成为清华的一员。我相信，在清华求学的时光一定会成为你们所有人无法忘怀的记忆。

清华大学是一所有着独特精神魅力的大学，自强不息、厚德载物的校训，行胜于言的校风，激励着一代代清华人不断超越自我，迈向新的人生高度。在105年的发展历程中，清华大学形成了中西融汇、古今贯通、文理渗透的办学风格。办学风格是一所大学在发展过程中形成的稳定、内在的办学特性，清华的办学风格是流淌在清华血脉中的基因，深刻地影响了清华的学术传统，培养了一大批融汇中西、学贯古今、文理兼修的杰出人才。

一流大学一定要有自己的特色，没有鲜明特色的大学很难达到一流。办学风格突出地反映了大学的特色，体现在她的育人传统和学术传统上，融入师生的行动和气质中。我希望你们秉承中西融汇、古今贯通、文理渗透的风格，积淀丰厚的学术底蕴，筑就坚实的人生基础。

中西融汇，就是要有海纳百川的胸怀，博采中西文化之精华，在比较中不断拓展视野，在借鉴中努力实现超越。早在1631年，中国明朝著名的科学家徐光启就提出"欲求超胜，必先会通"。在他看来，促进交流、向西方学习是当时中国向前发展并实现超越的必经之路。1923年确定的清华校歌的歌词中写道，"东西文化，荟萃一堂""立德立言，无问西东"。其意在强调办学过程中要构建多元的文化环境，让学生吸收不同文化的精髓。在当今这个时代，全球化让整个世界更加紧密地联系在一起，但是全球化也给我们带来了更多的挑战，应对这些挑战必须汇集全球智慧。清华大学正致力于成为一所更加国际化的学校，培养有全球胜任力的人才，在服务中国发展的同时，努力推动人类文明进步。同学们，你们要不断拓展国际视野，学会与不同文化背景的人交流合作，深刻理解不同文明的内涵，在融汇的基础上创造新知识、新思想。

古今贯通，就是要有跨越时空的气魄，主动探寻古今之联系，善于从历史中汲取智慧，在前人成果基础上寻求新的突破。中国著名的史学家、文学家司马迁所讲的

"究天人之际、通古今之变，成一家之言"，影响了一代代中国知识分子。何为一家之言，就是在古今贯通中形成自己独立的见解，并努力达到新的高度。第一位获得诺贝尔奖的本土中国科学家屠呦呦及其研究团队，从中国古代医学获得了灵感，并运用现代医药技术，成功提取出治疗疟疾的特效药青蒿素。人类总是站在前人的基础上，不断迈向未来。继承不是为了守旧，而是为了创造更好的明天。同学们，你们要努力做到博古通今，努力奠定宽厚的学术基础。

文理渗透，就是要有打破人文与科学隔阂的勇气，在人文精神和科学精神的结合中培养健全人格，在交叉融合中启迪思想、拓展学术空间。1948 年，著名的建筑学家梁思成学长在学校的一次演说中，强调"告别半人时代"，呼吁大学教育要文理结合。他曾对学生说："建筑师的知识要广博，要有哲学家的头脑、社会学家的眼光、工程师的精确与实践、心理学家的敏感、文学家的洞察力……但是最本质的他应当是一个有文化修养的综合艺术家。"文理渗透既是培养健全人格的基础，又为造就杰出人才、实现重大学术创新提供了丰厚的土壤。著名的麻省理工学院媒体实验室之所以不断有令人惊异的创新成果，就在于将艺术、设计和科学紧密结合在一起。同学们，文理渗透将使你们在学术道路和人生道路上走得更远。你们要自觉提升科学素养和人文素养，在文理兼修的过程中提升学术境界、提升人生境界。

今天，你们正身处于一个伟大的时代，机会无限，挑战无限。把握机会，就能收获美好的人生；迎接挑战，就能实现更大的人生价值。同学们，美丽的清华园一定会因你们而更加精彩，你们的青春足迹也一定将为清华园所铭记！

谢谢大家！

（本文引自清华大学深圳研究生院网，2016 年 8 月 26 日）

▲毕业典礼致辞

李嘉诚 2017 届汕头大学毕业典礼致辞

尊敬的陈云贤主席、莫言教授，各位校董、各位嘉宾、老师们、同学们：

每年参加汕大的毕业典礼，我内心总是充满喜悦。在湖堤散步，在真理钟下听同学们朗读志愿，历历在目，声声入耳，处处感到迫不及待要朝理想出发的活力。

特别是今天，看到你们兴奋的脸，如果会堂内的正能量可以灌入瓶中，一定可让我精力再延长 90 年。感谢大家与我分享这快乐时刻。

我明年 90 岁啦，一生志在千里，也知似水流年；我年轻过，历尽困难试炼，我深刻知道成长之路是非常不容易的；在高增长机遇巨浪中，愚人见石，智者见泉。

因循的并发症是不思不想和无感无知，在人工智能世代中肯定过不了关；驾浪者的基本功，时时刻刻要灵敏、快知快明，要有独立思考悟力、能运用想象，把现实、数据、信息合组成新。

愚人只知道“为”(to do),智者有愿力,把“为”(to do)变“成为”(to be)。

“愿力一族”是如何修炼？如何处世？如何存在？

愚人常常抱怨,变得墨守成规是被逼出来的,被制度营役、被繁文缛节捆绑、被不可承受的期望压至透不过气;他们渴望“赢在起跑线上”,希望有个富爸加上天赋的优越组合,认为“人能弘道”、改变尘世复杂和无可奈何的扭曲太负重,“道能弘人”肯定更舒服。

这样的心态,他们已“输在起跑线上”。传统中国智慧告诫我们命与运是互动交织的,拥有一切,也可以一无所有。懂得“善择”才是打造自己命运的保证。而命运大赢家的梦幻DNA组合,是科学心智与艺术心灵的觉醒,才可把潜能修炼为出众的人生。性格基础是意志力,自律的坚持和创意潜力相形相塑,才可达致拥有挪移心外喧哗的处世心力。

自律是铁杵成针的意志功夫。每个希望成为大舞蹈家的人,每天面镜,并非顾影自怜,而是不怕疲惫、不怕痛苦,一而再,再而三,修正追求举重若轻的完美,技巧内化自我之中。走到台前,“身与物化,意到图成”。

我今天为什么选择舞蹈幻灯为背景？诗人叶慈的提问,一矢中的,“怎样才能从舞蹈之中辨别真正的舞者?”舞蹈家个性魅力触动观众,凝住一瞬永恒,艺术映照人生,启迪感召每一个人逾越艰难超越局限,追求更高的水平,开拓无限的可能。

最后,我想和大家分享,去年我和一位多年在汕头大学服务的老师的对话,当我感谢他多年孜孜不倦培育学生时,老师引用王阳明一语:“千圣皆过影,良知乃吾师。”良知是成就尊严和有存在意义的明灯。

各位同学,道力之限,要靠愿力突破,我知道,你们一定会怀着谦恭、感恩的心,以信心和想象力追求一个开放、进步的世界,建立一个关怀的社会,成为真正的舞者,今天你以汕大为荣,明天汕大必将以你为荣。再次祝贺你们！谢谢大家。

(本文引自中国新闻网,2017年6月27日)

第四节　喜庆礼仪文案

一、写作要点

(一)名称解释

喜庆礼仪文案,是在庆贺活动时使用的一种文案。

这种文案主要有贺信、贺电、贺卡、喜报、贺词、祝词、祝酒词、庆典启事、喜帖、贺诗(散文、歌曲)、喜联、题词等。贺信,又称贺函,是向对方表示祝贺的函件;贺电,是祝贺的电报;贺卡,是在遇到喜庆的日期或者事件时互相表示问候的卡片,贺年卡是贺卡之一；喜报，有的称为报捷书、捷报，是某一组织向上级或者个人报告喜讯的函件；贺词，又称贺辞、献词，是对重要节日或者重大成就表示祝贺的致辞；祝词，又称祝辞，是在举行典礼或者会议时表示良好愿望或者祝贺的致辞；祝酒词，又称祝酒辞，是在宴会上向人祝酒、表示祝愿、祝福的致辞，祝酒词是祝词的一种特殊形式；庆典启事，是筹办者为某一重要纪念日或者重大事件而举办的庆祝仪式而事先向公众告知有关事项的一种文案；喜帖，又称贺帖，广义的喜帖是就某些喜事特邀有关组织或者个人前来祝贺的请柬，狭义的喜帖特指婚帖；贺诗（散文、歌曲），是表示祝贺的诗歌、散文、歌曲；喜联，又称贺联、祝联、庆联、庆贺联，有广义和狭义之分，广义的喜联是用于祝贺喜庆的楹联，包括婚联、寿联、春联以及开业、创刊、奠基、开工、竣工、盛会、升学、乔迁等楹联，狭义的喜联特指婚联；题词，在这里是表示恭喜以作纪念写下来的话。

（二）主要特征

1. 道喜性。这种文案对有喜庆事的国际组织和国家、地方、行业、组织、部门以及个人表示祝贺，让人欣然接受。

2. 鼓舞性。这种文案感情炽烈、语气高亢，激发人们不断进取，取得新的更大的成绩。

（三）种类划分

1. 按内容分，有节日（包括法定节日、纪念日）喜庆礼仪文案、周年（如校庆）喜庆礼仪文案、开幕与闭幕（如奠基与落成、开业、开工与竣工、开学与毕业、通车、通航、通邮、转产、新设分支机构、迁址）喜庆礼仪文案、特别（即利用特殊纪念意义的事件或者为了某种特定目的而策划）喜庆礼仪文案等。

2. 按文体分，有实用体喜庆礼仪文案、文艺体喜庆礼仪文案。

3. 按写法分，有概述式迎送礼仪文案、分述式迎送礼仪文案等。

（四）基本结构

1. 标题

单标题。主要写法：公文式，如《二〇一七年新年贺词》《喜报》；主题式，如《中国人民站起来了》；事由式，如《北大之精神》。至于对象式、提问式，酌定。

双标题。以正题和副题为主，如《改革让梦想海阔天空——写在国庆六十五周年之际》。

即兴喜庆礼仪文案可以不拟题，楹联等文种不设标题。

2. 称谓

根据情况安排，可以省略此项。

3. 问候语

多用于演讲词。

4. 正文

在内容上，一般包括缘由、事项、祝愿。这里强调两点。一是有的放矢。比如，贺寿往往写寿主的品德、成绩、贡献，有时概述对象的经历，表示敬意和谢意；祝婚褒扬一对新人的人品、成绩和爱情，祝福他们婚后生活美满。二是处理详略。要考虑文体及文种特点，贺信、贺电、贺词、祝词、祝酒词、庆典启事可以适当详述，贺卡、喜报、贺诗、喜联、题词多是几行甚至几个字。

在结构上，贺信、贺电、贺词、祝词前言说明缘由接着表达祝贺（如“值此××××××之际，谨代表×××××向××××××表示热烈祝贺”），主体肯定成绩、阐释意义、做出评价，结尾提出希望，表示良好的祝愿（如“预祝大会圆满成功”）；祝酒词前言向出席者表示欢迎、感谢、问候，主体揭示意义、畅叙友谊，结尾展望未来，用“现在，我提议（或者‘为此，我提议’‘请允许我’‘让我们’），为××××××，干杯”“为了××××××，让我们干杯”作结；庆典启事前言交代缘由，主体写庆典的时间、地点、项目、程序、参与者、组织接待、注意事项，结尾表达期盼及联系方式；喜报有惯用的格式，如立功喜报“×××在××××××中成绩显著，荣立×等功，特此报喜”；贺卡、贺诗（散文、歌曲）、喜联、题词不拘一格，灵活处理。

5. 祝颂语或者致谢语

祝颂语酌定，致谢语多用于演讲词。

6. 署名

置于标题正下方或者正文后。

7. 成文日期

是否设此项，酌定。

此外，重要的贺词、祝词、祝酒词有时写致辞的地点，系列庆典启事需要编号，贺卡可以设封面和封底。

（五）注意事项

1. 营造氛围。根据特定的事由，选择恰当的媒介（如祝酒词的“酒”），字里行间洋溢着真挚饱满的感情，着力营造喜气洋洋的氛围。

2. 评价适度。对其成绩、意义、影响等方面的评价要合乎实际，不能浮夸，否则会使对方感到不安。

二、范文阅读

▲贺诗

南中国海上的星光
——写在香港回归祖国 20 周年之际

陈 林

从广袤的夜空俯瞰地球
南中国海上闪烁着一簇耀眼的星光
交融华夏与西洋最美的风景
你是当代的海上敦煌
把脉传统与现代深沉的命运
你是国手的治世偏方

香港,记忆中一个遥远的名字
遥远到海上丝绸之路颠簸的船队
遥远到满清王朝腐朽的龙床
你从凄风苦雨里走来
你在热血烈火中涅槃
承载着中华民族的求索与梦想

主权的漂泊 社会的裂变
苦难的洗礼 文明的激荡
你在东西方的夹缝中顽强生长
以区区七百万人口一千平方公里土地
演绎一场场流行文化的盛宴
奏响一曲曲自由经济的乐章

怀旧的传说渐行渐远
拍岸惊涛分明不再是亘古的海浪
新世纪的曙光悄然升起
古老的土地正吸取新鲜的营养
“一国两制”空前丰厚的内涵
充实着五千年苍凉的胸膛

香江，不是桨声灯影里的秦淮河
不是月光下酝酿田园诗的地方
狮子山托起的拼搏精神和机遇意识
把小渔村锻造成气势磅礴的国际港
莫让抱残守缺玷污你伟大的性格
开放的脚步永远在路上

当珠三角城市群联动起来
南中国海上的星空已呈现崭新的模样
踏上港珠澳大桥飘逸的彩虹
大湾区将会告诉你什么是诗和远方

（本文引自《人民日报》，2017 年 7 月 1 日）

▲贺电

台北市士林至善路二段 221 号
汉卿先生如晤：

欣逢先生九秩寿庆，颖超特电表示深挚的祝贺。

忆昔 54 年前，先生一本爱国赤子之忱，关心民族命运和国家前途，在外侮日亟、国势危殆之秋，毅然促成国共合作，实现全面抗战；去台之后，虽遭长期不公正之待遇，然淡于荣利，为国筹思，赢得人们景仰。恩来在时，每念及先生则必云：先生乃千古功臣。先生对近代中国所作的特殊贡献，人民是永远不会忘怀的。

所幸者，近年来，两岸交往日增，长期隔绝之状况已成过去。先生当年为之奋斗、为之牺牲之统一祖国振兴中华大业，为期必当不远。想先生思之亦必欣然而自慰也。

我和同辈朋友们遥祝先生善自珍重，长寿健康，并盼再度聚首，以慰故人之思耳！

问候您的夫人赵女士。

邓颖超

1990 年 5 月 30 日

（本文引自《人民日报》，1990 年 5 月 31 日）

▲喜联

第四届全球春联征集大赛专业组鸡年最佳春联

△大业途中，同圆国梦；
小康路上，不忘初心。——（河南）孟凡国

△国运恒昌，梦图灿似三春日；

民生大好，福字红于二月花。——（安徽）宋贞汉

△心有阳光，好日子红红火火；

鸡鸣盛世，新农村亮亮堂堂。——（山西）杨怀胜

△紫燕衔春，染绿风儿萌哒哒；

金鸡报晓，啼红日子乐呵呵。——（湖南）康黎明

△四海归心，春风吹绿互联网；

九州圆梦，福字贴红朋友圈。——（山东）王绍伟

△听南海涛声，看中华崛起；

话杭州峰会，显大国担当。——（湖北）余合智

△扬威大海，为和平宣示；

展翼太空，将梦想放飞。——（湖北）许明

△农家本色守诚信；

工匠精神铸富强。——（福建）王雪森

△户尽脱贫春酿酒；

人皆向善德培花。——（辽宁）谢毅

△紫燕剪春风，筑双百年美梦；

金鸡筹厚礼，迎十九大宏图。——（河北）刘进星

（本文引自央视网，2017 年 1 月 22 日）

▲题词

财政部前三任部长题词 贺江西财大 90 华诞

△办人民满意教育 育财经卓越人才——王丙乾

△坚持质量立校，为建设特色鲜明的财经大学而奋斗。贺江西财经大学九十周年校庆——刘仲藜

△立足红土地，办出财经特色，努力培养更多优秀财经人才，为实现中国梦目标作出贡献。江西财大九十华诞志贺——项怀诚

（本文引自江西教育网，2013 年 11 月 11 日）

第五节　慰问礼仪文案

一、写作要点

（一）名称解释

慰问礼仪文案，是在表示安慰、问候时使用的一种文案。

这种文案主要有慰问信、慰问电、慰问词、慰问诗(散文、楹联)等。它们内容相同,但传播渠道与信息载体等各有特点。

(二)主要特征

1. 情感性。慰问的本身就是情感流露,其中蕴含关切、同情、支持,显现出彼此之间的友爱和善,使对方感到慰藉。

2. 劝慰性。这种文案的目写作的在于劝慰对方。取得成绩,要再接再厉,作出新贡献;面临困难,要坚定信心,迎难而上;遇到不幸,要坚强起来,奋然前行。

(三)种类划分

1. 按对象分,有上级给下级的慰问礼仪文案、不相隶属组织之间的慰问礼仪文案、组织对公众的慰问礼仪文案等。

2. 按内容分,有对各个行业作出突出贡献的组织、部门、集体、个人表示赞扬和鼓励的慰问礼仪文案,在重要节日给特定对象的慰问礼仪文案,对面临巨大困难蒙受损失的地方、组织、部门、集体、个人表示关切和激励的慰问礼仪文案,对死伤者家属表示同情和问候的慰问礼仪文案等。

3. 按文体分,有实用体慰问礼仪文案、文艺体慰问礼仪文案。

(四)基本结构

1. 标题

一般是公文式单标题。主要写法:作者、对象、文种,如《中华全国总工会致全国劳动模范的慰问信》;对象、文种,如《致柯棣华大夫家属的慰问信》;文种,如《慰问电》。诗歌、散文等标题酌定。

楹联、短信、微信不拟题。

2. 称谓

慰问信、慰问电、慰问词多有称谓。

3. 正文

在内容上,包括三个方面:一是缘由,比如所取得的成绩、所欢度的节日或者纪念日、所遭到的困难或者不幸;二是慰问,或者对先进事迹和高尚风格表示赞扬,或者对其克服困难的勇气表示敬佩,或者对不幸表示同情;三是鼓励,有的还提及将要采取的支援行动。

在结构上,慰问信、慰问电、慰问词前言大多写明缘由并表示慰问,如“值此(或者‘值’)××××××之际,×××××向××××××表示亲切的慰问,并致以崇高的敬意”句式;主体根据实际安排;结尾写对慰问对象的鼓励。慰问信、慰问电、慰问词的写法以概述式为主,有时在某层或者某段用分述式。慰问诗(散文、楹联)等酌定。

4. 祝颂语

用于特定性慰问，如元旦、春节的慰问。

5. 署名

一般写在正文后，有时置于标题正下方。也可以不设此项。

6. 成文日期

慰问信、慰问电在正文后署名下面写具体的年月日。

7. 印章

以组织名义发出的慰问信，如需送达或者张贴，要加盖印章。

此外，慰问电、重要的慰问词有时写发往或者致辞的地点。

（五）注意事项

1. 情感真挚。感情发自肺腑，真切自然，让对方感受到组织的亲切关怀和双方的深情厚谊。

2. 基调高亢。以激励为主，令人奋发向上。即使面对巨大的困难和不幸，也不要写得悲悲切切，而是振作起来，顽强拼搏。

二、范文阅读

▲节日慰问信

中共阳江市委 阳江市人民政府 2017 年春节慰问信

驻阳江中国人民解放军和人民武警部队全体官兵，全市军队离退休干部，烈军属，残疾军人，转业、复员、退伍军人：

值 2017 年新春佳节即将来临之际，市委、市政府谨代表全市人民，向你们致以诚挚的祝福和亲切的问候！

在过去的一年里，驻我市的人民解放军和武警部队始终坚持党对军队的绝对领导，以党在新形势下的强军目标为引领，深入推进政治建军、改革强军、依法治军，全面加强军队革命化、现代化、正规化建设；践行根本宗旨，大力弘扬拥政爱民的光荣传统，积极支持我市经济社会发展，特别是在抢险救灾、扶贫济困、社会主义新农村建设、维护社会稳定以及军民共建、创建双拥模范城（县）等实践中，做了大量卓有成效的工作，以实际行动为民造福，谱写了拥政爱民新篇章。全市军队离退休干部、烈军属、残疾军人、转业复员退伍军人，保持军人本色，自强不息，勇于拼搏，扎实奉献，再立新功。在此，市委、市政府和全市人民向你们表示衷心的感谢并致以崇高的敬意！

2017 年，我们将坚持以马克思列宁主义、毛泽东思想、邓小平理论、“三个代表”重要思想、科学发展观为指导，全面贯彻党的十八大和十八届三中、四中、五中、六中全会精神，深入贯彻习近平总书记系列重要讲话精神和治国理政新理念新思想新战略，贯彻落实省委、省政府决策部署和市第七次党代会精神，统筹推进“五位一体”总体布局和协调推进“四个全面”战略布局，坚持发展第一要务，践行五大发展理念，坚持以海兴市、绿色发展，大力实施“产业升级、城市提质、开放带动、文化引领、社会善治、惠民共享”六大举措，开拓创新，真抓实干，为决胜全面小康、建设富美阳江而努力奋斗。发展不忘拥军，拥军促进发展。我们将一如既往地支持国防和军队现代化建设，着力推动军民融合深度发展，广泛开展科技、教育、文化、智力拥军活动；加强军地沟通协调，大力加强国防动员和后备力量建设，认真落实中央关于深化国防和军队改革期间的拥军优抚安置政策；深入开展创建双拥模范城（县）、军（警）民共建社会主义精神文明等活动，努力走出一条新时期鱼水情深的军政军民团结之路。

同志们，让我们紧密团结在以习近平同志为核心的党中央周围，弘扬拥军优属、拥政爱民的光荣传统，推动军民融合发展，凝心聚力，真抓实干，不忘初心，继续前进，不断开创军政军民团结新局面，奋力谱写决胜全面小康、建设富美阳江的新篇章！

祝同志们新春愉快，身体健康，家庭幸福，工作顺利！

中共阳江市委
阳江市人民政府
2017 年 1 月 24 日

（本文引自《阳江日报》，2017 年 1 月 24 日）

▲灾害慰问电

慰问电

中共四川省委、四川省人民政府：

8 月 8 日 21 时 19 分，贵省阿坝州九寨沟县发生 7.0 级地震，造成较大人员伤亡和财产损失。中共北京市委、北京市人民政府代表全市人民向灾区人民表示深切慰问，向奋战在救灾一线的干部群众致以崇高的敬意！

北京人民与四川人民有着深厚情谊，为贵省救灾工作提供支持和帮助，是我们应尽的职责和义务。为此，我市谨向贵省捐赠人民币 300 万元，以支援灾区救灾及重建工作。

我们坚信，在党中央、国务院的坚强领导下，在全国人民的大力支持下，贵省党委和政府团结带领全省人民，一定能够战胜灾害，夺取救灾工作的全面胜利！

中共北京市委
北京市人民政府
2017 年 8 月 9 日

（本文引自《北京日报》，2017 年 8 月 10 日，标题有改动）

第六节　答谢礼仪文案

一、写作要点

（一）名称解释

答谢礼仪文案，又称致谢礼仪文案，是在受到别人的礼遇表示谢意时使用的一种文案。

这种文案主要有感谢信、感谢电、答谢词、鸣谢公告，鸣谢启事、谢帖、答谢诗（散文、楹联）等。感谢信，又称感谢函、致谢信、致谢函，是向对方表示谢意的函件；感谢电，是表示谢意的电报；答谢词，又称答谢辞，是公开表示感谢的致辞；鸣谢公告，是向国内外宣布对重要事项或者法定事项表示谢忱的一种文案；鸣谢启事，是在开展某项活动或者办理某一事情后，向提供指导、援助或者积极参加该活动、该事的组织和人员公开表示感谢的一种文案；谢帖，是旧时受人礼物后表示答谢的回帖；答谢诗（散文、楹联），是表达谢忱的诗歌、散文、楹联。

（二）主要特征

1. 先进性。这种文案的基础在于先进事迹。先进事迹是有关方面在工作和生活中务实、开拓、协作的反映，真实感人。

2. 答谢性。这种文案向对自己提供指导、援助、服务、合作的对方表示诚挚的谢意，使对方感到欣慰。

（三）种类划分

1. 按对象分，有国家之间答谢礼仪文案、地方之间答谢礼仪文案、行业之间答谢礼仪文案、组织之间答谢礼仪文案、部门之间答谢礼仪文案、组织或者部门对公众答谢礼仪文案、公众对组织或者部门答谢礼仪文案。

2. 按内容分，有指导答谢礼仪文案、援助答谢礼仪文案、服务答谢礼仪文案、接待答谢礼仪文案、合作答谢礼仪文案、颁奖答谢礼仪文案、祝贺答谢礼仪文案、丧事答谢礼仪文案等。

3. 按文体分，有实用体答谢礼仪文案、文艺体答谢礼仪文案。

（四）基本结构

1. 标题

单标题。主要写法：公文式，如《蔡元培在爱丁堡学生会及学术研究会欢迎会上的演说词》；对象式，如《讲故事的人》；主题式，《十月，指尖舞动谢意》；事由式，如《鸣谢》。也可以用提问式等写法。

双标题。一般由正题和副题组成,如《衷心感谢我的恩人——接受捐助后的答谢词》。

有的不拟题,如短信、微信、楹联。

2. 称谓

酌定,有时不设此项。

3. 问候语

多用于答谢词。

4. 正文

在内容上,包括两个方面。一是事实。比如指导的要点、收效,援助的事项、过程及成果,服务的项目及过程,接待的人员及礼遇,合作的意义、事项、成效,颁奖的项目、级别及自己的概况、观点,祝贺的事由、收获,丧事的办理。二是答谢。表达谢意,有的还抒写心愿,比如继续努力的决心、携手再创佳绩的愿望、希望再次访问或者邀请主人回访的意愿。

在结构上,感谢信和感谢电前言概述事实并表示谢意,主体据事析理,赞扬对方高尚的道德情操、精湛的业务水平等,结尾表示决心、致以衷心的祝愿或者再次致谢;答谢词前言对有关组织、部门及人员表示由衷的感谢,主体根据实际情形而定,结尾祝愿并再次致谢;鸣谢公告先说明在哪个事项中受到哪些礼遇,接着致谢,用“特此公告”等作结;鸣谢启事前言写在哪项活动或者哪件事中得到哪些单位和人员的指导和帮助及结果,主体逐一写出给予指导、帮助力度大的组织或者部门名称、个人姓名以及具体事项,结尾再次致谢,有时用“特此鸣谢”收束;答谢诗、散文、楹联等文学作品灵活安排。

5. 祝颂语或者致谢语

酌定,可以省略此项。

6. 署名

置于标题正下方或者正文后。有的不设此项。

7. 成文日期

是否设此项,酌定。

此外,以组织或者部门名义发的感谢信要加盖印章,重要的答谢词有时写致辞的地点。

(五)注意事项

1. 诚挚。答谢要发自内心,真诚而恳切,不能显得做作,赞扬对方也不要堆砌溢美之辞。

2. 切境。就主体与客体而言,有国家、地方、行业和上下级、同级、不相隶属以及性别、年龄、职务、职业等多种情形,而且事项各有特点,因此词句、语气等要切合语境。

二、范文阅读

▲感谢电

感谢电

青海多巴高原体育训练基地：

在第31届里约奥运会上，中国田径队全体人员胸怀祖国、团结一心、不畏强手、奋勇拼搏，勇夺2金、2银、2铜位居奖牌榜第四位。创造了中国参加奥运会以来田径项目的最佳战绩，为祖国和人民赢得了荣誉，也极大地鼓舞振奋了中国田径界！

此次优秀成绩的取得，离不开贵单位长期以来对田径项目的大力支持和无私帮助。在奥运会备战期间，贵单位作为田径常驻训练基地之一，为备战队伍提供了良好的食宿、训练条件和后勤保障服务。在此我们谨向贵单位表示衷心的感谢！向辛勤奋战在保障一线的基地全体干部职工和给予大力支持的各级领导致以崇高的敬意！

在今后的工作中，我们希望能继续得到贵单位一如既往的支持和帮助。让我们共同努力，为田径项目再创新辉煌，推动我国由体育大国向体育强国迈进作出新的更大的贡献！

国家体育总局田径运动管理中心

2016年8月22日

（本文引自新华网，2016年8月25日）

▲鸣谢公告

鸣谢公告

第二届世界互联网大会·乌镇峰会于2015年12月16—18日在浙江省桐乡市乌镇隆重举行并获圆满成功，本届大会的筹备工作得到了社会各界的大力支持，主办机构谨对以下单位表示衷心感谢：

第二届世界互联网大会·乌镇峰会特别支持企业：

阿里巴巴（中国）有限公司

宝马（中国）汽车贸易有限公司与华晨宝马汽车有限公司

第二届世界互联网大会·乌镇峰会支持企业：

小米科技有限责任公司

上海连尚网络科技有限公司（WiFi万能钥匙）

途牛旅游网

上海泰然互联网金融信息服务有限公司

上海盐商集团有限公司

特此公告。

桐乡市世界互联网大会承办工作委员会

2016年1月12日

（本文引自浙江在线网，2016年1月19日，略有改动）

第七节 致歉礼仪文案

一、写作要点

（一）名称解释

致歉礼仪文案，是为不适当或者有危害的言行表示歉意，以礼节或者行动求得对方理解和原谅时使用的一种文案。

这种文案主要有致歉信、致歉启事、致歉诗（散文、楹联）等。致歉信，又称致歉函、道歉信、道歉函，是向对方表示歉意的函件；致歉启事，又称道歉启事，是公开致以歉意的一种文案。近年来，媒体时常刊登致歉或者道歉声明，除了为消除或者减轻严重后果外，致歉尽量不用声明。此外，致歉还可以用诗歌、散文、楹联等形式表达。

（二）主要特征

1. 补救性。这种文案的写作缘于一些过错，比如无礼、失误、侵权，给对方造成一定程度的伤害，需要进行补救。

2. 致歉性。这种文案有两种情形：一是责任方意识到自身的错误，主动采取致函、赋诗等形式向对方道歉；二是经有关方面调解，刊登启事公开道歉以挽回影响。

（三）种类划分

1. 按对象分，有组织之间致歉礼仪文案、部门之间致歉礼仪文案、组织或者部门对公众致歉礼仪文案等。

2. 按文体分，有实用体致歉礼仪文案、文艺体致歉礼仪文案。

（四）基本结构

1. 标题

致歉信、致歉启事一般用公文式单标题。如《关于延迟发货的致歉信》《关于第十届海棠花节摄影大赛入围名单及投票摄影入围作品的更正启事》。诗歌、散文等标题酌定。

2. 称谓

致歉信、致歉启事多有特定的称谓。

3. 正文

在内容上,有四个方面:一是事实,叙写因何事给对方造成不便甚至伤害;二是分析,指出性质及原因;三是致歉,郑重地道歉;四是处理,写改正错误的决心,或者交代对有关责任人的处罚、其他善后事宜的处理办法以及承诺事项。

在结构上,致歉信、致歉启事前言述事并表示歉意,主体分析,结尾提出改正的决心或者举措并再次致歉,致歉启事有时用"特此致歉"作结;致歉诗、散文、楹联的结构灵活安排。

4. 署名

致歉信、致歉启事在正文后署名。

5. 成文日期

致歉信、致歉启事在署名下面写具体的年月日。

6. 印章

用于以组织或者部门名义发的致歉信、致歉启事。

(五)注意事项

1. 诚恳。要有认错的勇气,态度诚挚而恳切,不推卸责任,也不故作矫情,尽量求得对方的谅解。

2. 坚决。要有纠错的决心,立即停止错误言行,采取补救措施,保证引以为戒,做到遵法守纪明礼。

二、范文阅读

▲侵权致歉文案

致歉声明

我们,河北三农农用化工有限公司,因生产、销售含有"螺虫乙酯"的产品,侵犯了拜耳农作物科学股份公司持有的名称为"2—和2,5—取代的苯基酮烯醇"(ZL97198554.5)的中国专利。就上述侵权行为给拜耳农作物科学股份公司带来的损害和不良影响,在此向拜耳农作物科学股份公司道歉并做出赔偿,保证我们立即停止、不再从事此类侵权行为。

河北三农农用化工有限公司

2015年5月21日

(本文引自《农民日报》,2015年5月21日)

▲延误致歉文案

云南机场集团有限责任公司公开致歉信

尊敬的各位旅客朋友们:

2013年1月3日,受冷空气影响,昆明长水国际机场出现长时间大雾天气,造成航班大面积延误，当天计划起降的716个航班中，有440架次航班被迫取消，使近两万人旅客正常出行受到影响。由于长水机场转场运营时间不长，我们处置航班大面积延误预案不完善，超负荷状态下应急保障经验不足，机场集团对各航空公司和众多地面服务保障单位协调组织不到位，航班调整信息发布不及时，餐饮、供暖、医疗保健、酒店、交通等工作跟不上，致使在1月4日的航班补班过程中现场秩序混乱、服务不到位，给广大旅客的出行带来极大不便。为此，我们感到愧疚和不安，并向广大旅客表示深深的歉意！

我们真诚地接受社会各界的意见和批评。我们将总结教训，全面查找问题，认真抓好整改。我们将尽快健全切实可行的突发事件应急处置预案，建立管用有效的协同工作体制机制，完善机场软硬配套服务设施建设，加强队伍建设，提高员工业务技能和服务能力，迅速全面提升应急事件处置能力和服务保障水平，努力为广大旅客提供安全通畅、便捷高效、和谐舒适的优质服务。

我们再次对本次航班延误给广大旅客带来的不便表示深深歉意！诚挚希望大家对我们的整改工作提出宝贵意见，希望大家再到“七彩云南”旅游观光、指导工作。最后，衷心祝愿大家身体健康、阖家幸福！

云南机场集团

2013年1月7日

（本文引自云南网，2013年1月7日，略有改动）

▲更正致歉文案

更正启事

长江商报消息 4月17日，本报在《点赞江城最美医生》的特刊中，推出了武汉仲景东西湖中医医院的两位最美医生——肾病内科主任王碧波和中医科主任高虹。误将该文标题《患者捧出了两位最美医生》中的“捧出”写成“棒出”，特此更正，并向武汉仲景东西湖中医医院致歉！

长江商报健康事业部

2017年4月19日

（本文引自《长江商报》，2017年4月19日）

第十章　公关评估文案

第一节　公关评估文案概述

一、写作要点

（一）名称解释

评，评议、评价；估，估计。评估，即针对特定的工作目标，按照一定的标准，运用专门的方法，搜集和分析有关信息，对工作效果作出判断的过程。评估是现代科学管理的一种重要方式，也是公关活动的最后一个程序。

公关评估文案，是反映评价和衡量公关工作策划、实施、效果的文案总称。

（二）主要特征

1. 评价性。评价是公关评估文案的基本属性。依照预期目标对公关工作的进展、成效以及经验、教训等进行评价。

2. 依循性。循例是公关评估文案的写作特点。就是说，在文种、标准、程序、方法、格式、语言等方面有规定或者惯例，便于处理。

（三）种类划分

1. 按主体分，有组织内部机构公关评估文案、组织外部专门机构公关评估文案。

2. 按范围分，有国际公关评估文案、国家公关评估文案、地方公关评估文案、行业公关评估文案、组织公关评估文案。

3. 按性质分，有总体公关评估文案、专题公关活动评估文案。

4. 按内容分，有公关过程评估文案、公关传播评估文案、公关状态评估文案、公关活动评估文案、公关效益评估文案、公关人员工作绩效评估文案等。

5. 按文种分，有公关评估办法、公关评估方案、公关评估通知、公关评估报告、公关评估结果通知书、公关评估通报、公关评估总结等。

6. 按写法分，有概述式公关评估文案、分述式公关评估文案、表格式公关评估文案、综合式公关评估文案。

7. 按构成分，有单篇公关评估文案、集锦公关评估文案。

8. 按时间分，有定期公关评估文案、非定期公关评估文案。

9. 按发布者数量分，有单一组织公关评估文案、联合公关评估文案。

10. 按发布次数分，有单次公关评估文案、系列公关评估文案。

11. 按传播渠道与信息载体分，有文字公关评估文案、图表公关评估文案、网络公关评估文案、手机公关评估文案等。

（四）基本结构

1. 必备项目

（1）标题

一般采用单标题。以公文式为主，如《安阳市人民政府关于开展规范性文件实施效果评估工作的通知》《中华红丝带基金红丝带健康包项目评估报告(2010—2015)》；有时用主题式、事由式、提问式，如《提高售后服务质量的一种新尝试》。

如有必要，也可以拟双标题。

（2）正文

在内容上，根据评估的对象、内容、文种等确定项目和重点。例如，公关评估通知交代评估的原则、范围、内容、方法、时间、组织机构、结果、要求；公关评估通报说明评估的进展、方法、成效、问题、建议等。

在结构上，概述式、分述式公关评估文案大多由前言、主体、结尾构成，有时省略结尾；表格式公关评估文案有单式表与复式表、分表与汇总表等；综合式公关评估文案在概述、分述中穿插表格、图示。

2. 选择项目

（1）封面

用于篇幅较长的公关评估文案。

（2）编号或者发文字号

以组织名义写的公关评估文案多有编号，其中通知、通报等标注发文字号。

（3）编写说明

有的称为前言，用于篇幅较长的公关评估文案。

（4）目录

篇幅较长的公关评估文案，需要列目录。

（5）呈报对象或者主送机关

被委托的公关评估文案在正文前写委托人名称，公关评估通知、公关评估通报写明主送机关。

（6）署名

标出有关组织、部门、评估组名称，有时还写评估组负责人及成员姓名。

(7)印章

公关评估报告、公关评估表有时加盖组织或者部门印章。

(8)成文日期

写具体的年月日。

(9)附录

包括评估对象表、评估指标分解表、评估结果汇总表等。

此外,公关评估通知、公关评估通报还包括发文机关标志、附件说明、附注、抄送机关、印发机关、印发日期组等项目。

(五)注意事项

1. 遵循原则。做到评估的流程公开、内容公平、结果公正;尽量精炼评估的指标和内容、简化评估的计算方法;统筹兼顾、注重实效。

2. 讲究方法。公关评估方法有自我评定、组织评估、专家评估、公众测评、目标对照、形象对比等多种,要根据评估对象和内容选用,做到定性与定量结合,提高评估的准确度。

二、范文阅读

▲公关评估办法

内部审计质量评估办法

第一条　为规范内部审计质量评估工作,提高内部审计工作质量,推动内部审计的职业化发展,根据《第 1101 号——内部审计基本准则》,制定本办法。

第二条　本办法所称内部审计质量评估,是指由具备职业胜任能力的人员,以内部审计准则、内部审计人员职业道德规范为标准,同时参考风险管理、内部控制等方面的法律法规,对组织的内部审计工作进行独立检查和客观评价的活动。

第三条　内部审计质量评估的目标是帮助组织改善内部审计环境,提升内部审计水平,防范内部审计风险,增强内部审计的有效性,促进内部审计的规范化和制度化建设。

第四条　组织应当建立内部审计质量评估制度,定期开展内部审计质量评估工作。

第五条　中国内部审计协会负责指导和管理全国内部审计质量评估工作。

第六条　内部审计质量评估包括内部评估和外部评估两种形式,由组织根据情况选择实施。

第七条　内部评估由组织内部的人员按照外部质量评估的要求实施,可以由内部审计、人力资源、内部控制、风险管理等部门的人员参与。

第八条　外部评估由中国内部审计协会或者其核准的机构实施。

第九条　选择实施外部评估的组织，应当向中国内部审计协会或者其核准的机构提出书面申请，由双方协商评估范围、评估时间、评估人员、评估费用等事宜。

第十条　参与外部评估的人员应当具备良好的审计职业道德和一定的审计工作经历，具有被评估组织所在行业、领域的相关知识或者经验，接受过中国内部审计协会组织的内部审计质量评估培训，具备从事评估工作的专业胜任能力。

第十一条　内部审计质量评估的内容主要包括以下方面：

（一）内部审计准则和内部审计人员职业道德规范的遵循情况；

（二）内部审计组织结构及运行机制的合理性、健全性；

（三）内部审计人员配置及专业胜任能力；

（四）内部审计业务开展及项目管理的规范程度；

（五）各利益相关方对内部审计的认可程度和满意程度；

（六）内部审计增加组织价值、改善组织运营的情况。

第十二条　内部审计质量评估的程序包括前期准备、现场实施和出具评估报告三个阶段。评估可以运用问卷调查、访谈、现场查阅文档等方法。

第十三条　内部审计质量评估的结论分为合格与不合格两类。对评估合格的组织还应进行评级，由高至低依次分为 AAA 级、AA 级和 A 级。

第十四条　外部评估结果由中国内部审计协会统一公布。经中国内部审计协会核准的机构实施的外部评估的结果，应报送中国内部审计协会备案。

第十五条　内部审计质量评估结果可以作为考核被评估组织内部审计工作质量和做出相关决策的依据。

第十六条　中国内部审计协会制定的《内部审计质量评估手册》是开展质量评估的技术指南，对评估程序、评估方法和评估要求提供具体指引。

第十七条　本办法由中国内部审计协会负责解释。

第十八条　本办法自 2014 年 9 月 1 日起施行。

（本文引自中国政府网，2014 年 8 月 28 日）

▲公关评估通报

汉中市人民政府办公室关于 2016 年度政府网站绩效评估情况的通报

各县区人民政府，市政府各工作部门、直属机构：

按照《汉中市人民政府办公室关于开展 2016 年政府网站绩效评估工作的通知》要求，结合国务院办公厅和省政府办公厅定期开展的政府网站抽查，现将 2016 年度政府网站绩效评估情况通报如下。

2016 年汉中市政府网站绩效评估标准参照中省指标，采取扣分制，旨在消除政府网站“不及时、不准确、不回应、不适用”等问题，并加大了公众关注高的服务信息和网上办事栏目的评分权重。评测结果显示，大部分参评单位能够按照指标对网站栏目进行优化，及时更新信息，加强政民互动回应，主动公开政府信息，积极探索提供新媒体服务，网站建设水平有了一定提高。但少数单位网站仍存在栏目空白、信息更新不快、网上办事服务项目较少、要素不全和回复群众咨询不及时等问题。

为进一步做好网站建设管理工作，各县区、各部门要以国务院办公厅和省政府办公厅的定期抽查为契机，以抽查通报的问题为导向，完善网站管理制度，提升信息公开时效和质量，优化整合服务资源，健全互动回复协调机制，加强安全防范，不断强化政府网站“信息公开、网上服务、政民互动”三大基本功能，提升政府网站服务水平。

附件：1. 市级政府部门网站绩效评估结果

2. 县区政府门户网站绩效评估结果

汉中市人民政府办公室

2017 年 1 月 3 日

（本文引自汉中市人民政府网，2017 年 1 月 16 日，略有改动）

第二节　公关评估方案

一、写作要点

（一）名称解释

公关评估方案，又称公关评估计划，是对公关评估做出比较详细、最佳安排的一种文案。

（二）主要特征

1. 单一性。这种文案把目标集中于公关评估，主题单一，针对性很强。

2. 操作性。这种文案载明公关评估为什么做、做什么、由谁来做、如何做、何时做等事项，便于实际操作。

（三）种类划分

1. 按主体分，有组织内部机构公关评估方案、组织外部专门机构公关评估方案。

2. 按性质分，有总体公关评估方案、专题公关活动评估方案。

3. 按内容分，有公关形象评估方案、公关事件评估方案、公关传播评估方案、公关效果评估方案等。

4. 按写法分，有分述式公关评估方案、表格式公关评估方案、综合式公关评估方案。

（四）基本结构

1. 标题

使用公文式单标题。主要写法：国家、地方、行业、组织名称或者适用范围加期限、事由、文种，如《洛江区人力资源和社会保障局 2013 年度绩效评估工作方案》；国家、地方、行业、组织名称或者适用范围加事由、文种，如《广州市第九届健康教育周现场活动评估方案》；期限、事由、文种，如《2014 年公益创投项目中期评估方案》；事由、文种，如《重大事项社会稳定风险评估方案》。此外，有的在文种前加“实施”二字，如《五站镇人民政府重大事项社会稳定风险评估实施方案》；尚未成熟的公关评估方案常在标题后或者标题正下方加圆括号写“征求意见稿”“草案”等字样，如《2016 年湖南省政府网站绩效评估工作方案（征求意见稿）》。

2. 正文

在内容上，有背景、目的、依据、原则、对象、内容、程序、方法、组织形式、结果、要求等，根据需要有所取舍。

在结构上，分述式公关评估方案前言说明背景、目的、依据，常用“为（或者‘为了’）××××××，根据（或者‘依据’）××××××，结合××××××，制定本方案”“××××××，特制定如下方案”等句式，主体说明评估的具体事项，结尾提出要求；表格式公关评估方案有分表、汇总表，把相关项目填入表格内。

3. 署名

一般写在正文右下方，有时省略此项。

4. 成文日期

大多写在正文后署名下方，有时省略此项。

5. 附录

根据实际需要安排。

（五）注意事项

1. 贵在革新。公关工作是一项创造性的活动，评估方案的关键要素在于评估是否有新意，所以要在全面评价的基础上着重衡量公关工作的新思路、新举措、新成效。

2. 工于严谨。公关评估方案一经通过就要付诸实施，编写时要把准评估诸要素之间的联系，妥善处理各环节的衔接，做到项目齐全、布局合理。

二、范文阅读

▲分述式公关评估方案

脱贫攻坚评估检查方案

为贯彻落实省脱贫攻坚领导小组第三次会议和全省脱贫攻坚评估检查工作电视

电话会议精神，确保今年脱贫攻坚首战必胜，决定采取县、乡镇、村三级联动，着力对标补差、督促进度、发现问题、推动落实，对全县21个省市贫困村和所有建档立卡贫困户开展脱贫攻坚评估检查，特制定如下方案。

一、时间安排

自9月23日起，9月30日前完成。工作组在乡镇、村评估检查时间3～5天，具体到乡镇、村时间由带队领导确定。

二、检查范围

全县21省市贫困村、所有建档立卡贫困人口评估检查全覆盖。

三、分组安排

各县级领导自带帮扶单位、驻村工作组到联系村开展评估检查。

四、评估检查内容

(一)2016年计划脱贫贫困户指标达标情况

1. 不愁吃不愁穿方面。对照各户帮扶计划，逐项评估检查落实情况，实地了解脱贫增收产业发展情况、就业帮扶情况；对照低保帮扶政策，核查“两线合一”工作推进落实情况。

(1)到贫困户家中，查看是否落实脱贫产业项目和增收门路，测算全年家庭增收情况。

(2)到贫困户家中，了解帮助就业的措施，核实有劳动力的贫困户是否至少有1人就业，了解是否针对贫困群众安排公益性就业岗位。

(3)到低保兜底贫困户家中，核对享受低保人数，核实是否提高低保标准，补差资金是否兑现到位。

2. 住房安全有保障方面。聚焦易地扶贫搬迁、危房改造、地质灾害避险搬迁等住房建设项目，实地检查贫困户住房建设进展情况，了解存在的问题和困难。

(1)到贫困户农房建设现场，检查易地扶贫搬迁项目是否开工，是否倒排工期、挂图施工，是否落实专班专人负责，住房建设进度如何，何时能够竣工入住。

(2)进村入户了解住房建设规划设计、土地协调、建材保障、施工组织、质量监管等关键环节是否有效保障落实，相关政策、资金是否落实到位。了解贫困群众自筹资金情况，核实是否户均低于1万元。

(3)入户随访贫困群众，了解是否有随迁农户，以及具体数量。核实县、乡党政领导是否现场办公、一线推动住房安全保障工作。

3. 义务教育有保障方面。聚焦巩固义务教育成果，检查教育扶贫工作推进情况，了解贫困家庭享受有关助学政策落实情况。

(1)到贫困户家中，查看是否有适龄入学儿童，了解是否存在因贫辍学问题。

(2)到有大学生的贫困户家中，了解享受学费、生活费资助情况及就业帮扶情况；

核实是否建立县级教育救助基金。

4. 基本医疗有保障方面。围绕提高贫困人口基本医疗保障水平，了解医疗救助扶贫工作推进情况。

(1)到因病致贫的贫困户家中，查看是否享受“八免五补助”与新农合、大病保险、医疗救助、疾病应急救助、商业健康保险等相衔接的医保扶持政策，了解个人医疗费用支出情况。

(2)针对患重大疾病的贫困户，查看是否享受大病保险和特殊救助等资助政策；核实是否建立县级医疗救助基金。

(3)到贫困村，实地查看村级卫生室建设情况，了解基本医疗卫生服务情况。

(二)2016 年计划退出贫困村指标达标情况

1. 村贫困发生率是否低于 3%。

2.“五有”状况。

(1)有集体经济。检查集体经济培育及其经营性累积收入情况，了解村集体经济收入是否达到人均 6 元以上。是否利用省级补助每村 15 万～20 万元产业周转金建立了村级产业发展基金。

(2)有硬化路。检查乡镇政府所在地或上级路网至贫困村村委会驻地或村小学是否通硬化路，村内是否有不通路的组。

(3)有卫生室。检查业务用房面积是否达到 60 平方米，山地、丘陵地区是否达到 50 平方米，设备配置是否能满足基本医疗卫生服务开展的需要。

(4)有文化室。文化室建筑面积是否不低于 50 平方米，是否有室外文化活动场地、宣传栏，是否有文化器材、广播器材和图书。

(5)有通信网络。检查贫困村是否至少有一处实现互联网覆盖(拨号上网、GPRS、ADSL、3G、4G、光纤等均可)。

3.“四好村”创建工作方面。

按照《创建省级“四好村”活动工作方案》(川委厅〔2016〕70 号)要求，检查是否制定创建活动方案、工作是否启动，是否落实农民夜校牵头单位。

五、检查方式

(一)确定对象

每个村现场抽取 10 户计划脱贫贫困户(不足 10 户的全覆盖)进行入户评估检查。

(二)村级检查

1. 对标查看基础设施建设、产业发展，村容村貌，路、水、电、通信、教学点、卫生室、文化室等建设情况，集体经济培育和村级发展基金建立情况。

2. 入户查看，重点了解安全住房建设、增收门路、产业培育、转移就业、安全饮水、生活用电、广播电视、就学入托、低保兜底、基本医疗等情况。

3. 检查了解“四好村”创建活动开展情况。

4. 现场办公，对检查中发现和基层反映的问题，要现场认真研究及时解决，不将问题带回。

（三）县级检查

审查乡镇填写的2016年脱贫工作进度表，各工作组对进度表进行综合分析后填写问题分析表。

（四）召开座谈会

听取乡镇党委、乡镇政府脱贫攻坚工作情况汇报。工作组与乡镇党委、乡镇政府共同研究推进措施及办法。

（五）形成报告

评估检查报告由牵头单位负责撰写，内容主要包括该村基本情况、做法成效、存在问题及解决措施、评估结论4个方面内容，字数控制在3000字以内。报告和调查表册于10月9日前报送县脱贫攻坚办（联系人：略，联系电话：略），同时报送报告电子版。

（本文引自丹棱党务公开网，2016年10月23日）

第三节　公关评估报告

一、写作要点

（一）名称解释

公关评估报告，是有关机构在履行必要的评估程序后对公关工作发表评价性意见的一种文案。

（二）主要特征

1. 检定性。这种文案对公关工作进行总的评判，检查预期目标是否实现，鉴定绩效是否显著。

2. 建议性。这种文案的写作目的在于提出改进的建议，为下一阶段公关工作提供决策依据。

（三）种类划分

1. 按主体分，有组织内部机构公关评估报告、组织外部专门机构公关评估报告。

2. 按性质分，有总体公关评估报告、专题公关活动评估报告。

3. 按内容分，有公关形象评估报告、公关事件评估报告、公关传播评估报告、公关效果评估报告等。

4. 按写法分，有分述式公关评估报告、表格式公关评估报告、综合式公关评估报告。

（四）基本结构

1. 标题

一般是公文式单标题。主要写法：对象、期限、事由、文种，期限写在标题中或者标题后，如《2016年上海市重大文化活动国际影响力评估报告》《中国保险行业形象宣传评估报告（2013—2016）》；对象、事由、文种，如《京津冀大气污染防治效果评估报告》；事由、文种，如《新〈环境保护法〉实施效果评估报告》。

有时拟正题和副题的双标题。如《造福子孙的宏伟工程——对两届农田基本建设“大禹杯”竞赛的评估》。

2. 编号

是否设此项，酌定。

3. 编写说明

有的称为前言，简介评估的背景、目的、对象、标准、范围、方法、评估组及人数等。

4. 目录

篇幅较长的公关评估报告往往列目录。

5. 正文

在内容上，主要包括五个方面：一是依据，根据相关法规性文件、上级指示、计划指标、特定方法；二是基本情况，包括评估过程和评估对象的概况；三是评估的内容及分析，对若干项目分别做出具体评判，比如项目的必要性、技术、效益、管理等方面的评估；四是结论，作总体评价，既肯定成效，又指出问题；五是建议，提出改进的措施。以上内容根据实际需要取舍。

在结构上，前言简介评估的依据、组织及人员、时间、对象、项目，用“现将××××××报告如下”等引起下文；主体综述评估对象的基本情况，根据预期目标将相关信息进行分解并加以分析评估，或者按准备、实施、收效的过程纵向推进，或者按若干评估项目横向排列，或者纵横交叉设置；结尾写结论和建议，或者概述，或者条陈。

6. 署名

写评估机构名称、评估组负责人及成员姓名。

7. 成文日期

标出具体的年月日。

8. 附录

包括作为评估依据的有关文字资料和统计数据，起参考和补充作用。

（五）注意事项

1. 依照标准分析深刻。首先要确定一个科学的评估标准，这一标准就是公关工作的预期总目标和具体目标；然后把它作为参照系数对所搜集的公关工作资料逐一对照，判定达到、未达到、超过预期目标的实际效果，并且分析原因。

2. 掌握分寸表达得当。从某种意义上说，公关评估报告是在判定公关工作是否有成效以及成效大小，定性和定量务求准确。因此，作者要以谨慎的态度把准分寸，下结论恰如其分，提建议切实可行。

二、范文阅读

▲公关传播评估报告

中国中车"高铁梦之旅"传播评估

中国中车股份有限公司

中国中车"高铁梦之旅"活动自 2015 年 9 月 3 日启动，9 月 10 日结束，但其传播效应一直延续着。迄今为止，产生如下效果。

一、报道密集，层次空前

从 8 月 26 日到 9 月 23 日，"高铁梦之旅" 活动获得数百家媒体的关注和报道，登上了《纽约时报》、彭博社、美联社、路透社等国际重要媒体平台，BBC、NBC 等新闻网站对上述媒体报道予以转载；美国《世界日报》、美国中文电视、《侨报》等华人媒体全方位全天候关注并报道此次活动。国内《人民日报》、新华社、央视、中新社、《中国日报》等媒体全程关注，新华社先后五次发布文字、图片、视频等全媒体立体报道，经全球各媒体转发，吸引社会对中国高铁品牌的良好期待，引发国内媒体"梦之旅评论潮"，国内众多媒体发表了《"高铁梦之旅"表明，中美铁路合作前景可期》《"高铁梦之旅"畅想全球战略新布局》《"高铁梦之旅"推广活动为中国中车打响国际品牌》《中国中车哈佛"打广告" 高铁产业海外征程继续》等评论性文章，赞叹"高铁梦之旅"。央视新闻中心除了发布中国中车美国春田基地的动工新闻外，还策划制作了时长 7 分钟的《从"走出"到"留下"　中企在美国生根发芽》，深度报道中国中车在美国的拓展，作为央视"高访系列策划"的开篇之作，于 9 月 16 日播发。

二、现场听众踊跃，反响热烈

在春田基地的动工仪式上，春田工会专门打出"欢迎中国中车入驻"的条幅。当天，春田人麦克穿着老式西服参加仪式，此后在他的酒吧墙上打出了"欢迎中国中车"的条幅。在高校每一站的活动中，200 人以上的大教室都爆棚，很多人只能挤在过道中听讲。哈佛站的活动中，还有从纽约、华盛顿等地前来参加活动的听众；伊利诺伊大学香槟分校的活动中，很多人冒雨前来听讲。

三、增进与用户的互动和潜在市场的品牌渗透

如在哈佛站举办的活动中，客户马萨诸塞州交通委员会主席 Thomas McGee 参加活动并发表演讲，一同回答听众提出的问题，在公众面前展现了中国中车与用户的良好合作。

四、增强了中国制造和中国企业的自豪感

“高铁梦之旅”全程活动受到留学生和美国华人的关注，他们积极踊跃地参加活动，增进对中国高铁、中国制造和中国企业的了解和信心。

五、组合传播模式得到检验

此次“高铁梦之旅”开创的“演讲＋图片展＋纪录片展播＋新闻传播＋仪式转播”的组合传播模式，使得人际传播的信度与大众传播的广度相互融合，新闻传播和非新闻传播彼此共振，大众媒体和自媒体互为补充，充分利用每一分传播资源，做到传播效果的最大化，增强了社会各界对中国中车的了解。

六、活动内容报道不均衡

中国中车春田基地动工、中国中车副总裁余卫平的各地演讲得到媒体的充分报道；但图片展和纪录片放映两项活动仅获得现场关注，媒体报道量偏低。

七、中美“共赢”理念获得普遍赞赏

“高铁梦之旅”活动始终强调中美合作共赢，中国中车要为美国在税收、就业上作出贡献。这些内容在美国的媒体报道中得到了充分显现。美国媒体通过采访当地政府官员，表示中国中车的项目将会给当地提供大批的就业机会，并且有利于刺激当地制造业复苏。

八、被部分媒体冠以“扩张”“野心”等标签

从美国媒体的报道情况看，“扩张(expansion)”“巨头(giant)”“野心(ambition)”成为“高铁梦之旅”活动中出现频率较高的词语。在部分媒体的眼中，中国中车呈现出“列车制造巨头”启动在美扩张，中国政府通过高铁“走出去”寻求政治利益输出的形象。

（本文引自《第12届最佳公共关系案例》，《国际公关》2016年增刊，略有改动）

▲公关效果评估报告

部分公安改革项目实施效果评估

《部分公安改革项目实施效果评估》(以下简称《效果评估》)是公安部全面深化改革领导小组办公室委托北京大学政府管理学院、中国人民公安大学、国家统计局社情民意调查中心进行的第三方评估科研项目。项目组从公安机关实施的改革项目中，选取部分关系群众切身利益的改革项目进行了第三方评估。评估过程力求独立、公允、客观、全面，跟踪掌握改革实施情况，确定业已推行的部分改革项目的绩效，在对这些改革项目进行总体评估的基础上，进一步发现改革落实过程中遇到的问题，进而提出特定的政策建议，优化改革所面临的内外条件，促进公安改革进一步深化提升。

本次项目评估所涉及的改革项目，主要包括无户口人员登记户口，居民身份证异地受理、挂失申报和丢失招领试点，车检制度改革，驾考制度改革试点，公路和农村地区道路交通事故快处快赔改革试点，上海市科技创新中心建设有关出入境政策（局部实施）等6项。

一、评估结论

社会公众和利益相关方对评估内容，表现为感性反应和一定水平的理性认识。项目组通过政策知晓度、内容满意度、执行满意度和整体实施效果满意度，展示了社会公众和利益相关方对公安改革项目的表层认知、支持水平和态度评价。

（一）六项政策实施整体效果的满意度很高

在对20个城市公众（前五项）和上海市境外人才（项目6）就六项改革政策进行的问卷调查中，普通公众（上海市为境外人才）对六项改革政策实施整体效果的满意度（即认为“很满意”“满意”和“一般满意”的比例之和）分别高达92.9％、98.2％、96.8％、95.2％、96.8％和97.3％。

（二）对六项政策内容认同度和满意度很高

在对20个城市公众（前五项）和上海市境外人才（项目6）就六项改革政策进行的问卷调查中，被访者在被问及六项改革政策对老百姓“是否有用”的问题时，都给予了高度的评价和认同。认为六项改革政策对老百姓“有用”的比例分别高达75.3％、95.1％、86.5％、63.9％、68.5％、80.8％。

同时，问卷调查显示，普通群众（前五项）和上海市境外人才（项目6）对六项改革政策内容的评价很满意，政策内容的满意度（即认为“很满意”“满意”和“一般满意”的比例之和）分别高达94.6％、98.8％、96.2％、95.9％、97.2％和96.8％。

（三）对公安机关及工作人员政策执行的满意度非常高

对于办理过相关事务的特定服务对象的追踪问卷调查表明，在办理相关事务过程中，特定服务对象对六项改革政策执行中公安机关及其工作人员工作的满意度（即认为“很满意”“满意”和“一般满意”的比例之和）分别为100％、99.7％、100％、100％、97.0％、98.0％。

（四）政策知晓度较高，但呈现一定的差异

项目组在20个城市进行的公众（前五项）问卷调查中询问群众“是否知道国家出台了某一相关政策”，显示普通公众对上述改革政策的知晓度较高，但也表现出一定的差异。前五项政策的知晓度分别为37.1％、66.3％、50.9％、47.9％和29.6％。形成这一特点的一个重要原因是，政策知晓度受到牵涉利益范围广度的影响，较小利益范围内的政策知晓度一般也较低。第六项改革因在局部地区针对境外人员实施，未

进行公众调查。

综上所述，六项改革政策推出以来，人民群众对政策的知晓程度相对较高；对政策本身的作用和意义给予了高度的评价、认同和支持；对政策内容、政策执行力度、政策执行效果满意度给予了极高评价。整体而言，人民群众对六项改革政策实施的整体效果满意度高，说明这些政策反映了民意、顺应了民心、改善了民生，提升了人民群众的满意度和获得感，是“以人民为中心”的好政策。

第三方评估认为，中央关于全面深化公安改革“1＋3”意见方案出台实施两年多来，公安部认真贯彻落实习近平总书记关于抓改革落实的重要指示精神，聚焦重点问题，持续用劲发力，公安改革的成效日益显现，改革的受益面不断扩大。特别是在解决关系群众切身利益问题方面，全面推进服务经济社会发展、便利群众生产生活改革举措的落地实施，形成了一大批具有重大影响的公安改革亮点，赢得了社会各界和广大人民群众的点赞。

二、存在的问题及有关政策建议

根据本次第三方评估的系统研究所发现的一些问题，提出相关政策建议，推进全国公安改革进一步深入。

这里所提出的政策建议是从具体的政策实施绩效评估出发，从具体政策改革所面临的问题，抽象为一般性的政策过程改进的方法性指引。在重新具体化为新的政策改革时，仍须从具体政策的政策环境出发，通过深入的调查、研究和分析，才能将下述抽象性的方法性指引，转变为具体的政策制定、政策执行、政策效果绩效评估，以实现公安机关改革中的连续政策优化过程。

具体而言，本部分的政策建议从公安改革的外部条件改善和公安改革的内部系统性优化加以提出。

（一）公安改革的外部条件改善

公安改革与其他任何改革一样，都面临着特定的外部条件和内部状况。从外部条件角度而言，公安行政管理不仅是公安机关与其管理对象之间的关系，还要面临国家外部的法律环境、行政环境、舆论和意识形态环境以及经济环境等外部条件。这些外部条件往往成为公安行政管理的前提条件，在进行公安改革的过程中，充分评估有关外部条件，进而通过特定程序工作调整这些外部条件，将会更有利于公安改革工作的开展。

1. 对具体公安政策改革进行充分的法律评估。公安机关是具有司法性质的政府行政部门，执行法律法规是公安机关的职责所在。然而，法律法规作为文本化的、在特定时代立法的行为规范，随着时代的进步发展，不可避免地会出现执行条件变迁、逻辑覆盖缺失的问题，充分评估具体改革政策法律法规的健全性，是公安政策改革的必要前置性工作。当部分法律法规不符合现实条件时，应提前通过特定立法程序对有关法律法规进行前置性修订,以符合政策改革的需要。

因此,在公安改革过程中,对于具体的政策改革意向,应通过与公安机关内部的政策法规机构、政府法制部门、行政司法部门、人大、司法系统以及社会法律研究咨询机构合作协调,进行法律法规环境的外部条件评估,以使公安改革不受未修订法律条文的掣肘。

2. 公安机关与其他政府部门进行充分协调。在我国行政管理过程中,相当比例的行政程序都需要多个部门相互配合才能完成。因此,明确不同权力部门在同一政策中的分工边界,建构不同政府部门之间的耦合性程序性环节,才能防止执行过程中的脱轨。本次参与评估的六项改革政策基本上都不是公安机关单一部门能完全处理的事情,都需要不同的政府部门相互协调。

3. 优化公安政策改革的宣传方式。公安政策改革的目的是为了使公安机关更好地服务于社会公众,使相关社会成本能够不断降低,使社会公众的正当权益得以实现。这就要求社会公众能够充分知晓政策的改革,了解政策改革后的程序细节变化,能够使社会公众自觉地配合新政策的实施。

为使政策改革达到更好的实施效果,需要在具体政策落实实施层面进一步强化宣传能力,采取多种宣传传播手段,加强具体政策改革宣传的靶向精确性,特别是在条件范围、工作流程、所需手续、注意事项等方面做实做细政策宣讲和一人一事的答疑解惑,提高公安政策改革的实施效果。

(二)公安改革的内部系统性优化

与公安改革所面临的外部条件一样,公安改革在公安机关内部实施执行的时候,往往也不是单一机构就能够完全承担起一项具体的政策改革项目,而是需要公安机关内部多部门予以配合才能共同完成。因而,对于某项具体的政策改革而言,在具体直接执行机构之外,公安机关内部其他机构也需要为该直接执行机构提供充分支持,从各个方面共同优化公安机关内部的系统环境。

1. 完善制定政策实施细则。在政策的具体实施过程中,肯定会遇到一些十分特殊的情况和各种具体复杂的问题。在面临这样的政策改革时候,其政策内容需要充分考虑到既有案例、处理经验和法理逻辑的多样性、复杂性及完全覆盖性,避免特殊案例对改革政策的冲击,进而造成政策漏洞、执行例外和无解问题。

2. 力求政策执行实施过程中标准统一。在公安政策改革过程中,相同的政策在执行实施过程中,应当遵循相同的标准。然而,由于内部操作规程未能充分细化,部分改革政策在执行和实施过程中存在标准不统一的问题。

3. 强化公安系统内部的联动和协调。不仅公安机关与其他政府部门之间存在联动协调问题,公安机关内部各部门之间也存在协调联动问题。公安政策改革不可避免地涉及执行政策的内部组织执行主体。这就要求在公安机关机构体制中,通过同一公安机关的内部机构整合、不同行政层级的公安机关的上下协同以及同一行政层级的公安机关横向协同，来充分提升公安政策改革执行主体的行政行为能力。

4. 加快公安数据整合及共享进程。在当今世界各国政府都在加大运用信息技术的形势下，公安机关也需要运用信息技术数据来提升本部门的行政绩效。当前公安机关的内部数据，在数据内容标准、数据技术标准、数据使用权限方面，存在着不统一、难共享等问题，亦与卫计委、工信部、质量监督管理部门和环境保护部门等同级政府部门之间缺乏数据采集、数据标准的协同协调，这类问题亟待系统解决。

（本文引自中国人民公安大学网，2017 年 6 月 14 日）